ラモットの維摩経入門

エティエンヌ・ラモット 著
高橋尚夫 監修／西野 翠 訳

春秋社

監修者のことば

高橋尚夫

大正大学綜合仏教研究所による維摩経梵本の発見（1999年7月）より15年、そして「梵蔵漢対照『維摩經』」（大正大学出版会、2004 年）、また「『梵文維摩經』—ポタラ宮所蔵写本に基づく校訂—」（大正大学出版会、2006年）の出版からも9年の歳月が流れている。『維摩経』の研究は今後ますます多岐にわたって展開されると思われる。そうしたなか、優れた伝統をもつベルギー・フランス仏教学派に属する碩学であり、西欧の学界に大乗仏教の教理的研究を確立したラモット教授（Étienne Lammote, 1903~1983年）の「『維摩経』の注釈的翻訳」*L'Enseignement de Vimalakīrti*（1962年）が刊行されて以来、既に半世紀を経ている。しかし今、新たに発見されたサンスクリット・テキストと照らしつつ、ラモット教授が予測されていたサンスクリット文を見るとき、その適切な読みにしばしば驚かされる。われわれはラモット教授の識見に学ぶところ大なることを再認識し、サンスクリット・テキストを手にできる今こそ、本書は改めて見直されてよい一書ではないであろうか。

本書の翻訳者である西野翠氏は筆者が大正大学で開講した『維摩経』の演習を当初より受講し、爾来一貫して『維摩経』の研究に取り組んでいる。氏は英語はもとより、フランス語、中国語に堪能であり、まさに本書の翻訳者としてこの上ない適任者を得たことになる。氏は既に数年前にSara Boinによる英訳 *The Teaching of Vimalakīrti*（1976年）をもとに翻訳を終えていた。その際、台湾から出版された郭忠生氏の中国語訳が大いに役立ったとのことである。今回出版にあたり、改めて原著を読み直し慎重を期している。ラモット教授はサラ女史の英訳をことのほか喜び、英訳に際し一部自著を推敲したと聞いている。ここに *L'Enseignement de Vimalakīrti* の ‘INTRODUCTION’ およびAppendix I（Note I～VIII）のみではあるが、日本語に翻訳し刊行することは大いなる意義があると思われる。

平川彰博士は「《訃報》ラモット教授」（『印度学仏教学研究』Vol.34-2、1986）において、「ラモット教授は梵語、チベット語、さらに漢文に対する豊富な語学力と、仏教教理に対する広範な知識とに基づいて、サンスクリット原典が失われ、しかしチベット訳と漢訳の残っている『重要な大乗の経論』を、豊富な注釈と、教理に対する深い洞察に基づく解説とを付して仏訳し、ヨーロッパの学会のみならず世界の仏教学会に提供せられた」と述べておられるが、その「重要な大乗の経論」の一つに『維摩経』が含まれることはいうまでもないことである。

この「訃報記事」のなかで、平川博士は「（諸経論の仏訳において）ラモット教授の仏教学全体にわたる深い学殖が示されているが、残念ながら日本の仏教研究において、教授の業績が十分に活用されているとはいい難い現状である」と述べておられるが、その状況は今もさほど変わらないであろう。ラモット教授の学殖の深さは時代や文化、宗教の異なりを超えて通用するものであり、その点からも『仏訳維摩経』(*L'Enseignement de Vimalakīrti*)は維摩経研究に書かせない一書といってよいであろう。

桜部建氏はラモットの『仏訳維摩経』を書評で取り上げ、「師の論述は、いままで公けにされた研究のどれにも勝って徹底的であり網羅的であり、それらの研究のほとんどすべての成果を自らに摂取しつつ、なお数多くの創見を示している」(『大谷学報』43-1, 1963)と述べられている。実際、『仏訳維摩経』は膨大な注釈を施された一大研究書といえるもので、その冒頭の96頁(英語版で116頁)を占める'INTRODUCTION'は独立した「維摩経研究書」といってよい内容をもっている。『維摩経』に関連する著述ではもちろんであるが、他のインド仏教関連の著述においても、しばしば引用されている。(フランス語を母国語としない国々の著述では、Sara Boinの英語版で引用されることが多い。)

この'INTRODUCTION'の英語版からの中国語訳『維摩詰経序論』は先述の郭忠生氏によって、諦観雑誌社から1990年に出版されている。また、最初の日本語訳が岡田徹氏によって「É・ラモット『維摩経』論」として、『花園大学研究紀要』の第19号(1988年)および第20号(1989年)に、第3章の途中まで発表されている。(これは高崎正芳教授の指導のもとで、仏教学専門外の岡田氏翻訳という形で発表されたものと注記されているが、この後、全体が発表された様子はない。)

今回、'INTRODUCTION'と併せて本書に収められたAppendix I (Note I~VIII)(中国語訳には含まれていない)は、『維摩経』の中から取り上げた8項目を核として展開される一種の「仏教概論」といえる。例えば、Note Iのタイトルは The Buddhakṣetras(仏国土)であるが、これは『維摩経』の一大テーマである「仏国土清浄」から想像される内容をはるかに超えて、仏教の宇宙観、仏による救済思想にまで広がった内容をもっている。

なお、原著にはAppendix IIとして Paul Demiéville による小論 *Vimalakīrti en Chine*(中国における維摩詰)が含まれているが、英訳書には入っていない。英訳書出版当時、Sara Boin-Webbは既に翻訳を終わっていたが、掲載許可が得られなかったため入れることができなかったのである。後にその問題が解決され、*Vimalakīrti in China*として Buddhist Studies Review, Vol. 21, 2, UKABS, 2004に発表されている。また、中国語訳(ほぼ全文)として劉楚華訳「維摩詰在中国」(『中国仏教史論集』(「世界仏学名著訳叢」第47冊)、台北華宇出版社、1987年)がある。ご紹介して参考に供したい。

ラモットの維摩経入門

［目　次］

監修者のことば …… i
凡　例 …… vi
ラモットによる序 …… vii

はじめに …… 3
第1章　『維摩経』の訳本 …… 4
第1節　漢訳本 …… 4
第2節　チベット訳本 …… 15
第3節　ソグド語およびコータン語訳本 …… 19

第2章　『維摩経』の経題 …… 20

第3章　『維摩経』の哲学思想 …… 27
第1節　初期仏教における「絶対」 …… 27
第2節　大乗仏教における「絶対」 …… 28
第3節　『維摩経』における「清浄心」 …… 37
第1項　原始仏教における「心」 …… 38
第2項　小乗仏教の部派における「清浄心」 …… 39
第3項　瑜伽行派における「如来蔵」 …… 41
第4項　「般若経」および『維摩経』の「非心の心」 …… 42

第4章　『維摩経』の資料の源泉 …… 46
第1節　原始仏典 …… 46
第2節　律　蔵 …… 55
第3節　蔵外経典 …… 57
第4節　大乗経典 …… 63

第5章　『維摩経』の年代 …… 68
第1節　仏教の伝承 …… 68
第2節　『維摩経』の成立年代 …… 69

第6章　『維摩経』の構成 …… 77

第7章　『維摩経』の舞台 …… 79

第8章　インドの伝承における維摩 …… 82

第９章　インドの論書に引用された『維摩経』 …… 90

付　録

注解 Ⅰ　仏国土 …… 97
注解 Ⅱ　発心・深心・直心 …… 105
注解 Ⅲ　無我・不生・無生法忍 …… 108
注解 Ⅳ　大小乗における戒律 …… 115
注解 Ⅴ　仏陀の病いについて …… 119
注解 Ⅵ　大小乗の見方による智慧と覚り …… 123
注解 Ⅶ　gotra と tathāgatagotra …… 128
注解 Ⅷ　香り高い甘露と聖なる食事 …… 134

引用文献略語一覧 …… 141

訳者解説 …… 149
訳者あとがき …… 159

《凡 例》

1. 本書は『チベット訳維摩経』の Étienne Lamotte による注釈的翻訳 *L'Enseignement de Vimalakīrti* (Vimalakīrtinirdeśa), traduit et annoté par Étienne Lamotte, Leuvain, 1962 の‘INTRODUCTION’および Appendice I（Note I～VIII）の翻訳である。ただし、底本としてはラモットの『仏訳維摩経』の英語訳である *The Teaching of Vimalakīrti* (Vimalakīrtinirdeśa) rendered into English by Sara Boin, London, 1976 を PTS の了解を得て用いた。英訳書には仏訳原本へのラモットによる見直しも加えられており、底本としてふさわしいと考えたからである。

2. 翻訳に際し、先に刊行されていた‘INTRODUCTION’の中国語訳『維摩詰経序論』（郭忠生訳、諦観雑誌社、1990 年）を参照した。

3.『維摩経』の章節の区分はラモットの翻訳に従った。その表記はローマ数字で章を、アラビア数字で節を表わした。たとえば「III-7」は「第 3 章 7 節」を指す。

4.‘INTRODUCTION’において経典の翻訳文に対する注釈を参照するようにと参照箇所だけが示されている場合、主要と思われる注釈については、訳文を文字サイズを下げて挿入した。例えば、《III-35、脚注 69 : 英訳書 p.73》は『維摩経』の「第 3 章 35 節の脚註 69 で、その所在は英訳書 73 頁」の意。

5.『大正新脩大蔵経』の引用に際しては、原則として原文通り旧字体を用い、論述の箇所では新字体に改めた。また、一部の引用においては中国語訳における句読法をそのまま残した。読解上の参考になると考えたからである。

6.『大正新脩大蔵経』を引用する際、「T」で経典番号を、「大正」で巻数を表わした。例えば「T475」は経典番号 475 の『維摩詰所説経』を、「大正 14・537*a*11」は「『大正新脩大蔵経』、第 14 巻、537 頁、上段、11 行」を指す。上・中・下段を表わす a, b, c の斜体表記は原文に依る。

7. 英訳本では英訳（全訳あるいは抄訳）で示された漢訳経典を漢訳原文で示す場合は教科書体を用いた。

8. 訳注は教科書体で示し、訳者による補訳も［　］に入れて教科書体で示した。

9. サンスクリット表記の語頭の大文字は原文に従った。斜体・立体の表記も原文に従う。

10. 引用文献略語は *L'Enseignement de Vimalakīrti* の‘ABRÉVIATIONS ET ÉDITIONS UTILISÉES’に準じ、*The Teaching of Vimalakīrti* における‘ABREVIATIONS AND EDITIONS USED IN THIS WORK’を掲載した。

ラモットによる序

『維摩経』(Vimalakīrtinirdeśa：汚れなしとの誉れ高いものの教説）は大乗仏教文学の冠たる珠玉の作品といってよいであろう。いのちに躍動しユーモアに溢れ、他の大乗諸経典のような冗長さもなく、仏教諸論書のもつ専門性がかったところもないまま、この経は知識と智慧をひとしく得させる。

ヴィマラキールティ(維摩)は、抽象的で形式的な教義の迷路に迷い込むことはない。彼は病人を装って、病床に高名な声聞たち(śrāvakas)や菩薩たち(bodhisattvas)を招き寄せ、彼らがそれぞれ最も得意とする分野においていかに無知であり思い違いをしているかを指摘する(III, VIII)。維摩は彼らを「煩悩の海」に飛び込まざるを得ない状況に追い込み、彼らの道徳意識を非難する(VII-3)。また、六十二種の謬見と覚りは同じだとして、彼らの最高の理想である覚りの成就を貶す(IV-8, VII-2)。

弟子や菩薩を嘲弄するだけでは飽き足らず、維摩は如来にも矛先を向ける。如来が超自然の身すなわち金剛身を有することを認めた（II-12, III-43）かと思うと、今度は、彼らの存在そのものを否定する（XI-1)。維摩にいわせると、菩薩はひたすら覚りに向かう存在ではなく、二面性があってその振る舞いは曖昧であり、「あらゆる煩悩の道を行き、しかもその心は清浄なままである」(VII-1)。

維摩は当時主流となっていた仏教思想体系を全面的に否定するだけでなく、人間社会の基盤である実生活上の常識や道徳基準をも攻撃し、のみならず一般的価値観にも手厳しい批判を加えている。維摩は時代の傾向に随いつつも、聴衆に揺さぶりをかけるために、とてもありそうもない数々の奇跡(神通)を示す。例えば、全宇宙(三千大千世界)を覆う一つの傘蓋（I-8)、三万二千の巨大な獅子座を易々と収める空間に変じる小さな部屋(V-7)、これらの奇跡は空間が相対的なものであることを明かしている。同じ長さの時間がある者には1劫にも感じられ、他の者には7日にしか感じられない(V-13)、これは時間が相対的であることを説明するものである。若い天女が男身に変わり、他方、長老シャーリプトラ(舎利弗)が女身に変えられる(VI-15)、これは男女の性の両面性を示している。「荒唐無稽な奇跡」という人もいるかもしれない。しかし、人間がその行為の規範としていることもそれほど確かな根拠のあるものではなく、もっと真剣に論ずる余地があるのではないだろうか。

維摩にとって、心の対象は、極めて具体的なものから抽象的なものまで、誤った想像(*abhūtaparikalpa*：虚妄分別)から生じる。その虚妄分別はまったく基盤がないこと(*apratiṣṭhāna*:不住)に基づく。したがって、それ自体なんらの基底(根本)をもたない(VI-6)。そうであれば、事物は例外なく、その言葉の語源的意味において *acintya*（不可思議）であり、事物が平等性（*samatā*）、あるいはさらに厳密にいえば、不二（*advaya*）に至るのは、その急進的な不可思議さにおいてである。

いかなる立場をもとらないという立場をとるからといって、維摩を観念主義とも虚無主義ともいうことはできない。なにものをも思議しないのだから観念論者ではないし、なにものをも否定しないのだから虚無主義者でもない。それではたして、維摩は仏教徒といえるだろうか。

こういっては矛盾するかもしれないが、筆者は敢えて、維摩は身を挺して諸如来の精神を完全に掌握した者であるといいたい。維摩は、釈迦牟尼が見出し、初めての説法で教えられた中道、すなわち「かの中道は眼を開き、智慧を得させ、寂静・覚り・完全な目覚め・涅槃へと導く[1]」との教えに違背することなく、実践しているからである。

諸仏にとって解脱の智慧は、古来、人間の心を占領してきた哲学上の大問題、例えば「この世界は永遠か一時的か、あるいは有限か無限か」「解脱した聖者は死後も存在するかしないか」「生命原理とは肉体と同じか違うか[2]」といった問いに対する答えのなかに求められるものではない。諸仏はこうした難しい問題を「不確定の事」（*avyākṛtavastu*：無記）として、立ち場を明らかにしようとしなかった。こうした途方もないことを考えるのは人間の理性の領域を超えており、人の心を迷わし、果てしない議論を引き起こす。それらは完全に理論的な問題であって、現実的な解決をもたらしはしない。すなわち、「それらは、世間を厭うこと（厭離）、放棄（遠離）、止めること（止息）、静寂（滅尽）、高い意識（神通）、完全な目覚め（正覚）、そして涅槃に趣くのになんの役にも立たない[3]」。本当に有益な唯一の知識は、解脱をもたらす4つの真実（四聖諦）、すなわち苦という普遍性、その原因、その滅、そしてその滅をもたらす道である。

諸仏は論理的思考をたどって、存在の世界は純粋に主観的な現象であり、心のうちで起こっているということを立証した[4]。心、あるいはより厳密にいうなら、瞬間的な思考の連続（*saṃtāna*）は煩悩（*kleśa*）と誤った見解（*mithyādṛṣṭi*）の座である。貪（*rāga*）・瞋（*dveṣa*）・

---

1 Vinaya, I, p.10; Majjhima, I, p.15; III, p.230, 236; Saṃyutta, V, p.421: *Majjhimā paṭipadā tathāgatena abhisambuddhā cakkhukaraṇī ñāṇakaraṇī upasamāya abhiññāya sambodhāya nibbānāya saṃvattati.*

2 Dīgha, I, p.187~188; Majjhima, I, p.157, 426, 484; Saṃyutta, III, p.213~216, 258; IV, p.286, 391~392; V, p.418: *Sassato loko, asassato loko,* etc. この経文では、*loka*は器の世界（*bhājanaloka*）を指すだけでなく、衆生の世界（*sattaloka*）も指す。さらに、*sassato loko, asassato loko* という伝統的な定型句のほかに、これより長い経文 *sassato attā ca loko ca, asassato attā ca loko ca* もよく見られる。（Dīgha, I, p.16; III, p.137; Majjhima, II, p.233）.

3 Majjhima I, p.431; Saṃyutta, II, p.222~223: *Etaṃ mayā abyākataṃ ... Na h'etaṃ nibbidāya na virāgāya na nirodhāya na upasamāya na abhiññāya na sambodhāya na nibbānāya saṃvattati.*

4 筆者の知る限りでは、観念論者のいう *Cittamātram idaṃ yad idaṃ traidhātukam*（Daśabhūmika, ed. Rahder, p.49）は原始仏典にはまだ見られないが、後代の仏典で、すべて作られたもの（原因によって生じた諸法）は無常にして苦である：*Sabbe saṅkhārā aniccā, sabbe saṅkhārā dukkhā*（Aṅguttara, I, p.286, *8, 14, 20*）と繰り返しいわれる。それを記録する心がなければ、実に苦は存在しないのである。

癡（*moha*）の三毒に酔い痴れて、心は生を得、輪廻（Saṃsāra）の悪夢を経験する。それは主観的な思考にすぎないが、それでもやはり苦しみである。「生じるもので苦でないものはない。苦は持続するものであり、また消え去るものである。生じるもので苦でないものはなく、消えるもので苦でないものはない[5]」。しかし、苦は思考にほかならない。そこで、釈迦牟尼はいわれる。「（衆生の）世界は心によって導かれ、心によって操られている。一切のものがただ一つの法、すなわち心に従っている[6]」と。煩悩と誤った見解に汚されて、心は働きだし、その働きの結果として、苦を経験する[7]。つまり、誤った見解による煩悩から解放されれば、心は静まり、苦が消え、涅槃が得られる。経典の定型句によって、別のいい方をすれば、「心が汚れることによって衆生は汚れ、心の浄化によって衆生は浄められる[8]」。

これは諸仏の教えをそのまま延長した考えで、中観派（Mādhyamika）が論拠としたのもこの点であり、維摩はその最もすぐれた代弁者の一人である。苦の鎮圧に有効なのは、心の静寂（*upaśama*）であり、それは心の働きを断じること（*cittapravṛttisamuccheda*）にほかならない。

『維摩経』の第8章はこの点について論じていて、とりわけ重要である。不二（*advaya*）、すなわち「両極端を離れ、存在（*bhava*）と非存在（*abhava*）のいずれに対しても等距離を保つこと」について説明するように求められ、維摩の家に集まっていた32人の菩薩たちは順に自分の考えを披露した。それぞれにすぐれた説明ではあったが、問題の核心に触れるには至らなかった。最善の答えを出したのは智慧の菩薩・文殊師利（Mañjuśrī）である。「不二に入るとは、一切のことばを排除し、なにも説かず、なにも考えず、なにも言い表わさず、なにも教えず、なにも名づけないことである」（VIII-32）と。そうであるなら、文殊は

---

5 Saṃyutta, I, p.135; Kathāvatthu, I, p.66: *Dukkhaṃ eva hi sambhoti, dukkhaṃ tiṭṭhati veti ca; nāññatra dukkhā sambhoti, nāññaṃ dukkhā nirujjhati.* 参照: Catuṣpariṣatsūtra(ed. Waldschmidt), p.354: *Duḥkham idam utpadyamānam utpadyate, duḥkaṃ nirudhyamānaṃ nirudhyate.*

6 Saṃyutta, I, p.39, *10~11*: *Cittena nīyati loko, cittena parikissati; cittassa ekadhammassa sabbeva vasaṃ anvagu.* また、Aṅguttara, II, p.177, *33*; Kośavyakhyā(荻原雲来校訂), p.95, *22~23*; Mahāyāna-sūtrālaṃkāra(ed. Lévi), p.151, *7* も参照。

7 善い行いが自ずと心地よい感覚につながるのは事実だが、経験としてはこのこと自体が苦しみになることを明かしている。この点についての仏陀の見解：Saṃyutta, IV, p. 216~217: *Tisso imā bhikkhu vedanā vuttā mayā sukhā vedanā dukkhā vedanā adukkhamasukhā vedanā : imā tisso vedanā vuttā mayā. Vuttaṃ kho panetaṃ bhikkhu mayā: Yaṃ kiñci vedayitaṃ taṃ dukkhasmin ti. Taṃ kho panetaṃ bhikkhu mayā saṅkhārānaṃ yeva aniccataṃ sandhāya bhāsitaṃ : Yaṃ kiñci vedayitaṃ taṃ dukkhasmin ti.* （比丘よ、私は3つの感覚について語った。好ましい感覚、好ましくない感覚、そして、好ましくないのでもなく好ましいのでもない感覚である。正に私はこれら3つの感覚を語った。しかし、比丘よ、私はまた語った。「感受するものはすべて苦しみである」と。私が「感受するものはすべて苦しみである」と言ったのは、作られたものの無常を意味している。）

この経文については Kośabhāṣya(ed. Pradhan), p.330、Kośavyākhyā, p.519 に詳細な注解がある。

8 Saṃyutta, III, p.151, *22~23*; 152, *8~9* : *Cittasaṃkilesā bhikkhave sattā saṃkilissanti, cittavodānā sattā visujjhanti.* Ratnagotravibhāga(ed. Johnston), p.67, *1~2*; Abhidharmadīpa(ed. Jaini), p.45, *19*; 78, *15*; 363, *5~6* : *Cittasaṃkleśāt sattvā saṃkliṣyante, cittavyavadānād viśudhyante.*

黙っていればよかったのではないだろうか。ともあれ、維摩は賢者の沈黙（*āryāṇāṃ tūṣṇīṃbhāva*）をもって押し黙り、この問答に終止符を打った。維摩のこの沈黙は、諸仏が問われた質問に返事をしないこと（*sthāpanīya vyākaraṇa*：置答）[9] によって手本を示されたものであり、西洋合理主義の軽蔑的な沈黙とは共通性がない。時間をかけて成熟した沈黙であり、肯定と否定の間の中道を行き、論議や一切の行動を先に封じた結果としての沈黙である（XI-1：*sarvavādacaryoccheda*（【訳注】サンスクリット本には sarvavyavahāranirdeśair avacanīyaḥ とある））。この穏やかな静寂は、高慢や攻撃とは無縁で、仏陀の弟子の特徴である。

*

（【訳注】以下は英語版に対し新たに加えられたラモットのことばである。）

筆者は 1962 年に、『仏訳維摩経』（*L'Enseignement de Vimalakīrti* (Vimalakīrti-nirdeśa) *traduit et annoté* (Bibliothèque du Muséon, volume 51) を Louvain から出版した。パーリ聖典協会（PTS）の会長 Miss I.B.Hornor は、筆者のこの研究書の英語訳を出版したいとお考えになり、PTS の Sacred Books of the Buddhist Series の一冊として英語版を出してはどうかとご提案くださった。そのお申し出はたいへんうれしいもので、筆者に異存のあろうはずはなかった。そのご提案が実を結んだのはひとえに Hornor 女史の熱意とお励ましによるものであり、心からお礼を申し上げたい。

重要な大乗経典がここに一冊加えられたことは、PTS の趣旨に沿うものであり、かつその寛大さを証明するものである。PTS は、さまざまな段階での釈迦牟尼仏陀の教えが手に入るようにするという方針を貫いておられる。大乗仏教は教理の発展における転換期を示すものだが、初期仏教の伝統の自然な発展の形態である。大乗経典は古い仏典に原初的な形で見られるいくつかの論点を取り上げて説明しており、われわれを仏法（Buddhadharma）のよりよき理解へと導いてくれる。

PTS が本書の出版に漕ぎ着けられたのは、本書を英語に翻訳された Mrs. Sara Boin のお力によるところ大である。この英語訳は非常に難しい仕事であった。というのは、仏教文献を翻訳する方法がフランス語と英語で違っているからであり、またよく使われる専門用語が英語とフランス語で必ずしも一致していないからである。女史はこうした困難を見事に乗り越えられた。筆者は彼女の英語を十分に味わうことはできないが、英語圏の人々に理解できる形で、維摩の考えを忠実に伝えてくれたものと確信している。彼女に対し深甚なる感謝の意を表したい。

また、中国語の漢字を示すことと、その発音を英語の書写方式に従って表記するとい

[9] Dīgha, III, p.229; Aṅguttara, I, p.197; II, p.46.

う問題が残った。この根気のいる地味な仕事を細心の注意を払ってやり遂げてくれた Mrs. M. Rowlands には、感謝の申し上げようもない。

この英語訳は、正確にいえば、仏語訳の改定修正版ではない。しかし、英語訳の機会にいくつかの間違いは修正し、削除すべきところは削除し、脚注も充実させることができた。そのような作業に際し、Mrs. Boin と筆者は Dr. Arnold Kunst にご協力いただいた。ここに厚くお礼申し上げたい。

Étienne Lamotte

英語翻訳に際し、ラモット博士には適切なご助言をいただき、常に励ましをいただいた。ここに心からお礼を申し上げたい。また、Miss. I. B. Horner と Dr. A. Kunst には終始、ご助言とご協力をいただいた。特に校正の段階では一方ならぬご助力をいただいた。しかし、翻訳になんらかの間違いが残っていたとしたら、その責任はすべて翻訳者に帰するものである。(【訳注】英訳者 Sara Boin のことば)

ラモットの維摩経入門

『英訳維摩経』が完成した頃のラモット教授と英訳者のサラ

はじめに

『維摩詰経』(以下、『維摩経』) は大乗仏教の方等経 (*vaipulyasūtra*) の一つである。

本経 (チベット訳) は12章から成り、サンスクリット語の散文 (長行) で書かれているが、混合梵語 (ハイブリッド・サンスクリット) による詩頌 (*gāthā*) が2箇所 (I-10, VII-6) に挿入されている。時代を経るにしたがって、『維摩経』は若干変更・増広されたが、それはあまり重要でない部分に関してだけである。現存する最古のテキストは支謙 (3世紀) の漢訳本である。次に古いのは鳩摩羅什訳 (5世紀) であり、これはかなり後 (おそらく9世紀) に成立したチベット訳と非常に近い。最も新しいのは、これが最新とは断定できないものの、7世紀の玄奘による漢訳本である[1]。

サンスクリット原典は、私の知る限りでは、わずかな断片が月称 (Candrakīrti : 7世紀) の『顯句論』(*Prasannapadā*) あるいは『中觀論釋』(*Madhyamakavṛtti*)、寂天 (Śāntideva : 7世紀) の『大乗集菩薩學論』(*Śikṣāsamuccaya*)、蓮華戒 (Kamalaśīla : 8世紀) の『修習次第』(*Bhāvanākrama*) に残存するにすぎない。諸訳本の対照表 (コンコーダンス) をご覧いただきたい。(【訳注】本訳書では「コンコーダンス」は割愛した。)

一方、『維摩経』には中国語やチベット語、ソグド語 (Sogdian)、コータン語 (Khotanese) など多くの翻訳本があり、それらは完全な形で、あるいは一部欠損した形で現在まで伝えられている。

---

1 『維摩経』が時代を経るにしたがって変更・増広されたことは確かである。Śikṣāsamuccaya の p.153, *20~22* に挙げられている『維摩経』からの以下の引用は、現存する諸種の『維摩経』には見出せない。

Tathāryavimalakīrtinirdeśe, pariśuddhabuddhakṣetropapattaye sarvasattveṣu śāstṛpremoktam, lokaprasādānurakṣārthaṃ tv āsanapādaprakṣālanakarma kurvatāpi cetasā strīṣu vākṣaṇaprāpteṣu vā vinipatiteṣu bodhisattvena premagauravābhyāsaḥ kāryaḥ. (聖維摩詰経に次のようにいわれている。非常に清浄な仏国土を建設するためには、一切衆生に対して、仏陀ご自身であるとみるような慈しみの心がなければならない。しかし、世界の安穏を守るためには、菩薩は口を漱ぐときでも、足を洗うときでも、その心に慈しみを実践し、女たちに対しても、また不快な状態や悪い宿命を生きる者たちに対しても、慈しみと尊敬を実践しなければならない。)

第1章 『維摩経』の訳本

第1節 漢訳本

現在入手可能な中国の経典目録：

1.『出三蔵記集（十五巻）』(T2145)、僧祐編集（6世紀初期、南京)、梁・武帝天監14年（西暦515年）出版

2.『衆經目録 甲（七巻)』(T2146)、法經等撰（長安)、隋・文帝開皇14年（594年）

3.『歴代三寶紀（十五巻)』(T2034)、在家の学者・費長房編集（長安)、隋・文帝開皇17年（597年）

4.『衆經目録 乙（五巻)』(T2147)、彦琮編集（長安)、隋・文帝仁寿2年（602年）（長安本）

5.『衆經目録 丙（五巻)』(T2148)、静泰撰、唐・高宗麟徳元年（666年）（洛陽本）

6.『大唐内典録（十巻)』(T2149)、道宣撰（長安)、唐・高宗麟徳元年（664年）

7.『古今譯經圖紀（四巻)』(T2151)、靖邁撰（長安)、唐・高宗麟徳元年（664年）

8.『大周刊定衆經目録（十五巻)』(T2153)、明佺等撰（長安)、唐・天冊万歳元年（695年）[武則天の命による。]

9.『開元釋教（目）録（二十巻)』(T2154)、智昇撰（長安)、唐・玄宗開元18年（730年）

10.『貞元新定釋教目録（三巻)』(T2157)、圓照撰（長安)、唐・徳宗貞元15〜16年（799〜800年）

これらの中国の経典目録についての詳細は、P. Demiéville の *Les versions chinoises du Milindapañha*（BEFEO, XXIV, 1924, p.4~20）を参照。

漢訳『維摩経』についての伝承：

（1）**『古維摩詰經』**: 東漢・霊帝中平5（188）年、洛陽において嚴佛調が翻訳。現存せず。

1.『出三蔵記集』(T2145)：「『維摩詰經』二巻。闕」（大正 55·6*c*）　嚴佛調の翻訳が列挙されている中に、『維摩経』はない。

2.『歴代三寶紀』(T2034)：「『古維摩詰經』二巻。初出。見『古録』及『朱士行漢録』[2]」（大正 49·54a14）

---

[2] これら2点は中国古代の経典目録であり、『歴代三寶紀』の編者·費長房の時代には既に散佚していた。根拠が不確かで確認不可能な伝承によると、『古録』または『古経録』一巻が、秦始皇帝在位時（紀元前221~208年頃）に、インド人僧侶·釋利防とその仲間が中国に持ち来ったという（『大唐内典録』T2149、大正 55·336*b*11~13；『開元釋教録』T2154、大正 55·572*c* 5~7)。—— また、『朱士行漢録』一巻は曹魏時（紀元220~265年）に朱士行によって編纂された（『歴代三寶紀』T2034、大正 49·127*b* 26;『大唐内典録』T2149、大正 55·336*b* 21~23;『開元釋教録』T2154、大正 55·572*c*15~18)。

3.『大唐内典録』(T2149):『歴代三寶紀』に同じ。(大正 55･224*c*5)

4.『古今譯經圖紀』(T2151):「『古維摩詰經』二巻」(大正 55･350*b*1)

5.『開元釋敎録』(T2154):「『古維摩詰經』二巻。初出。見『古録』及『朱士行漢録』。與唐訳『無垢稱經』等同本」(大正 55･483*a*12)「調以霊帝中平五年(188年)戊辰。於洛陽訳」(大正 55・483*a*19〜20)

(2)『維摩詰經』(Vimalakīrtisūtra): 別名『維摩詰所説不思議法門經』(Vimalakīrtinirdeśa Acintyadharmaparyāyasūtra)、『佛法普入道門經』(Buddhadharmamukhasaṃpraveśa-sūtra)、『佛法普入道門三昧經』[3] (Buddhadharmamukhasaṃpraveśasamādhisūtra)。東呉の支謙により222〜229年頃、建業(南京)において翻訳された。現存。T474、二巻。

1.『出三蔵記集』(T2145):「『維摩詰經』二巻。闕」(大正 55･6*c*14)(当時、既に散佚)

2.『衆經目録 甲』(T2146):「『維摩詰經』三巻。呉黄武年(222〜229年)、支謙訳」(大正 55・119*a*9)

3.『歴代三寶紀』(T2034):「『維摩詰所説不思議法門經』三巻。亦云『佛説普入道門經』、或二巻、第二出。與後漢嚴佛調譯者小異。見竺道祖『魏呉録』[4]及『三蔵記』」(大正 49･57*a*21)。

4.『大唐内典録』(T2149):『歴代三寶紀』に同じ。(大正 55･227*c*22)

5.『古今譯經圖紀』(T2151):「『維摩詰所説不思議法門經』三巻」(大正 55･351*b*25)

6.『開元釋敎録』(T2154):「『維摩詰經』二巻。『維摩詰説不思議法門』之稱。一名『佛法普入道門三昧經』、第二出、或三巻。見竺道祖、僧祐二録。與漢嚴佛調等譯少異」(大正 55･488*a*3~4)

この『維摩詰經』は最も古い形をとどめており、後代の訳本には出てくるがこの訳本にはまだ見られないという段落がいくつかある。以下にその例を挙げる。

(a) 佛以一音演説法について、「衆生隨類各得解」の著名な偈頌(I･10、11~18頌)[羅什訳－大正 14･538*a*2 以下;玄奘訳－大正 14･558*c*19 以下]

(b) 水井、五怨賊および四毒蛇の譬喩について(II･11)[羅什訳－大正 14・539*b*27;玄奘訳－大正 14･561*a*6]

(c) 善慧菩薩(Dāntamati)の生死と涅槃の不二に対する見方(VIII･13)[羅什訳－大正 14･551*a*7;玄奘訳－大正 14･577*c*4]

(d) 華嚴菩薩(Padmavyūha)の無分別に対する見方(VIII･26)[羅什訳－大正 14・551*b*25;玄奘訳－大正 14･578*b*14]

---

3 この名称は、中国語表記がはっきりしないが、この経典目録には確かに『維摩経』X･11の初めに出ている『維摩経』の別名の一つ *Sarvabuddhadharmamukhasaṃpraveśa*(鳩摩羅什訳「入一切諸佛法門」;チベット訳 *Saṅs rgyas kyi chos thams cad kyi sgor ḫjug pa*)が挙げられている。

4 『魏呉録』四巻、編纂者は慧遠の弟子･竺道祖(紀元 419 年没)。前二巻は魏(220~265 年)および呉(220~280 年)の訳経目録を別々に収載している。『歴代三寶紀』T2034、大正 49･127*c* 4;『大唐内典録』T2149、大正 55･336*c*16~22;『開元釋教録』T2154、大正 55･573*a*11~13 を参照。

(e)「維摩詰黙然不語」という有名な一節（VIII-33）［羅什訳－大正 14･551*c*22；玄奘訳－大正 14･578*c*23］

また、後代に充実した表現になる段落の萌芽も見られる（III-1 ; IV-20 ; VI-1 ; VII-1 ; IX-15 ; X-6)。梵文経典によく見られる常套語や尊称が短縮した形、あるいは洗練されない形（IV-5)、あるいは省略される例もある（IX-4)。

専門用語の翻訳に迷いが見られ不適切な訳もある。その例を以下に挙げる。

梵語（一般的漢訳）	支謙訳
anātman（無我）	非身（III-25：大正 14･522*c*18）
ānantarya（無間）	極罪（III-16：大正 14･522*b*6） 無間處（VII-1：大正 14･529*b*18）
parivāra（眷属、随行）	養（IV-8：大正 14･522*c*25）
vedanā（受）	痛（V-2：大正 14･526*c*25）
ārya（聖者）	賢夫（IV-20：大正 14･526*c*6）
kleśa（煩悩）	汚（IV-20：大正 14･526*c*6） 勞塵（VI-5：大正 14･528*b*15）
abhūtaparikalpa（虚妄分別）	不誠之雜（VI-6：大正 14･528*b*21）
upekṣā（捨）	護（VI-3：大正 14･528*b*10）
upāya（方便）	權（IV-16：大正 14･526*b*16~*c*2）
saṃskṛta, asaṃskṛta（有爲、無爲）	數、無數（X-16：大正 14･533*c*21 以下）
skandha-dhātu-āyatana（蘊界處）	陰種入（V-2：大正 14･526*c*26）
duḥkha-samudaya-nirodha-pratipad（苦集滅道）	苦無斷習（V-3：大正 14･526*c*28）［支謙訳は「無知苦求無斷習求。無造盡證惟道之求」とある。］

また、哲学的な箇所の翻訳に非論理的なところが見られる。例えば、「欲爲勞人執勞。惡意已解意得依者」（III-34：大正 14･523*a*17）という一節から *Cittasaṃkleśāt sattvāḥ saṃkliśyante, cittavyavadānād viśudhyante*（心が汚れたことによって衆生が汚れ、心の浄化によって衆生が清められる）という経文に思い至る人がいるだろうか。

以上、「古訳」の欠点 － それは長所でもあるのだが － を挙げたが、支謙訳は当時、中国の東南で、特に支遁の学派に高く評価された（参照：III-35、脚注 69)。だが、羅什訳が世に出るや取って代わられた。

《III-35、脚注 69：英訳書 p.73》

［「諸法妄見、如夢、如炎、如水中月、如鏡中像」の箇所は］羅什訳、玄奘訳、チベット訳はほぼ一致しているが、支謙訳は「一切法可知見者、如水月形、一切諸法從意生形」（大正 14･523a23）となっている。支遁の在家の弟子である郄超（336~377 年）が「奉法要」に採用しているのはこの支謙の訳である（『弘明集』T2102、巻 13、大正 52･88*b*12)。郄超

の一族と著作については、E. Zürcher, *The Buddhist Conquest of China*(Leiden, 1959), I, p.134~135. 164~176 に詳しい。(【訳注】Zürcher の同書の日本語訳『仏教の中国伝来』(田中純男ほか訳、せりか書房、1995)、p. 181, 183, 186〜190を参照。)

(3)『異維摩詰經』、別名『異毘摩羅詰經』: 西晋惠帝元年(291年)あるいは同元康6年(296年)、竺叔蘭訳出。散佚して伝わらず。

1.『出三蔵記集』(T2145):「『異維摩詰經』三卷」「(竺叔蘭)以晋元康元年。譯出『放光經』及『異維摩詰』十餘萬言」(大正 55・9*c*12~15;98*c*)

2.『歴代三寶紀』(T2034):「『異毘摩羅詰經』三卷。元康六年、第五出。與漢世嚴佛調、呉世支謙、竺法護、羅什等所譯本大同小異。或二卷、見『竺道祖録』」(大正 49・65*b*27)

3.『大唐内典録』(T2149):『歴代三寶紀』に同じ。ただし、訳出年代は元康元年(291年)と改められている。(大正 55・236*b*26)

4.『古今譯經圖紀』(T2151):「『異毘摩詰經』三卷」(大正 55・354*b*15)とあるのみ。

5.『開元釋教録』(T2154):「『異毘摩詰經』三卷。(僧)祐云『異毘摩詰經』或作思字、或二卷。元康六年(296年)譯、第三出。與嚴佛調、支謙等所出本同文異。見道祖、僧祐二録」(大正 55・498*a*9~10)

(4)『維摩詰經』、別名『維摩詰名解』、『維摩詰所説法門經』(Vimalakīrtinirdeśadharmaparyāyasūtra): 竺曇摩羅察すなわち竺法護(インドの Dharmarakṣa)、晋惠帝太安2年(303年)、長安にて訳出。散佚して伝わらず。

1.『出三蔵記集』(T2145):「『維摩詰*經』一卷。一本云『維摩詰*名解』」(大正 55・7*c*1)

(【訳注】「詰*」の字は実際には「革+吉」である。他の箇所についても同じ。)

2.『衆經目録 甲』(T2146):「『維摩詰經』一卷。晋世竺法護譯」(大正 55・119*a*10)

3.『歴代三寶紀』(T2034):「『維摩詰所説法門經』一卷。太安二年四月一日譯。是第三出。與漢世嚴佛調、呉世支謙出者大同小異。見『聶道眞録』[5]」(大正 49・63*c*9)

4.『大唐内典録』(T2149):『歴代三寶紀』に同じ。(大正 55・234*b*)

5.『古今譯經圖紀』(T2151):「『維摩所説法門經』一卷」(大正 55・353*c*3)

6.『開元釋教録』(T2154):「『維摩詰所説法門經』一卷。太安二年四月一日譯、第四出。見『聶道眞録』、『祐録』直云『維摩詰經』」(大正 55・495*b*16)

(4)-1 『刪維摩詰經』: 同じく竺法護訳とされる。散佚して伝わらず。

1.『出三蔵記集』(T2145):「『刪維摩詰*經』一卷。祐意謂:先出維摩煩重、(竺法)護刪出逸偈也」(大正 55・8*c*16)

2.『開元釋教録』(T2154):『出三蔵記集』の説に同じ。(大正 55・495*b*17)

---

[5]『衆経録』一巻、西晋永嘉年間(307~312年)、竺法護の弟子・聶道が編纂(『歴代三寶紀』大正 49・127*c* 2;『大唐内典録』大正 55・336*b*27~29;『開元釋教録』大正 55・572*c*22~24)。

（5）『合維摩詰經』：西晋惠帝（290～307 年在位）の時代、支敏度が編撰。散佚して伝わらず。

1.『出三蔵記集』（T2145）：「『合維摩詰經』五巻、合支謙、竺法護、竺叔蘭所出『維摩』三本、合爲一部」（大正 55・10*a*11）

なお、『出三蔵記集』巻八には支敏度の「合維摩詰經序」が収められており、その中で支敏度は三本の『維摩経』の多くの相違を指摘したうえで以下のように述べている。「若其偏執一經、則失兼通之功；廣披其三、則文煩難究。余是以合両令相附、以明（明は支謙の別名、恭明。参照：『高僧伝』巻一、大正 50・325*a*19）所出爲本、以蘭（竺叔蘭）所出爲子、分章斷句、使事類相從」（大正 55・58*c*2~5）

同じく『出三蔵記集』に収められている「合首楞嚴經記」の中で、支敏度は以下のように述べている。「今以越［支謙を指す］所定者爲母、護（竺法護）所出爲子、蘭（竺叔蘭）所譯者繫之」[6]（大正 55・49*b*10~11）

2.『歴代三寶紀』（T2034）：「『合維摩詰經』三本五巻。第四出。合一支、両竺三本爲一部。見『支敏度録』」[7]（大正 49・66*c*7）

3.『大唐内典録』（T2149）：『歴代三寶紀』と同じ。（大正 55・237*c*18）

4.『開元釋教録』（T2154）：「惠帝時沙門支敏度 …… 合一支（支謙）、両竺（竺法護、竺叔蘭）三本『維摩』爲五巻」（大正 55・501*b*13~）

（6）『維摩詰經』（Vimalakīrtisūtra）：四巻、東晋祇多蜜（Gītamitra）による訳。散佚して伝わらず。

『出三蔵記集』（T2145）の祇多蜜の作品の中に挙げられていない（大正 55・12*a*18~19）。これは第 3 番目の翻訳（『歴代三寶紀』T2034、大正 49・71*c*1）；『大唐内典録』T2149、大正 55・247*b*18；『大周刊定衆経目録』T2153、大正 55・386*a*29~b1）、あるいは第 5 番目の翻訳（『開元釋教録』T2154、大正 55・508*c*6）。

（7）『新維摩詰經』（または『維摩詰經』）、別名『維摩詰所説經』（Vimalakīrtinirdeśasūtra）、**『維摩詰不思議經』**（Vimalakīrtyacintyasūtra）、**『不可思議解脱（經）』**（Acintyavimokṣa）：後秦弘始 8 年（東晋安帝義熙 2 年：406 年）、長安にて鳩摩羅什訳出。訳本現存（T475）、三巻。

1.『出三蔵記集』（T2145）：「『新維摩詰經』三巻。弘始八年、於長安大寺出」（大正 55・10*c*22）

同じく『出三蔵記集』に、僧肇の「維摩詰經序」が収められている。僧肇はこの訳本の

---

6 したがって、『合維摩詰経』はいわゆる対照本（synoptic edition）ではなく、①基本になる訳本があり、②他の訳本を、各段ごとに（注記として）添える形（composition）であった。しかしながら、当時の注記はまだ小さな文字ではなかった。参照：『通報』（T'oung Pao), XLVIII, p.489.

7 『経論都録』一巻、東晋成帝時（326~342 年）、豫章山寺（現在の江西省南昌）の沙門・支敏度が編纂。『歴代三寶紀』大正 49・81*c* 3; 127*c* 5;『大唐内典録』大正 55・336c 23~25;『開元釋教録』大正 55・573*a*4~17 を参照。

題を『維摩詰不思議經』とし、その経題の意味を説明したあと、以下のように述べている。「以弘始八年歳次鶉火、命大將軍常山公、左將軍安城候與義學沙門千二百人。於常安大寺、請羅什法師重譯正本。什以高世之量、冥心眞境、既盡環中、又善方言。時手執胡文口自宣譯、道俗虔虔一言三復、陶冶請求務存聖意。其文約而詣；其旨婉而彰、微遠之言於茲顯然。余以闇短、時豫聽次、雖思乏参玄、然麁得文意、輒順所聞而爲注解、略記成言、述而無作、庶將來君子異世同聞焉」(大正 55･58*b*11~20)

2.『歴代三寶紀』(T2034)：「『維摩詰經』三巻。弘始八年於大寺出。是第四譯。與佛調、支謙、法護等出者大同小異。僧肇筆受。見『二秦録』[8]。什自注解、叡製序」(大正 49･77*c*17)

3.『大唐内典録』(T2149)：『歴代三寶紀』にほぼ同じだが、「生筆、什注、叡序」(大正 55･252*c*8) とある。

4.『古今譯經圖紀』(T2151)：「『維摩詰所説經』三巻」(大正 55･359*a*21)

5.『開元釋教録』(T2154)：「『維摩詰所説經』三巻。一名『不可思議解脱』、或直云『維摩詰經』。『僧祐録』云『新維摩詰經』。弘始八年於大寺出、僧肇筆受、叡製序。第六譯。見『二秦録』及『僧祐録』」(大正 55･512*b*25)

鳩摩羅什が翻訳したサンスクリット原典は支謙が用いたものに比べかなり増広されたものだった。例えば、「佛以一音演説法」の偈頌 (I･10･11 頌)、「古井戸、五怨賊、四毒蛇の譬喩」(II･11)、「衆生は存在しないという空性の譬喩」(VI･1；大正 14・547*a*29 以下)、「菩薩が仏道に通達するための方法」(VII･1；大正 14･548*c*29~549*a*27)、「32 種の不二 (advaya) の定義」(VIII･1~32；大正 14・550*b*29~551*c*19)、「維摩黙然として語らず」という有名な一節 (VIII･33；大正 14・551*c*20)、「娑婆世界における釈迦牟尼の説法の説明」(IX･15；大正 14・552*c*26~553*b*10)、「香飯の効能についての一節」(X･6；大正 14・553*c*8~13) などは支謙訳には見られない。

鳩摩羅什の訳文は非常に簡潔で、逐語訳ではない。慣用語やわかりきった文言や称号などは非常に短縮したり、場合によっては省略している (I･10 の初めの部分；III･1；IV･5；IX･4~5)。この極めて著名な翻訳家は全神経を哲学的な文章に集中しており、その翻訳はチベット訳とかなり近い。また、仏教的な専門用語も従来の訳語を大幅に改めており、しかも一度決定した訳語は経中一貫して同一語を使っている。

中国の経典目録で『新維摩詰經』と名づけられた羅什訳『維摩経』が世に出るや、従来の訳本はすっかり色褪せてしまった。6 本の旧訳のうち唯一、支謙訳のみが現在まで伝わっているが、それもまったく使われていない。

新訳『維摩詰經』の出現以来何世紀にもわたり、中国はもとより日本においても数多くの仏教学者が注釈書を著した。例えば、僧肇 (T1775『注維摩詰經』)、随朝・慧遠 (T1776

8 『二秦録』一巻、姚秦弘始年間 (399~415 年)、鳩摩羅什の弟子にして訳経助手であった僧叡が編纂 (『歴代三寶紀』大正 49･127*c* 3；『大唐内典録』大正 55･336*c* 12~15；『開元釋教録』大正 55･573*a* 7~10)。

『維摩義記』)、智顗（T1777『維摩經玄疏』)、吉蔵（T1780『浄名玄論』および T1781『維摩經義疏』)、湛然（T1778『維摩經略疏』)、智圓（T1779『維摩經略疏垂裕記』)、日本の聖徳太子[9]などである。

『維摩経』の漢訳本のうち、西洋の言語に翻訳されたのは鳩摩羅什の訳本だけである[10]。

鳩摩羅什訳の『大智度論』(T1509) にも『維摩経』が引用されているが、増広された『維摩経』が用いられているようだ。III-44 の脚注 82 を参照。

《III-44、脚注 82：英訳書 p.82~83》

この箇所（III-44 の後半：病いの世尊のために牛乳を求める阿難を維摩が責める場面）の翻訳はチベット訳と玄奘訳に拠った。III-43~44 は鳩摩羅什訳もまったく同じである（大正 14･542*a*5~16)。しかし、『大智度論』(T1509、巻 9、大正 25･122*a*27~*b*13）に引用された同じ個所は、羅什訳よりはるかに長くなっている。

「是時毘摩羅詰在是中行、見阿難持缽而立、問阿難：汝何以晨朝持缽立此。

阿難答言：佛身小疾、當用牛乳、故我到此。

毘摩羅詰言：止、止、阿難、勿謗如来、佛爲世尊、已過一切諸不善法（*sarvākuśaladharma-samatikrānta*)、當有何疾。勿使外道聞此麁語、彼當輕佛、便言：佛自疾不能救、安能救人。

阿難言：此非我意、面受佛敕、當須牛乳。

毘摩羅詰言：此雖佛敕、是爲方便（*upāya*)；以今五惡之世（*pañcakaṣāyakāla*）故、以是像度脱一切。若未來世有諸病比丘、當從白衣（*avadātavasana*)、求諸湯藥（*bhaiṣajya*)。白衣言：汝自病不能救、安能救餘人。諸比丘言：我等大師猶尚有病、況我等身如草芥（*sarṣapa*)、能不病耶。以是事故諸白衣等以諸湯藥供給比丘、使得安穏（*kṣema*）坐禪行道。有外道仙人（*ṛṣi*）能以藥草（*oṣadhi*）咒術（*mantra*）除他人病、何況如来一切智（*sarvajña*)、自身有病而不能除、汝且黙然持缽取乳、勿令餘人異學得知聞也」

---

9 『維摩経義疏：昭和會本』(乾･坤)、佐伯定胤校訂編、東京・森江書店、1937 年。

10 **英訳本**：大原嘉吉, *The Discourse of the Wonderous Law of Emancipation*, Hansei Zasshi (後の「中央公論」誌), XIII, 1898; XIV, 1899; 泉芳璟, *Vimalakīrti's Discourse on Emancipation*, The Eastern Buddhist, III, 1924; IV, 1925~28; C. Luk (陸寛昱), *The Vimalakīrti Nirdeśa Sūtra*, 翻訳･編集, Shambhala, Berkeley and London, 1972. **独語訳**：J. Fischer and T. Yokota (横田武三), *Das Sūtra Vimalakīrti*, 北星堂, 東京, 1944. **仏語訳**：(羅什訳第七品) R.H. Robinson, *Pansée bouddhique*, Bulletin des Amis du bouddhisme, VI, 2, April, 1957, p.11~13.

第 1 章「仏国品」について、山口益の勝れた論文のあることを指摘しておきたい。「維摩経仏国品の原典的解釈」(『大谷学報』30 巻、第 2 期、1950, p.1~17；第 3 期, 1951, p.46~58）である。

『維摩経』に関する日本人研究者の論文で、『印度学仏教学研究』(東京大学）に掲載されたものをいくつか紹介しておきたい。橋本芳契：「維摩経の流伝について」(Vol.1-1, 1952, p.196~201)；「維摩経の中道思想について」(Vol.2-1, 1953, p.334~337)；「禅経としての維摩経」(Vol.2-2, 1954, p.661~663)；「慧遠の維摩経義記について」(Vol.5-1, 1957, p.204~207)；「註維摩詰経の思想構成 － 羅什･僧肇･道生三師説の対比」(Vol.6-2, 1957, p.509~513)；「維摩経の本質に関する一考察 －とくに「不可思議解脱」acintyavimokṣa の概念について」(Vol.7-1, 1958, p.215~219)；「慈恩教学における維摩経の地位について －「説無垢称経疏」の思想史的意義」(Vol.8-1, 1960, p.99~104) ／ 望月一憲：「維摩経の仏国品について －とくに聖徳太子との関連から」(Vol.9-2, 1961, p.542~543)。

また、橋本芳契の「三論宗義における維摩経 － 嘉祥大師「浄名玄論」の思想的特色について」(「金沢大学法文学部論集（哲学史学篇)」V, Jan. 1958, p.135~156）も参照されたい。

このようにかなり目立つ差異があると、『大智度論』の作者が記憶に基づいて経文を引用し、自分で文言を付け加えたのか、それとも鳩摩羅什の時代の仏教界に、これとそれほど大きな違いのない『維摩経』の版本が存在していたのか、という疑問を禁じえない。そして、可能性が大きいのは後者のように思われる。

さらに、非常に奇妙なことであるが、『維摩経』の翻訳では Vimalakīrti を常に「維摩詰」としている羅什が、『大智度論』の翻訳では「毘摩羅詰」としている。しかし、書誌編集者が羅什の翻訳でないものをも羅什訳にしようとしたことはよく知られたことである（参照：P. Demiéville, Les sources chinoises, *L'Inde Classique*, II, 1953, p.416）。

（8）『無垢稱經』、別名『説無垢稱經』（Vimalakīrtisūtra）： 唐高宗元年（650年）、長安・大慈恩寺にて玄奘訳出。訳本現存（T476）、六巻。

1.『衆経目録 丙』（T2148）：「『説無垢稱經』六巻、九十一紙。唐貞觀年（649～650年）玄奘譯」（大正55・190*c*14）

2.『大唐内典録』（T2149）：「『無垢稱經』一部、六巻」（大正55・282*b*13）

3.『古今譯經圖紀』（T2151）：「『無垢稱經』一部、六巻」（大正55・367*b*11）

4.『大周刊定衆經目録』（T2153）：「『説無垢稱經』一部、六巻、一百一十紙。右大唐貞觀年（649～650年）沙門玄奘於大慈恩寺譯」（大正55・386*b*5）

5.『開元釋敎録』（T2154）：「『説無垢稱經』六巻。見『内典録』。第七譯。與羅什維摩経等同本。永徽元年二月八日（650年3月15日）於大慈恩寺翻經院譯、至八月一日（650年9月1日）畢。沙門大乘光筆受」（大正55・555*c*11）

玄奘訳と鳩摩羅什訳とでほぼ一致しているところが何箇所かみられる。例えば、第8章の不二法門に登場する菩薩の最初の7人の順序など。ただ、玄奘が用いたサンスクリット原典はそれ以前のものに比べてかなり増広したものであった。読者がその点を確認できるように、筆者の仏訳では、対照させる形にした。

玄奘は、礼賛の言葉や教義的な決まり文句も省略せず、常に一言一句を注意深く翻訳している（その好例が III-25, 34, 58；IV-5；IX-4~5）。第3章では、維摩に出くわした声聞たち（śrāvakas）は必ず、「彼らの頭を彼の足につけて」（*pādau śirasābhivandya*）挨拶している。他の訳者はみな簡略化している。（【訳注】中文訳者は、「彼らの頭を彼の足につけて」（英訳：saluting his feet with their heads）について、「声聞弟子が維摩に頂礼したという意味にとれるが、それでは当時のしきたりに反するし、また玄奘訳の「時無垢稱來到彼所。稽首我足而作是言」に照らしても、「維摩が声聞弟子に頂礼した」と改めるべきだと注している。中文訳者によると、「『梵網經』には〈出家人法不向國王礼拝、不向父母礼拝〉（大正24・1008*c*）、『大般涅槃経』巻六には〈出家人不応礼拝在家人〉（大正12・399c）とある。しかし、印順法師の見解によると、『維摩経』は大乗経典全体の中で文殊師利法門に属し、この法門では出家が在家に礼を行なってもよいとされる」という（参照：『初期大乗仏教之起源與開展』p.994）。この箇所を2001年に発見された梵文テキストでみると、玄奘訳の「稽首」に当たる文は見られず、tatra vimalakīrtir licchavir upasaṃkramya mām evam āha:（そこにリッチャヴィのヴィマラキールティがやって来て、私に次のように言った）となっている（『梵文維摩經 ― ポタラ宮所蔵写本に基づく校訂―』大正大学出版会、2006、p.28）。したがって、玄奘の見たテキストが他と違っていたか、あるいは玄奘が付加したものであろう。

玄奘訳においては、哲学的な表現が非常に詳細に訳され長くなっている。その例として、菩提（*bodhi*：III-52）、不可思議解脱（*acintyavimokṣa*：V-11~18）、不二（*advaya*：VIII）、仏国土（*buddhakṣetra*）の清浄（IX-8）、娑婆世界の菩薩（IX-16）などが挙げられよう。また、解釈上の文言が付け加えられている例も多く見られる。例えば、説法の力（V-17）、大慈（*mahāmaitrī*：VI-2）、如来の家系（VII-1、脚注12）などである。一方、章によっては、各段の初めに要約文が付されている［例えば、V-2の求法（*dharmaparyeṣṭi*）についての段落］。このような補足説明が、玄奘訳を非常にわかりやすく精確なものにしている。筆者が仏訳に際して他の漢訳本ではなく玄奘訳を参考にしたのはそのためである。

玄奘は［インドから戻ってから］亡くなるまでの19年間を経典および論書合わせて75部余の翻訳に費やし、仏教経典では彼の右に出る者はいなかった。しかしながら、彼自身は唯識派（Vijñānavādin）を信奉していたので、『維摩経』も観念論的な解釈によって翻訳したのではないかとの懸念がある。もしそうだとしたら、玄奘訳が確かに客観的かどうか疑わざるを得ない。

『維摩経』には、阿頼耶（*ālaya*）の問題が何回か出てくるが、それはあくまでも阿頼耶を否定するためである（V-4、脚注4；X-18、脚注26）。他の漢訳およびチベット訳の翻訳者と同様、玄奘も原典に非常に忠実に翻訳しており、中観派の *ālaya*、さらには唯識心理学でいうところの阿頼耶識（*ālayavijñāna*）と同様の使い方を極力避けている。玄奘は両者の違いをはっきりさせるために、『維摩経』の *ālaya* は「攝蔵」と訳しているのに対して、唯識典籍の中では *ālayavijñāna* を通常は「阿頼耶識」と音訳している（参照：『攝大乗論』T1594、巻1、大正31・133*a*6）。

《VII-1、脚注12：英訳書p.176》

「復た妙菩提を得て大法輪を転じ涅槃の趣に入るを示現すと雖も、而も復た諸々の菩薩の行を勤修して相続無断なり」という一節が支謙にも羅什にもない。―『仏説文殊師利般涅槃経』（T463、大正14・480*c*18）には以下の如くある。首楞厳三昧の力によって、菩薩は十方において、誕生（*jāti*）、世界を離れること（*naiṣkramya*）、涅槃、般涅槃、そして遺物の分配を意のままに示現する。それはすべて衆生の利益のためである。参照：Śūraṃgama-samādhisūtra, tr. É. Lamotte, *La Concentration de la marche héroïque* の特にp.122, §7；p.140, §21, No.97-100；p.223, §123；p.263, §163.（【訳注】Sara Boin-Webbによる英訳本 *The Concentration of Heroic Progress* における対応箇所はp.111, §7；p.126, §21, No.97~100；p.197, §123；p.231, §163.）

《V-4、脚注4：英訳書 p.137》

ālaya は「避難所、休息所」の意味であり、チベット訳は kun-gźi、支謙は「巣窟」、羅什は「処所」、玄奘は「摂蔵」と訳している。仏教経典でよく見られる定型句は、*ālayarāmā kho panāyaṃ pajā ālayaratā ālayasammuditā*（衆生は、間違いなく、*ālaya* を愛し、*ālaya* を楽しみ、*ālaya* を喜んでいる）である。参照：Vinaya, I, p.4,*35*；Dīgha, II, p.36,*3*；37,*25*；Majjhima, I, p.167,*32*；Saṃyutta, I, p.136,*11*；Aṅguttara, II, p.131,*30*；Mahāvastu, III, p.314,*2*.

古い経典の本来的意味からすると、*ālaya* とは「欲望の5種の対象であり、世間的には、衆生が避難し、安住する場所」である。例えば、Dīgha Commentary, II, p.464,*13*：*sattā pañcakāmaguṇesu allīyanti, tasmā te ālayā ti vuccanti.*（衆生は五欲に愛着する。それ故、彼らは阿頼耶と呼ばれる。）

後に、唯識派はこれらの経文の中に、彼らの哲学の礎石となる阿頼耶識（*ālayavijñāna*）の論拠を求めることになった（参照：Saṃgraha, p.26~27; Siddhi, p.180）。『維摩経』は成立時期が早いことから、唯識派についてまったく知らなかったことはいうまでもない。

玄奘訳に唯識思想の術語や論理をうかがわせる語句を見出すのは極めて稀だが、その例をいくつか挙げてみよう。

1. III-3 — チベット訳は「輪廻に属する煩悩を断たないままで、しかも涅槃に入る、というように坐禅をしなさい」とあり、羅什訳とほぼ一致する［羅什訳：「不断煩悩而入涅槃。是為宴坐」（大正14・539*c*25)］。玄奘訳は「輪廻を捨てず、煩悩を離れる（不捨生死而無煩悩）。涅槃は保持しても、そこに住まらない（雖證涅槃而無所住）。これが瞑想の仕方である（是為宴坐）」（大正14・561*b*18）となっている。この玄奘訳には無住処涅槃（*apratiṣṭhita-nirvāṇa*）に関する理論が影響しているものと思われる。

2. III-59 — チベット訳と羅什訳は、「*bodhimaṇḍa*（菩提の座）は3種の知（*tisro vidyāḥ*：三明）の座である」（羅什「三明是道場」、大正 14・543*a*3）とあるのに対し、玄奘訳は「*bodhimaṇḍa*（菩提の座）は3種の知の鏡の輝きの座である」（「三明鑒照是妙菩提」、大正14・565c11）となっており、自ずと唯識仏教学の *ādarśajñāna*（大円鏡智）が想起される（III-59、脚注116を参照）。

《III-59、脚注116：英訳書 p.98》

「鑒照」（鏡の輝き）という言葉を使っているのは玄奘だけである。これはおそらく唯識派による書き入れであろう。なぜなら、諸仏の「鏡智」（*ādarśajñāna*）は4世紀以前のインドでは論じられていないからである。この問題については、Sūtrālaṃkāra, p.46,*16*；Saṃgraha, p.278~279；『仏説仏地経』T680、大正16・721*b*12~*c*26；『仏地経論』T1530、巻3、大正26・302*a*12~19; Siddhi, p.681~682 などを参照。なお、この哲学的形式については、P. Demiéville, *Le miroir spirituel*, Sinologica, I, 1947, p.112~137 を参照。

3. IV-18 — チベット訳によると、「身体と心と病気とが、相互にどれかが他よりも新しいのでもなく古いのでもないと知る、これが自分の知恵である」とある（羅什訳「又復觀身。身不離病。病不離身、是病是身非新非故、是名爲慧」、大正 **14・545*b*21**）。これが、玄奘訳では「身体と心と病とは相互に依存し、始めも終りもない連続（***anādikālikasaṃtāna***）をなしている」（「又觀身心及與諸疾、展轉相依無始流轉、生滅無間非新非故、是名爲慧」、大正 **14・567*b*14**）となっている。この点については、経量部学者の「觀微細心」（参照：Karmasiddhiprakaraṇa, p.100 以下）、および唯識派の「無始界」（***anādikāliko dhātuḥ***）が想起される（参照：Saṃgraha, p.12）。

4. V-5 — チベット訳では「法（***dharma***）は条件づけられたもの（***saṃskṛta***：有為）でもなく、条件づけられないもの（***asaṃskṛta***：無為）でもない」となっている。玄奘訳は「それは条件づけられていない」（「法名無為、離有為性」、大正 **14・570*c*2**）となっており、羅什訳（「法名無為」、大正 **14・546*a*24**）と同じ見方で、観念論の影響は指摘できない。

5. VI-9 — チベット訳と羅什訳は「解脱（***vimukti***）は内（***adhyātman***）にも外（***bahirdhā***）にもなく、またその両者を離れてもいない（***nobhayam antareṇa***）」（羅什訳「解脱者、不内不外、不在両間」）とあり、中観派の見方がうかがえる。しかし、玄奘訳はこれに「中間」という見方を加えて「解脱非内非外、非離二種中間可得」としており、これは唯識派の見方である。

6. XI-1 — チベット訳では、「如来は ***bhūtakoṭi***（実際）ではない」とあるが、玄奘訳は「如来は ***bhūtakoṭi*** であり ***koṭi*** ではない（実際非際）」（大正 **14・584*a*28**）とある。

しかし、これらは非常にわずかなニュアンスの違いにすぎず、おそらく玄奘の語句挿入のためであろう。概ね、玄奘も羅什と同様、『維摩経』の哲学的思想すなわち純粋な中観派の思想を忠実に表わしているといえる。

玄奘訳は、非常に価値が高いにもかかわらず、中国の出家者の間のごく限られた人にしか読まれておらず、注釈書も筆者の知る限り一作しかない。それは玄奘の弟子・窺基による『説無垢稱經疏』（T1782）であり、極めて観念的なものである。今日もなお一般の人々に親しまれているのは鳩摩羅什訳のみである。

第 2 節　チベット訳本

(1)『聖無垢稱所説』(梵 Ārya-Vimalakīrtinirdeśa; 蔵 Ḥphags pa Dri ma med par grags pas bstan pa)： 法性戒（梵 Dharmatāśīla; 蔵 Chos ñid tshul khrims）による翻訳。<西蔵大蔵経>の「カンギュル」(Kanjur：仏説部）の標準本。

筆者が今回使用したのは以下の 2 本である。

1. <ナルタン版西蔵大蔵経>「カンギュル」。パリ・フランス国立図書館蔵蔵文文献（Fonds tibétain de la Bibliothèque Nationale）蔵。第 419 号、274 葉・表 4 行～382 葉・表 2 行。

2. <北京版西蔵大蔵経>「カンギュル」。京都・大谷大学図書館蔵、鈴木大拙監修影印重版（1957 年)。第 34 冊、第 843 号、74 頁・180 葉・表 3 行～102 頁・250 葉・表 3 行。

筆者は<ラサ版西蔵大蔵経>所収（「カンギュル」の第 Pha 函、270 葉・裏 1 行～376 葉・裏 3 行）の『維摩経』は見ていない。

この蔵文訳本の翻訳年代は 9 世紀初めの 25 年間と推測される。理由は、この翻訳に関与した法性戒が『翻訳名義大集』(Mahāvyutpatti) の編集者の一人になっているからである。この梵蔵術語集の編集作業が始められたのはティデ・ソンツェン（Khri-lde-sroṅ-btsan）王在位の 802 年あるいは 814 年である[11]。法性戒の翻訳には、『翻訳名義大集』に提示されているチベット語が使われている。

『インド事務部図書館蔵敦煌蔵文写本目録』(*The Catalogue of the Tibetan Manuscripts from Tun-Huang in the India Office Library*; compiled by L.De La Vallee Poussin, Oxford University Press, 1962）の第 180～183 号に収録されている 4 本の蔵文写本は『維摩経』写本の断片である。それらを再製すると、若干の差異はあるものの、カンギュル本になる。第 180 号には第 8 章の全文、第 181 号（26 葉）には『維摩経』の最初から筆者の翻訳本の IV-10 まで、第 182 および 183 はただ 1 葉のみ。

カンギュルの『維摩経』が大鹿實秋博士により校訂され、それをローマ字表記したものが『チベット文維摩経テキスト』として発行されている（成田山新勝寺「インド古典研究（Acta Indologica）Vol.1」1970 年、p.137～240)。

(2)『敦煌写本残簡四片』： The Fonds Pelliot tibétain 第 610、611、613、2203 号（以下、「FP610」等と略す)。これらの資料についてはフランスの学者 M. Lalou が詳細に研究し、*Inventaire des Manuscrits tibétains de Touen-houang conservés à la Bibliothèque Nationale,* 3 冊（Paris, 1939～1961）としてまとめているが、その中の Vol.I, p.138～139

11　この説の根拠は、G. Tucci, *The Tombs of the Tibetan Kings*, Rome 1950, p.15 , 18 である。なお、香川孝雄「Mahāvyutpatti の編纂年代考」(『印度学仏教学研究』VII-1, 1958, p.160~161）によると、Mahāvyutpatti（『翻訳名義大集』）の編集は 814 年に開始され、824 年あるいはその若干後に完成した。

および Vol.III, p.217 に『維摩経』関連の記述がある。FP610、FP611 のファクシミリ版が発行され、ドゥ・ヨング（J.W.de Jong）がそれを校訂・研究したものが *Fonds Pelliot tibétain Nos. 610 et 611* として、『山口益博士還暦記念印度學佛教學論叢』（京都、1955 年）、p.58～67 に収められている。

a）FP 610 ―「2 葉（タテ 8×ヨコ 41）、頁表記なし、6 行/頁。薄紫の線および余白あり。左側に不規則な円形の孔あり。（一般に一語ごとの区切りを示すために右肩に一点打つ点）ツェクが上下に二点打たれている。左傾斜の書体」（*Inventaire*, I, p.139）

第一葉は表裏［に書写されており］、［内容は］XI-8 終りから XII-2 初めまで。第二葉も表裏、XII- 5~7。

FP610 およびカンギュル本とにはかなりの違いがある。ドゥ・ヨング教授のいわれるように、この No. 610 が法性戒の翻訳や『翻訳名義大集』を知らなかったことは間違いない。

b）FP 611 ―「1 葉（7.4×27.5）、203（*ñis-brgya-su*）との頁表記あり、5 行/頁。線および余白なし。中央に黄色味を帯びた小さな孔の跡が見られる。書写はきれいではない。分断している」（*Inventaire*, I, p.139）

この一葉は表裏、XI-9 終りから XII-1 初め。

FP610 とは違い、カンギュル本とほぼ同じ内容。ドゥ・ヨング教授によると、法性戒の翻訳と別個のものではなかったと思われる。

c）FP 613 ―「10 葉（7.2×48）、頁表記なし；9 葉、右側が破損しているもの；4 行/頁、黒の線および余白あり。紫の丸い孔が二つあり。音節の区切りを示す点が文字の間に打たれている」（*Inventaire*, I, p.139）

前記の破損部分を合わせて考えると、FP 613 の内容は以下の如くになる。

第 1 葉表～第 5 葉裏（無欠）＝ I-4~12
第 6 葉表・裏（破損）＝ I-14~15 冒頭
第 7 葉表~第 8 葉裏（破損）＝ I-17~20、II-1 冒頭
第 9 葉表~第 12 葉裏（無欠）＝ II-2~12 冒頭
第 13 葉表~第 14 葉裏（破損）＝ III-1~6 冒頭
第 15 葉・表裏（破損）＝ I II-20~22 冒頭
第 16 葉・表裏（破損）＝ III-29 末尾~33 冒頭
第 17 葉・表裏（破損）＝ III-46~50 冒頭
第 18 葉・表裏（破損）＝ III-56 末尾~59 冒頭
第 19 葉・表裏（無欠）＝ IV-16 末尾~17 冒頭

d）FP 2203 ―「30 葉（20×29.5）、最初の 1 葉は半面が破損している。書写部分が最後の一葉の中間で終わっている。赤い線あり。丁寧に書写されている。文章の大段落を示す二本線の間に余白がある」（*Inventaire*, III, p.217）

第 1 葉（11 行残存）＝I-10・1~6 偈
第 2 葉 1~12 行目＝I-10・13~18 偈
第 2 葉 12 行目~第 9 葉 7 行目＝I-11~20
第 9 葉 7 行目~第 30 葉 12 行目＝II-1~13（無欠）、III-1~48

（【訳注】原著ではこのあとに写本の写真および写本の内容の比較などが掲載されているが、本訳書では割愛した。）

『敦煌写本』（FP 2203 および FP 613）の訳文は、再添後字 da の多用および句の構成によって、カンギュル本（*Dharmatāśīla*：法性戒本）とは異なっている。しかし、これら 2 種の訳本は同一のサンスクリット原典に基づくものである。

これら 2 種の訳本は『翻訳名義大集』に掲載されている同一の専門用語を使っており、法性戒はこの『翻訳名義大集』の編纂者の一人であった。

以下に「敦煌訳本」とカンギュル本が異なるところを挙げる。

I-10・16 偈 — *Pha rol phyin te thaṅ la bźug*（pāraṃgataḥ sthale tiṣṭhasi）：*pha rol phyin nas skam la bźugs.*

I-17 —*Źabs kyi mthe bos bordabs*（pādāṅguṣṭhenotkṣipati sma）：*źabs kyi mthe bos bsnun.*

I-18 — *Sems can tha ma*（hīnasattva）：*sems can dman pa.*

II-1 — *Dbaṅ po mchog daṅ tha ma śes pa*（indriyavarāvarajñāna）：*dvaṅ po mchog daṅ mchog ma yin pa śes pa.*

II-2 — *Sems can ṅan paḥi ṅaṅ tshul can*（duḥśīlasattva）：*sems can tshul khrims ḥchal ba.*

III-3 — *Naṅ du yaṅ dag par ḥjog pa*（pratisaṃlayana）：*naṅ du yaṅ dag par bźag pa.*

III-6 — *Thog maḥi mthaḥ daṅ tha maḥi mthaḥ*（pūrvāparānta）：*sṅon gyi mthaḥ daṅ phyi maḥi mthaḥ.*

III-6 — *Gnas myed pa*（anālaya）：*kun gźi med pa.*

III-22 — *Phyugs kyi rmyig*（gokhura）：*ba laṅ gi rmig.*

固有名詞についても若干の相違が見られる。例えば以下のような例が挙げられる。

① *Śa ri bu*（Śāriputra：舎利弗） ← *Śā riḥi bu*（I-15 など）
② *Śag kyi thub pa*（Śākyamuni：釈迦牟尼） ← *Śā kya thub pa*（I-15 など）
③ *Meḥu dgal gyi bu*（Maudgalyāyana：目犍連） ← *Mo dgal gyi bu*（III-5）
④ *Phyugs lhas kyi bu Ma ska ri*（Maskarin Gośālīputra：末伽梨拘賒梨子） ← *Kun tu rgyu Gnag lhas kyi bu*（III-17）
⑤ *Beḥi ra taḥi bu Kun rgyal*（Saṃjayin Vairaṭīputra：散若夷毘羅胝子） ← *Smra ḥdod kyi bu moḥi bu Yaṅ dag rgyal ba can*（III-17）
⑥ *Gaṅ po byams paḥi bu*（Pūrṇa Maitrāyaṇīputra：富楼那） ← *Byams maḥi bu gaṅ po*（III-21）

⑦ *U pa li*（Upāli：優波離） ← *Ñe bar ḥkhor*（III-33）

⑧ *Nor sbyin ḥdzin*（Rāhula：羅睺羅） ← *Sgra gcan ḥdzin*（III-38）

⑨ *Dgaḥ bo*（Ānanda：阿難） ← *Kun dgaḥ bo*（III-42）

しかしながら、これら 2 種の訳本の相違は重要なものではない。FP 613 および FP 2203 によって表わされるチベット訳本が術語や構成の面で法性戒訳のカンギュル本と異なっているとしても、前者も後者と同様に『翻訳名義大集』の専門用語を多く用いている。年代的に見ても、その事実に矛盾はない。なぜなら、『翻訳名義大集』は 9 世紀の初めに編纂されており、敦煌石窟の「封閉」は 1035 年以降のことだからである。さらに、敦煌で発見された他のチベット訳本の何本かは『翻訳名義大集』の編纂者の手になるものである（*Inventaire*, I, Nos. 24, 51, 78, 99, 417, 551, 552, 797）。

簡単かつ暫定的であるが、『維摩経』のチベット訳本の伝承は以下のようにまとめることができよう。

1. FP 610 の残存する 2 葉はチベット訳本の最古の版本を表わす。この版では再添後字 da が使われてはいるが、インド語を翻訳する方法は後代『翻訳名義大集』に収載されている専門用語と大きく異なっている（参照：ドゥ・ヨング、前掲書、p.66）。

2. FP 613 および FP 2203 の長篇の残本は『維摩経』の第二の翻訳を表わすもので、敦煌訳本の可能性がある。その特色は再添後字 da が多用されている点だが、専門用語は『翻訳名義大集』の術語に近づいている。

3. 法性戒の訳本は 9 世紀の初めに完成し、後にカンギュルに収められた。この訳本は再添後字 da を用いていないだけでなく、その術語や文章の構成などでも、先行する訳本と大きく異なる。しかしながら、専門用語は法性戒が編纂者の一人を務めた『翻訳名義大集』から採っている。

4. FP 611 の 1 葉は、比較する上ではほとんど参考資料にならない。しかし、ドゥ・ヨング教授の研究によると、これは法性戒の翻訳とは別のものではないという。同教授はまた、「これら二訳本には確かに違いはあが、まったく別の翻訳であるといえるほどの違いではない」としている。

最後に、『維摩経』のチベット訳本にもう一本あることを忘れてはならない。その経題は *Ḥphags pa dri ma med par grags pa bstan pa* といい、1800 頌（*śloka*）、6 章（*bam-po*）から成る。これは Stod-thaṅ の Ldan-kar 宮蔵の『経典目録』(the Catalogue of *āgama* and *śāstra*）に見られるが、同目録は国王ティソン・デツェン（Khri-sroṅ-lde-btsan）の在位時（755～797 年）に編纂されたものである（参照：M.Lalou, *Les textes bouddhiques au temps du roi Khri- sroṅ- lde-btsan*, Journal Asiatique, 1953, p.322, *1*）。現在入手可能な資料によって、この訳本が FP 613 と FP 2203 の表わす敦煌訳本と関係があるのか、あるいは法性戒の訳本と関係があるのか、それを断ずることはできない。（【訳注】国王ティソン・デツェン在位時に編纂された『デンカルマ目録（*Ldan-dkar dkar-chag*)』に関しては芳村修基「チベット仏教資料」(『インド大乗仏教思想研究』百華苑、1974年) を参照。なお、同国王のもとで仏教が隆盛を極めた当時、サンスクリット仏典のチベット語への翻訳に際し訳語を一定にすることが急務であった。そのための辞書編纂の経緯を知るには、榊亮三郎編『梵蔵漢和四訳対校 翻訳名義大集』(臨川書店、大正5年初版、平成10年復刻版) の「序」、また石川美恵訳・注『二巻本訳語釈 —和訳と注解—』(東洋文庫、1993) の「前文」が興味深い。)

第3節 ソグド語およびコータン語訳本

中央アジアの砂の中から若干のソグド語 (Sogdian : 粟特文) とコータン語 (Khotanese : 于闐文) の『維摩経』残片が発見された。

1. ソグド語:大英帝国博物館所蔵のスタイン写本、Ch.00352 [新号 Or.8212 (159)]。書写部分の大きさは9.7×10.5で207行から成る。H.Reichelt によって校訂・翻訳されている (*Die soghdischen Handschriftenreste des Britischen Museums,* I. Teil: *Die buddhistischen Texte,* Heigelberg, 1928, p.1~13)。また、E. Benveniste と F. Weller によってさらに詳しい研究が発表されている[12]。

このソグド語の断片は鳩摩羅什の漢訳本『維摩詰所説經』の翻訳であり、サンスクリット原典の翻訳ではない。その内容は筆者翻訳の VII-1～6 ; VIII-1, 2, 6 に相当する。

2. コータン語:この訳本については、E. Leumann の *Buddhistische Litteratur nordarisch und deutsch,* Leipzig, 1920, p.692 以下に詳しく説明されている。また、H. W. Bailey の *Khotanese Buddhist Texts,* London, 1951, p.104~113 に大英帝国博物館所蔵のスタイン写本の于闐文維摩経残簡 (Ch.00266) が取り上げられている。

(【訳注】原著ではこのあとに第4節として『維摩経』の諸訳本の対照表が掲載されていたが、本訳書では割愛した。)

[12] E. Benveniste, *Notes sur les texts sogdiens bouddhiques du British Museum,* JRAS, Jan. 1933, p.29-33; *Le nom de la ville de Ghazna,* JA, Jan.- Mar. 1935, p.141-143. … F. Weller, *Bemerkungen zum soghdischen Vimalakīrtinirdeśasūtra,* Asia Major, X, 1935, p.314-367; *Zum soghdischen Vimalakīrti-nirdeśasūtra,* Abhandlungen für die Kunde des Morgenlandes, XXII, 6, Leipzig, 1937.

第 2 章　『維摩経』の経題

第 1 章でみた中国の経典目録では、『維摩経』には数種類の経題が付されている。それらすべてがインド起源とは限らない。したがって、「旧訳」「別訳」「新訳」といっても漢訳の年代順を示しているだけで、インドでの成立年代とはなんの関係もない。

漢訳本と経典目録だけが、『維摩経』の題に「経（sūtra）」を付している。インドの学者、例えば月称（Candrakīrti: Madh.vṛtti, p.333,*6*）や寂天（Śāntideva: Śikṣāsamuccaya, p.6,*10*；145,*11*；153,*20*；264,*6*；269,*11*；273,*6*；324,*10*）、蓮華戒（Kamalaśīla: Bhāvanākrama, I, p.194, *8*）、並びにチベットの翻訳家はいずれも、*Āryavimalakīrtinirdeśa*（*Ḥphags pa Dri ma med par grags pas bstan pa*）、すなわち「聖なる維摩詰の説示」としている。彼らはおそらく、動きも科白も菩薩である維摩を中心に展開していて、釈迦牟尼仏陀が脇役を演じるにとどまっている作品を「経（sūtra）」と呼ぶのを躊躇したのであろう。

『維摩経』もまた他の大乗諸経典と同様、経題が経典の主旨を示唆している。だが、『維摩経』に複数の異なった題が付いているのは、経典中で次々と取り上げられる宗教的主題、すなわち「法門」（*dharmaparyāya* または *dharmamukha*）の多様性に起因すると考えてよいだろう。

XII-23 で、漢訳はいずれも 2 つの経題を挙げているが、チベット訳では 3 つの経題を与えている。さらにそれら経題は経典の本文中でいわれている。

1. 主となる経題は *Vimalakīrtinirdeśa*（維摩詰の説示）で、漢訳では「維摩詰所説」あるいは「説無垢稱」、チベット訳では *Dri ma med par grags pas bstan pa*（維摩詰の説示：XII-23）。

2. 第 2 の経題は、おそらく副題に当たるもので、*Acintyavimokṣadharmaparyāya*（不可思議な解脱の法門）。これらについては用語に違いがみられる。

a. *Acintyadharmaparyāya*（不可思議法門）：支謙訳（XII-23）
b. *Acintyavimokṣadharmaparyāya*（不可思議解脱法門）：鳩摩羅什訳（XII-23）
c. *Acintyavimokṣanirdeśo dharmaparyāyaḥ*（Rnam par thar pa bsam gyis mi khyab pa bstan paḥi chos kyi rnam graṅs）：蔵訳（XII-6）
d. *Acintyavimokṣaparivarta*（Bsams gyis mi khyab paḥi rnam par thar paḥi leḥu）：蔵訳（XII-6）
e. *Acintyavikurvaṇa[niyata]bhūtanayasūtra*（不可思議自在神通決定実相經典）：鳩摩羅什訳（XII-1、脚注 1）（大正 14・556*a*4）
f. *Acintyavikurvaṇanayapraveśanirdeśa*（Rnam par sprul ba bsam gyis mi khyab paḥi tshul la ḥjug pa rab tu bstan pa）：蔵訳（XII-1、脚注 1）
g. *Acintyavikurvaṇavimokṣadharmaparyāya*（不可思議自在神變解脱法門）：玄奘訳（XII-1、脚注 1；XII-6、脚注 9；XII-23、脚注 42）（大正 14・585*c*, 586*a*, 588*a*）

(【訳注】サンスクリット本では *Acintyadharmavimokṣaparivarta*（不可思議法解脱品）となっていた。)

『維摩経』にはこの第二の経題、すなわち副題として *Acintyavimokṣa*（上記 a、b、c、d のような変形がある）が付されている。第 5 章は *Acintyavimokṣanirdeśa* と題され、10~18 節において菩薩の信じられない解脱について述べられている。

特に V-18 では、数多い *dharmaparyāya* の要約が示されている。ここで自ずと思い出されるのは *Avataṃsaka*（華厳経）である。というのは、『維摩経』と同様の副題 *Acintyasūtra* あるいは *Acintyavimokṣasūtra* が付されているからである（V-10、脚注 11 参照）。

《V-10、脚注 11：英訳書 p.141~143》

この箇所（V-10~18）は菩薩の *acintyavimokṣa*（不可思議解脱）について述べられており、『維摩経』の 3 つの経題の 1 つが示されている点で重要である。V-18 では、膨大な *vaipulyasūtra*（方等経）を凝縮して説いた（*saṃkṣepa*）ので、それを詳述しようとしたら 1 劫以上かかるだろうといっている。

Acintyavimokṣasūtra（不可思議解脱経）という経題をもつ方等経がある。それはほかでもない Avataṃsaka（T278『大方広仏華厳経』および T279『大方広仏華厳経』）である。『大智度論』が『華厳経』を引用するとき、経題は常に *Acintyasūtra*（不可思議経：T1509、巻 5、大正 25・94*b*13）、あるいは *Acintyavimokṣasūtra*（不可思議解脱経：T1509、巻 33、大正 25・303*b*24；巻 73、大正 25・576*c*25；巻 100、大正 25・756*b*7）である。

インドおよび中国の伝承によると、Acintyavimokṣasūtra（不可思議解脱経）は文殊師利（Mañjuśrī）によって編纂され、龍王（Nāga）の宮殿に 6 世紀以上にわたって保存されていたが、その場所で龍樹（Nāgārjuna）によって発見され、彼は十万頌（*gāthā*）の短い版を暗記した。そのうちのほんの一部だけが能力の低い聴衆に伝えられた。三万六千頌の版が 392～408 年の間に、コータン（于闐）で法領によって発見され、418～420 年の間に、揚州で仏駄跋陀羅（Buddhabhadra）によって翻訳された。これが T278 である。これよりさらに増広された四万頌の版は實叉難陀（Śikṣānanda）がコータンから持って来て、695～699 年の間に、洛陽で翻訳した。これが T279 である。最後に、インド人のジナグプタ（Jinagupta）が 599～560 年に、中央アジアの長い旅から長安に着いたときに中国人に伝えたところによると、コータンには王宮と首都の近くの山とに 12 の方広経があり、それぞれ十万頌を含み、その中に Avataṃsaka が見つかったという。この詳細と典拠については、筆者の論文 *Mañjuśrī*（T'oung-Pao, XLVIII, Fasc. 1~3, 1960, p.40~46；61~75）を参照。

維摩はここで菩薩の *acintyavimokṣa*（不可思議解脱）について凝縮した形で説明しているが、彼は同じ主題を扱っている非常に増広された大方広経典に触れている。その大方広経典はおそらく Acintyasūtra（不可思議経）あるいは Acintyavimokṣasūtra（不可思議解脱経）とも呼ばれる『華厳経』であろう。

しかしながら、現在伝えられている『華厳経』の 2 つの漢訳で問題として取り上げているのは諸菩薩の *acintyavimokṣa*（不可思議解脱）ではなく、諸仏の *acintyadharma*（不可思議法）である（T278、巻 30-31、p.590*b*-601*a*；T279、巻 46-47、p242*a*-251*b*）。『維摩経』はさらに増広された版をみていたのかもしれない。

さらに注目したいのは、この箇所では、維摩は解脱（*vimokṣa*）そのものよりも、むしろその当然の結果としての超自然的で魔術的な力のほうを取り上げていることである（参照：Kośa, VIII, p.206-211）。

初期仏教は既に、*samādhi*（三昧）、*dhyāna*（禅定）、*samāpatti*（等至）、*vimokṣa*（解脱）によって心が浄化されれば、勝れた力、とりわけ 6 つの神通力（*abhijñā*）が獲得されることを認めている（参照：Majjhima, III, p.97~99）。声聞が禅定について語るとき、彼らは 9 つの *anupūrvavihāra*（次第住）つまり連続的な心の浄化の段階、すなわち 4 つの *dhyāna*（禅定）と 4 つの *ārūpyāyatana*（無色住）および *saṃjñāvedayitanirodha*（想受滅）についてのみ考えている（Dīgha, II, p.156 ; III, p.265）。それこそがこのような羨ましい超自然的な力、*abhijñā*（神通力）を生み出すのである。

しかし、菩薩は声聞の 9 つの *anupūrvavihāra* で満足することなく、小乗の阿羅漢には知り得ない、より高度な心（*adhicitta*：増上心）の獲得を求める。Saṃgraha（p.218~231）によると、この増上心には 6 つの優位性がある。1. 対象（*ālambana*）における優位性：大乗の教えに相応しいより高度な思い。2. 多様性（*nānātva*）における優位性：菩薩は無量の禅定を思いどおりになしている（Pañcaviṃśati, p.142~144 ; Śatasāh., p.825, 1412, 1531 ; Mahāvyutpatti, No.506~623 に列挙された *samādhi* を参照）。3. 妨害すること（*pratipakṣa*：対治）における優位性。4. 堪任性（*karmaṇyatā*）における優位性。5. 獲得した結果（*abhinirhāra*；成就）における優位性。6. 行為（*karman*）における優位性。

維摩が関心をもっているのはこの最後の点である。なぜなら、もし声聞の *samādhi*（三昧）が普通の超自然の力（*ṛddhi*）を生み出すとしたら、菩薩のそれが偉大な超自然の力（*maharddhi*）を生むことは間違いないからである。

声聞の *ṛddhi*（神通）、すなわち *abhijñākarman*（神通行）とも呼ばれる特別の権能は非常によく知られており、ここでの説明はこれくらいにとどめる。それについてはパーリ仏典でも（参照：Woodward, *Concordance*, I, p.164, s.v. *anekavihitaṃ iddhividhaṃ paccanubhoti*）、それに相応するサンスクリット文献でも（Pañcaviṃśati, p.83,*8*~84,*2* ; Daśabhūmika, p.34~35 ; Kośavyākhyā, p.654,*3*~*4* ; Mahāvyutpatti, No.215~225）、限りなく取り上げられている。例えば、苦行者が、一人いて、それが何人にもなったり、何人もいて、それが一人になる等々。

諸仏と諸菩薩の *maharddhi*（大神通）の作用ははるかに勝れている。『大智度論』（参照：Nāgārjuna, *Traité*, p.329~330 ; 381~386）は 3 種の超自然力を定義している。第 1 に 4 通りの移動（*gamana*）、第 2 に 8 通りないし 4 通りの化作（*nirmāṇa*）、そして第 3 に聖なる神通力（*āryarddhi*）。Bodh. bhūmi, p.58~63（Saṃgraha, p.221~222 でも部分的に反復されている）の定義では、16 通りの姿を現わす変身の力（*ṛddhi pariṇāmikī*）と、2 種類の創造の力（*ṛddhi nairamāṇikī*）が挙げられている。

しかしこの節でいっているのは、仏教のスコラ哲学でいう 3 種あるいは 8 種の *vimokṣa*（三解脱、八解脱）[1]のことではなく、むしろ神通智（*abhijñā*）や神通力（*ṛddhi*）など、解脱の不

---

[1] 参照：Rhys Davids and Stede 合編の *Pali-English Dictionary* の *vimokkha* の項; F. Edgerton の *Buddhist Hybrid Sanskrit Dictionary*, p.497 a の *vimokṣa* の項 ; *Kośa*, VIII, p.206~211.

可思議な効力について語っている[2]。このことから、e、f、g に挙げた重要な変形は *Acintyavimokṣa* という曖昧な経題を明確にするのが目的であったことがうかがえる。変形 g の *Acintyavikurvaṇavimokṣa* は「不可思議な神通の解脱」の意味であり、玄奘はこれを採り「不可思議自在神變解脱法門」と訳している。

3. 三番目の経題は、中国の経典目録[3]に記録されているもので、X-11 にみられる *Sarvabuddhadharmamukhasaṃpraveśa* である。チベット訳は *Saṅs rgyas kyi chos thams cad kyi sgor ḥjug pa* で、鳩摩羅什訳は「入一切諸佛法門」。

この語は別の法門（*dharmaparyāya*）を指している。すなわち、菩薩は清浄なる仏国土（*buddhakṣetra*）にあっても喜んだり驕ったりすることなく、また不浄なる仏国土にあっても悲しんだり嫌悪したりすることなく、すべての仏法を差別なく敬うという法門。

4. 四番目の経題は、チベット訳の XII-23 に示されている *Phrugs su sbyar ba snrel źi(ṅ) mṅon par bsgrub pa* だが、これは漢訳経典や中国の経典目録には出てこない。

Phrugs-su-sbyar-ba は「対句を成す、対の」という意味であり、サンスクリット語の *yamaka* に当たる。snrel źi は「反転した」の意味でサンスクリット語の *vyatyasta*、mṅon par bsgrub pa は「出生、成就」の意味でサンスクリット語の *abhinirhāra* に相当。全体では *yamakavyatyastābhinirhāra* となり、「対句と逆倒の完成」の意味である。

これらの言葉は『翻訳名義大集』で以下のように説明されている。

No.3069: *vyatyasta[lokadhātuḥ]* = snrel źi [ḥi ḥjig rten gyi khams]. これは *vyatyastaloka-dhātu*（転倒された世界）のこと。Mahāvastu, I, p.135, *6*；Gaṇḍavyūha, p.126, *2*；Daśabhūmika, p.15, *14* にみられる。

No.534: *vyatyasto nāma samādhiḥ* = snrel źi źes bya baḥi tiṅ ṅe ḥdzin. これは「転倒されたと呼ばれる三昧（転換三摩地）」の意。Śatasāhasrikā, p.828, *2*；1412, *21*（*vyatyasto* が *vyabhyasto* および *vyastato* に誤読されている）にみられる。

No.1497: *vyatyastasamāpattiḥ* = snrel ziḥi sñoms par ḥjug pa. これは「転倒された三昧（転換等至）」の意。Pañcaviṃśati, p.142, *17* にみられる。

No.798: *yamakavyatyastāhārakuśalāḥ* = zuṅ snrel źiḥi rgyud la mkhas pa rnams. これは、『翻訳名義大集』によると、菩薩の第 12 番目の不共法（*āveṇikadharma*）を構成する曖昧な表現である。

この表現は F. Edgerton の関心を引き、*Buddhist Hybrid Sanskrit Dictionary* の p.112 および p.444 のそれぞれ b 段に以下の説明がみられる。

āhāra in Mvy 798 = Tib. rgyud, usually = tantra ; perhaps a *mystic technique* in general, or possibly *bringing in* in a more specific sense. ［*āhāra*:『翻訳名義大集』第 798。蔵文 rgyud、通常 tantra と同義。一般的には「神秘的な技法」の意味だが、より厳密には「取り込む、搬入する」の意であろう。］

---

[2] 参照：Majjhima, III, p.97~99。「神通智」（*abhijñā*）は「解脱」（*vimokṣa*）の果であると明瞭に説明されている。

[3] 本訳書「第1章 維摩経の訳本」の脚注 3 を参照。

yamaka, designation of a kind of yoga practice, = Tib. zuṅ gzug (Das) or zuṅ ḥjug (Jäschke), 'a technical term of practical mysticism, the forcing the mind into the principal artery, in order to prevent distraction of mind' (Jäschke). Mvy yamaka-vyatyastāhāra-kuśalāḥ = zuṅ daṅ snrel zhi ḥi rgyud la mkhas pa rnams, *clever in the technique* (rgyud, see s.v. *āhāra*; or, *the bringing in*) *of the pair and the inverted* (yoga practices). How the word *pair* applies to the above definition, given by Jäschke and Das, is not clear to me. [*yamaka* とは一種のヨーガの行（瑜伽行）の名称＝チベット語 zuṅ gzug（Das）または zuṅ ḥjug (Jäschke)で、「実践的神秘主義の専門用語。心の散乱を避けるために心に主要な道筋を形成すること」(Jäschke)。『翻訳名義大集』には yamaka-vyatyastāhārakuśalāḥ とあり、そのチベット語は zuṅ daṅ snrel zhi ḥi rgyud la mkhas pa rnams で「対句と逆転（瑜伽行）の技法（rgyud；上記 āhāra の説明を参照；「取り込む、搬入する」の意）に勝れている」。「対句」(pair) がどうして Jäschke や Das のこのような定義となるのか、筆者にははっきりしない。]

実際には、問題になっているこの表現は瑜伽行とは無関係で、言語学や修辞学および修辞法に関するものである。

中国語でこれに相当する言葉は、荻原雲來が編集した『翻訳名義大集』(1915年、東京)に「於對偶及反轉文句善巧」(対句と反転した語句に巧みな）とある。

yamaka には多くの意味があるが、「サンスクリット語辞典」(Monier-Williamas, p. 846c ; Apte, p.455b）でみると、"In rhet., the repetition in the same stanza of words or syllables similar in sound but different in meaning, paronomasia." [修辞学で、同じ節において音が相似し意義の異なる言葉あるいは音節の反復、掛け詞] と説明されている。この文体の発明者は閻魔（Yama）であるとされる[4]。

サンスクリットの *vyatyasta*（チベット語の snrel źi；「交錯、倒置」の意）も修辞法の一つで、交差対句法（chiasmus）といえよう。『維摩経』の IV-1 で、マンジュシュリー（Mañjuśrī）がヴィマラキールティを賛嘆して「反転語を出すのが巧み（蔵 tshig snrel źi；梵 *vyatyastapada*）で言葉が満たされている（蔵 rdzogs paḥi tshig；梵 *pūrṇapada*）」といっている。(【訳注】玄奘訳は「善能辯説、住妙辯才」(大正 14・567*b*27)。)

また *āhāra* については、Edgerton は *tantra* と同義であるとしているが、実際には単に「生起、獲得、成就」の意味である。

また、ここで論じられているのは音声の問題であって、瑜伽行と無関係であることは、漢訳『寶雲經』における菩薩十八不共法についての以下の記述からも明らかである。

a. 『寶雲經』(T660）巻4 ― 達磨流支（Dharmaruci）が西暦693年（唐武后長壽2年）に訳出 ― では、*yamakavyatyastāhārakuśalāḥ* が「言音善巧能隨世俗文同義異」(大正 16・301*c*4）と訳されている。

b. 『佛説除蓋障菩薩所問經』(T489）巻7 ― 法護等が西暦1000～1010年に訳出 ― には、「於諸典章不減文句」(大正 14・722*b*26）とある。

以上の例に照らしても、『維摩経』に付された題 *Yamakavyatyastābhinirhāra* は「対を

---

4 *yamaka* については、L. Renou 訳 *La Kāvyamīmāṃsā de Rājaśekhara* (Paris, 1946) の p.24、脚注 27 の説明と参考文献一覧を参照。

成し逆転した音声の生成」("Production of paired and inverted sounds")の意味である。

＊

しかし、筆者の考えでは、インドの作者やその翻訳者はこの *yamakavyatyastāhāra* を、必ずしも筆者が上に述べたような意味には訳しておらず、彼らはこの言葉の中に菩薩の矛盾する特質を示す隠喩をみていたと思われる。

菩薩は巧みな方便（*upāyakauśalya*）と般若の智慧（*prajñā*）を同時にまた次々と行じる。前者を実現するには、菩薩は世間に密着して衆生を救済するための戦略を強化する。後者を実現するには、世間を超越して無上で完全な覚りを目指す。これは、世間に背を向けつつ世間と積極的に関わるという明らかに矛盾した特質であり、Bodhisattvabhūmi（p.261 以下）ではっきりと定義され、『維摩経』で詳細に述べられている（II-3~6；III-3, 16~18；IV~20；VII-1；X~19）。

仏典の中には、菩薩のこうした対を成し逆転したはたらきと、*yamakavyatyastāhāra-kuśalāḥ*（於對偶及反轉文句善巧）という表現で示される *āveṇikabodhisattvadharma*（菩薩の不共法）との関連をみているものがある。特に『華厳経』とその種々の漢訳にその傾向がみられる。

a. 蔵訳『華嚴経』(「北京版西藏大藏經」第 26 巻、p.85、第 208 葉、b 面 7~8 行)：「また、おお、勝者の子（Jinaputra）よ、菩薩は対を成すことと逆転することに巧みで（*yamakavyatyastakuśala*）、その智慧をもって遊戯し（*jñānavikrīḍita*）、智慧の完成の最高を得て（*jñānapāramitāvaraprāpta*）、涅槃に入っていて（*nirvāṇāśrita*）も、輪廻の道を示現できる（*saṃsāramukhasaṃdarśana*）。たとえ獲得した領土に衆生がまったくいなくても（*niḥsattva*）、すべての衆生を成熟（*paripac-*）させることを決して止めない[5]」

b. 佛陀跋多羅（Buddhabhadra）訳『大方廣佛華嚴經』(西暦 418~420 年：T278、巻 40、大正 9・651*a*10~13：
「菩薩摩訶薩善知俱變三昧（＝*yamakasamādhi* ?)、翻覆三昧（*vyatyastasamādhi*：『翻訳名義大集』No.534 を参照)、遊戯（*vikrīḍati*）智慧（*jñāna*）通明（*abhijñā*)。究竟智慧彼岸（*pāra*）常在涅槃如而現（*saṃdarśayati*）生死門（*saṃsāramukha*)、知無衆生際（*niḥsattvagocara*）而教化成熟（*paripācayati*）一切衆生」

c. 實叉難陀（Śikṣānanda）訳『大方廣佛華嚴經』(西暦 695〜699 年：T279、巻 56、大正 10・296*c*22〜297*a*3)：
「菩薩摩訶薩、善知權實雙行道、智慧自在（*jñānavaśitā*)。到於究竟（*jñānaniṣṭhāgata*)。所謂住於涅槃而示現生死。知無衆生而勤行教化。究竟寂滅（*śānta*）而現起煩惱（*kleśa*)。

---

5 *kye rygal baḥi sras gźan yaṅ byaṅ chub sems dpaḥ zuṅ daṅ snrel (b)źi la mkhas śiṅ ye śes kyis rnam par rtse ba daṅ | ye śes kyi pha rol tu phin paḥi mchog thob pas | ḥdi ltar mya ṅan las ḥdas pa la gnas kyaṅ | ḥkhor baḥi sgo yoṅs su ston pa | sems can med paḥi mthaḥi spyod yul daṅ ldan yaṅ sems can thams cad yoṅs su smin par bya ba ma btaṅ ba ...*

住一堅蜜智慧法身（*dharmakāya*）、而普現無量諸衆生身。常入深禪定（*dhyāna*）、而示受欲樂（*kāmaguṇa*）。常遠離三界（*traidhātuka*）、而不捨衆生。常樂法樂（*dharmarati*）、而現有采女、歌詠嬉戲。雖以衆相（*lakṣaṇa*）好（*anuvyañjana*）莊嚴其身、而示受醜陋貧賤之形。常積集衆善（*kuśalakarman*）、無諸過惡（*niravadya*）、而現生地獄（*nāraka*）畜生（*tiryagyoni*）餓鬼（*preta*）。雖已到於佛智彼岸（*buddhajñānapāramitā*）、而亦不捨菩薩智身（*jñānakāya*）。菩薩摩訶薩成就如是無量（*aparyanta*）智慧、聲聞獨覺尚不能知、何況一切童蒙衆生（*bālasattva*）。是爲第五不由他教權實雙行不共法（*āveṇikadharma*）」

以上の 3 種の訳本の関係は重要である。チベット訳は記述が最も簡単だが、インドの原典には *yamakavyatyasta* となっていたであろうことを再確認させるものである。(【訳注】実際のサンスクリット文では *yamakapuṭavyatyastanihāra* となっていた。高橋・西野訳ではこれを *acintyadharmavimokṣaparivarta* に掛かる修飾語句ととり「対句を盛り込んだ反語を引き出す『不可思議法解脱品』」と訳した。) 佛陀跋多羅訳では、若干変更を加えて「倶變三昧（*yamakasamādhi*）」「翻覆三昧（*vyatyastasamādhi*）」としている。逆に實叉難陀訳では、この言葉の意味をとって、菩薩の矛盾的行為、すなわち自らは聖位にあるのに、衆生利益のために、それに反する行為をするという菩薩のあり方を喩えるためにこの言葉を使っている。この複雑な考えを翻訳するために、實叉難陀は中国語の特殊な語法である「權」と「實」という対立概念を利用している。

實叉難陀が『八十華厳』を翻訳したのは 7 世紀末、西暦 695～699 年のことである。当時、「權實」の概念は中国仏教の天台宗と華厳宗において、ほぼ 2 世紀にわたって流行していた。そして、それら二宗はそれぞれ『妙法蓮華経』(Saddharmapuṇḍarīka) と『華厳経』(Avataṃsaka) を所依の経典としていた。天台大師智顗（538～597 年）は既にこの概念を取り入れていた[6]。その頃から、二宗の学者の間で「權實」について、「二教」「二智」「十不二門」等の問題[7]についての論争が止むことはなかった。

サンスクリット原典を解釈し翻訳するために、インドあるいはコータン（于闐）から来た實叉難陀などの伝教師は、中国の哲学用語を積極的に用いた。しかし、彼らの自由な意訳により、本来の正確な意味が損なわれることもあった。これまで述べてきた問題についても、『維摩経』の別名である *Yamakavyatyastābhinirhāra* の元々の意味は「対を成し逆転した音声の生成」だったのではないかと思われる。

---

6 『摩訶止観』(T1911、巻 3、大正 46･33~35) を参照。

7 この問題については、望月信亨『望月佛教大辭典』(世界聖典刊行協会、1961 年 三版)、p.1362~1364 および p.2372~2373 を参照。

第3章 『維摩経』の哲学思想

筆者はここで『維摩経』の哲学思想のすべてを説明するつもりはない。経典テキストの翻訳で施した注釈と重複することになるだけだからである。しかし、「絶対」(Absolute)に対する『維摩経』の立場を定義し、『維摩経』が純粋な「中観」(Madhyamaka)であることを明らかにすることは不可欠である。

第1節 初期仏教における「絶対」

初期仏教の思想はすべて、釈迦牟尼がヴァーラーナシー(Vārāṇasī)における説教で説かれた4つの聖なる真実(四聖諦)に含まれる。

1. あらゆる存在(一切法)は無常(***anitya***)、苦(***duḥkha***)、無我(***anātman***)である。一切法は「我」ではなく、「我」に属するのでもない。しかし、それによって一切法が固有の性質(***svabhāva***:自性)と独自の特徴(***lakṣaṇa***:自相)をもつことを妨げられることはない。

2. 一切法は条件づけられた存在(***saṃskṛta***:有為)であり、因であると同時に果でもある。苦しみの輪廻の過程におけるその生(***utpāda***)と滅(***nirodha***)は偶然にもたらされるものではなく、十二の依存的生成(***pratītyasamutpāda***:十二縁起)という確たる法則によって支配されている。

この縁起が諸法のありのままの姿「真如」(***tathatā***)となる。この概念はパーリ語およびサンスクリット語の経典の中で認められ、しばしば繰り返されており、いくつかの変形がみられる。

> 如来が世に現われるかどうかは、ものごとのこうした性質、この因果関係の状態、この因果関係の確実性、これとあれとの関係にほかならない[1]」[漢訳:「若佛出世、若未出世、此法常住、法住法界」(『雜阿含経』T99、巻20、大正2・84*b*19~20)]

3. 「生じず(***ajāta***)、成ることなく(***abhūta***)、作られず(***akata***)、形作られない(***asaṃkhata***)[2]」これが涅槃である。これは条件づけられず(***asaṃskṛta***)、因縁に依らず、縁起の規制は受けない。

4. 仏陀は涅槃に到る「道」(***mārga***)、「中道」(***madhyamā pratipad***)を示した。

「真如」(***tathatā***:ここでは縁起)を四聖諦のなかに位置づけるのは容易である。すなわち、苦(輪廻の法)は知られるべきである、その源泉(縁起の過程)は消滅されるべき

---

[1] *Uppādā vā tathāgatānaṃ anuppādā vā tathāgatānaṃ ṭhitā va sā dhātu dhammaṭṭhitatā dhamma-niyāmatā idappaccayatā* : Saṃyutta, II, p.25,*18*; Aṅguttara, I, p.286,*6*; Kathāvatthu, p.321,*6*; 『雑阿含経』(T99、巻12、p.84*b*19); Śālistamba, p.4,*4*; Kośavyākhyā, p.293,*26*; Aṣṭasāh., p.562,*17*; Sad. puṇḍarīka, p.53,*9*; Laṅkāvatāra, p.143,*11*; Madh. vṛtti, p.40,*1*; Śikṣāsamuccaya, p.14,*18*; Pañjikā, p.588,*5*.

[2] Udāna, p.80,*23*. [漢訳:「有一不生、不成、不作、無為」(パーリ語『無問自説経』)]

である、その消滅（涅槃）は実現されるべきである、涅槃の道は実践されるべきである[3]。

第２節　大乗仏教における「絶対」

既にみたように、初期仏教では「我」あるいは実体としての「個」の存在を絶対的に否定しながらも、存在すなわち法の現象としての客観的実在は認めている。アビダルマ論書、とりわけ説一切有部（Sarvāstivādin）の論書は、実在性を有するものとして 75 法を挙げている。また、条件づけられた 72 の法は依存的因果関係（縁起）の不変の法則に従って生じ、持続し、滅する特徴（*lakṣaṇa*）を具えている、と付け加えている。

一部の小乗仏教部派はこの実在論を行き過ぎとみなして、既にこれに異を唱えていた。経量部（Sautrāntika）は簡潔さと論理性を求めて、法体系を大幅に縮小し、その項目を極少まで削減し、諸法は因なくして滅すると主張した。にもかかわらず、彼らが保持する価値があると判断した若干の法の存在はやはり実在を認めた。

大乗の思想家や学者は新たな一歩を踏み出し、アビダルマの壮大ではあるが脆弱な堂宇を喜び勇んで切り崩しにかかった。彼らは先人たちとは違って、実体的霊魂（我）を否定するだけでは満足せず、経験的な事物、すなわち因果関係によって生じた相対的な事物の非存在をも主張した。彼らはまた個我の非存在（人無我：*pudgalanairātmya*）と事物の非存在（法無我：*dharmanairātmya*）を説いた。そして信奉者たちに、「一切法は生じないという確信（無生法忍：*anutpattikadharmakṣānti*）」を教え込もうとした。

事物の空（法空）は、西暦紀元後に続々と現われた大方広経（*mahāvaipulyasūtra*）の基本的教理である。大方広経には、「般若経」(Prajñāpāramitā)、『妙法蓮華経』(Saddharma-puṇḍarīka)、『華厳経』（Avataṃsaka）、『宝積経』（Ratnakūṭa）、『大般涅槃経』（Mahā-parinirvāṇasūtra）、『大方等大集経』（Mahāsaṃnipāta）、そしてこれらよりは小規模の多数の経典がある。これらの経典あるいは経集はそれぞれ特有の観点をもっているが、事物の徹底した空（一切法空）に関してはすべてが一致している。これは彼らが断固として譲らないところである。

大方広経で展開された理論はおそらく紀元３世紀頃、龍樹（Nāgārjuna）によって体系化された。龍樹の有名な『中論頌』(Madhyamakakārikā）はあらゆる知的観念の不合理性と、あらゆる感覚的ないし精神的経験の論理的不可能性を立証した。彼の中観派は何世紀にもわたって名声を保ち、多数の著名な学者たち ― 提婆（Āryadeva）、賓伽羅（Piṅgalākṣa：青目）、佛護（Buddhapālita）、清辨（Bhāvaviveka）、獅子光（Siṃharaśmi）、智光（Jñānaprabha）、月稱（Candrakīrti）、寂天（Śāntideva）、寂護（Śāntarakṣita）、蓮華戒（Kamalaśīla）、智作慧（Prajñākaramati：般若行慧）、不二金剛（Advayavajra）を輩出した。

『維摩経』は、比較的早い年代のものであり、またその着想の源泉だけでなくそれが発展させた理論からみても、最古層の大乗経典の中に入る。「般若経」、『華厳経』、『宝積経』、

[3] *Idaṃ dukkhaṃ ariyasaccaṃ pariññeyyaṃ, idaṃ dukkhasamudayaṃ ariyasaccaṃ pahātabbaṃ, idaṃ dukkhanirodhaṃ ariyasaccaṃ sacchikātabbam, idaṃ dukkhanirodhagāminī paṭipadā ariyasaccaṃ bhāvetabbam*：Vinaya, I, p.11; Saṃyutta, V, p.422; Kośa, VI, p.248; Madh. vṛtti, p.516,*17~18*; Āloka, p.381,*24*~382,*5*; Mahāvyutpatti, No.1316~1319.

『大方等大集経』と同じく、原初的な中観思想を体現しており、龍樹学派の基礎ともなった。『維摩経』は『解深密経』(Saṃdhinirmocana)、『入楞伽経』(Laṅkāvatāra)、『勝鬘経』(Śrīmālādevīsiṃhanāda) など観念論的傾向の経典とは一線を画する。これら諸経典は5世紀半ばになって初めて漢訳されたもので、唯識認識論学派の典拠になったと考えられる。

筆者はここで中観派の最も重要な命題[4]を概説し、相応する経文を引用することによって、『維摩経』が各命題を明言していることを示したい。

命題A：あらゆる存在（一切法）はそれ自体の性質をもたず（*niḥsvabhāva*：無自性)、それ自体の性質を欠く（*svabhāvaśūnya*：自性空)。

菩薩はアートマンを捉えない（*nopalabhate*)。それを表わすためにいかなる名称 — *sattva*（衆生)・*jīva*（命)・*poṣa*（養育者)・*puruṣa*（士夫)・*pudgala*（プドガラ)・*manuja*（人)・*mānava*（人間)・*kāraka*（作業者)・*vedaka*（受者)・*jānaka*（知者)・*paśyaka*（能見者）が使われていても。彼は事物 — *skandha*（蘊)・*dhātu*（界)・*āyatana*（処）およびそれらの *pratītyasamutpāda*（縁起）を捉えない。彼は聖なる真実 — *duḥkha*（苦)・*samudaya*（集)・*nirodha*（滅)・*mārga*（道）を捉えない。彼は三界 — *kāma*（欲界)・*rūpa*（色界)・*ārūpyadhātu*（無色界）を捉えない。彼は超自然的な境界 — *apramāṇa*（無量心)・*dhyāna*（禅定)・*ārūpyasamāpatti*（無色定）を捉えない。彼は覚りを助ける 37 の修行法（三十七道品）— *smṛtyupasthāna*（[四] 念処)・*samyakprahāṇa*（[四] 正勤)・*ṛddhipāda*（[四] 神足)・*indriya*（[五] 根)・*bala*（[五] 力)・*bodhyaṅga*（[七] 覚支)・*mārga*（[八] 正道）を捉えない。彼は仏陀に特有の特質 — *daśabala*（十力)・*caturvaiśāradya*（四無畏)・*aṣṭādaśāveṇika*（十八不共法）を捉えない。彼は聖者の分類 — *srotaāpanna*（須陀洹)・*sakṛdāgāmin*（斯陀含)・*anāgāmin*（阿那含)・*arhat*（阿羅漢)・*pratyekabuddha*（辟支仏)・*bodhisattva*（菩薩)・*buddha*（仏）を捉えない。彼がこれらを捉えないとしたら、それはそれらの絶対的な清浄さ（*atyantaviśuddhitā*：畢竟清浄）の故である。それでは、その清浄さとはなにか。*anutpāda*（不生)・*aprādurbhāva*（不起)・*anupalambha*（不取)・*anabhisaṃskāra*（不作）である[5]」

＊

『維摩経』はどの頁でも諸法の非存在に立ち戻る。

この肉体は泡沫等々の如きものである（II-9~11)。法には本質がない（III-6)。六感の対象は実在ではない（III-12)。諸法の自性は幻の如き仮現にすぎない（III-19)。5 つの *skandha*（五蘊）は自性をまったく欠いている（III-26)。心は内にあるのでなく外にあるのでもなく、両者の中間にもない（III-34)。一切法は虚像であり、思い込み（＝見解）の産物である（III-35)。*bodhimaṇḍa*（菩提の座）とは一切法の座である。なぜなら、一切法の空性について完全に覚っているから（III-59)。*skandha*（[五] 蘊）は凶手のようであり、*dhātu*（[六] 界）は毒蛇のようであり、*āyatana*（[十二] 処）は無人の村（空村）

---

[4] J.May, *Prasannapadā*, Paris, 1959, p.22~45 に、中観思想の研究に関する詳細な参考文献一覧が示されている。

[5] *Pañcaviṃśatisāhasrikā*, p.146.

のようである（III-64）。法の観念は顚倒である（IV-12）。法を求める者は **skandha**（蘊）・**dhātu**（界）・**āyatana**（処）を求めない（V-2）。一切法は根拠がないという根本に基づいている（VI-6）。一切法は非実在であり、幻想によって作られた性質をもつ（VI-14）。5つの **upādānaskandha**（五取蘊）は自性からして本より空である（VIII-17）。一切法は空であり、空しく、価値がなく、依存的であり、住するところがない（X-18）。

命題B：あらゆる存在（一切法）は不生（*anutpanna*）であり不滅（*aniruddha*）である。

自性の欠如（＝空）から、諸法には生成も消滅もない。なぜなら、空なる事物から生じる空なる事物は実際には生じないからである。生じないから、それらは滅しない。したがって、現象の相互依存による生成は、なにものも生成しない。

因縁によって生じるものは生じない。その生起は実在ではない。因縁に依止するものは空と称される。空性を知る者は正道を踏み外すことがない[6]。

これやあれによって生成されるものはそれ自体では生じない。それ自体で生じないものを、それが生じたとどうしていえるだろう[7]。

純粋かつ単純に空なる法からは、空なる法しか生じない[8]。

縁起こそ空性であると知りなさい。何一つとして縁起に依らないものはない。これこそが汝の無比の吼え声（獅子吼）である[9]。

縁起とは我々が空と呼ぶものである。それは「方便として」つけられた名称である。それは「中道」である[10]。

---

6 *Yaḥ pratyayair jāyati sa hy ajāto*
na tasya utpādu sabhāvato 'sti,
yaḥ pratyayādhīnu sa śūnya ukto
yaḥ śūnyatāṃ jānati so 'pramattaḥ.

参照：Anavataptahrada（Madh. vṛtti, p.239,*10*；491,*11*；500,*7*；504,*1* 等に引用されている）；Madh. avatāra, p.229,*2*；Catuḥśataka Comm., ed. V. Bhattacharya, p.294,*13*； Pañjikā, p.355,*10*；Karatala-ratna, p.40,*1*.

7 *Tat tat prāpya yad utpannaṃ*
notpannaṃ tat svabhāvataḥ,
svabhāve na yad utpannam
utpannaṃ nāma tat katham?

参照：Madh. vṛtti, p.9, *5*；Madh. avatāra, p.228.

8 *Śūnebhya eva śūnyā dharmāḥ prabhavanti dharmebhyaḥ*：Pratītyasamutpādahṛdaya（『縁起心論頌』、伝龍樹作）、第3頌（参照：L. De La Vallée Poussin, *Théorie des douze causes*, Gand, 1913, p.123）；Pañjikā, p.355, *14*；532, *5*；Pañcakrama, p.40, *35*.

9 *Yaḥ pratītyasamutpādaḥ*
śūnyatā saiva te matā,
bhāvaḥ svatantro nāstīti
siṃhanādas tavātulaḥ.

参照：Lokātītastava（『超世間頌』、伝龍樹作）、第20頌；Pañjikā, p.417,*7*；528,*11*；Āloka, p.173, *12*；297,*19*；414,*12*；557,*19*；698,*5*；916,*17*.

10 *Yaḥ pratītyasamutpādaḥ*
śūnyatāṃ tāṃ pracakṣmahe,
sā prajñaptir upādāya
pratipat saiva madhyamā.

参照：Madh. vṛtti, p.503,*10*；Madh. avatāra, p.228,*17*.

＊

『維摩経』をみると、諸法の不生・不起、「深い意味での」すなわち作用しない *pratītyasamutpāda*（縁起）が強調されている。

菩薩は深い意味での *pratītyasamutpāda* を洞察する…。彼は *pratītyasamutpāda* という金剛の武器を棄てる（I-3）。（【訳注】「永棄縁起金剛刀杖」は玄奘訳本にのみある一句。）維摩は諸法の不起を確信している（II-1）。法には取得も拒否もない。それは生滅を排除するからである（III-6）。諸法に作用があり、生があり、滅がある、ということは許されない。実際、なにも生じなかったし、生じないし、また生じないだろう。なにも滅しなかったし、滅しないし、また滅しないだろう（III-26）。一切法は幻・仮現・雲・電光の如く、生じず、滅せず、存続しない。一切法は夢・陽炎・ガンダルヴァの町の如く、虚像である。一切法は水中の月、あるいは鏡に映った姿の如く、思い込みから生じる（III-35）。過去生は既に尽き、未来生は未だ来ておらず、現在生には基盤がない（III-50）。菩提の座（*bodhimaṇḍa*）は縁起（*pratītyasamutpāda*）の座である。なぜなら、それは無明（*avidyā*）の滅から老死（*jarāmaraṇa*）の滅へと進むからである（III-58）。菩薩の領土（行境）は、諸法は不生不滅という特徴をもつと観察されるところである（IV-20、No.31）。法を求める者は生を求めず、滅を求めない（V-3）。菩薩は諸法の不生不滅について正しく行ずる（VI-5）。諸法はあるがままであって、作られることもなく変えられることもない（VI-15）。一切法は *śūnyatā*（空）、*ānimitta*（無相）、*apraṇihita*（無願）、*abhisaṃskāra*（無作）、および *anutpāda*（無生）と連関している（XII-11）。衆生という揺るぎない確信の結末は十二支の縁起（*pratītyasamutpāda*）であり、それに依れば、無明の消滅によって老死、憂苦、苦痛、不安、心痛が滅する（XII-12）。

命題C：一切法は本来的に寂静（*ādiśānta*）であり、自ずから涅槃に入っている（*prakṛti-parinirvṛta*）。

生じることがないのだから、諸法は本より本性として鎮静しており、滅している。空性を語る者は涅槃を語っている。初期仏教の考えによると、輪廻とは *pratītyasamutpāda*（縁起）の支配下にあるということであり、涅槃とはその作用を免れているということである。しかし、中観派にとっては、諸法はまったく生じないものであって、因縁によって生じることなく、再生の輪に入らない（*na saṃsaranti*）。したがって、諸法は涅槃に入っている。輪廻は涅槃と渾然一体である。空性、輪廻そして涅槃は渾然一体である。

空性は一切の展開が止んだ相を有し、涅槃と呼ばれる[11]。

要約して諸如来は説く。法とは無害性（すなわち道徳性）である、そして空性は涅槃であると。仏教では、これら2つ（道徳性と空性）のみが（涅槃と解脱を保証する）ものである[12]。

---

11 *Śūnyataiva sarvaprapañcanivṛttilakṣaṇatvān nirvāṇam ity ucyate*：Madh. vṛtti, p.351, *11.*

12 *Dharmaṃ samāsato 'hiṃsāṃ varṇayanti tathāgatāḥ,*
śūnyatām eva nirvāṇaṃ kevalaṃ tad ihobhayam.
参照：Madh. vṛtti, p. 351,*13.*

輪廻と涅槃の間になんら違いはない。涅槃と輪廻の間にもなんら違いはない[13]。

結論として、小乗にとって、「真如」(tathatā：事物のあるがままの姿)は *pratītyasamutpāda*(縁起)であったが、中観はそれを空性(śūnyatā)と捉えた。

＊

『維摩経』でも同様の命題が提示されている。

自性がなく他性もないものは燃えない、燃えないものは消えることがない。いかなる消滅も伴わないものは絶対的に消えている。それが *śānta* という言葉の意味である(III-26)。まだ般涅槃していない衆生はただの一人もいない。如来は真の真如が般涅槃であるといわれた。あらゆる衆生は本来寂静であり般涅槃しているということをみて、仏陀は真如について、それが般涅槃であるといわれた(III-51)。輪廻と涅槃はともに空(*śūnya*)である。なぜか。それらは名称にすぎず(*nāmadheya*)、いずれも空であり非実在だから(IV-12)。法を求める者は生と滅(すなわち輪廻と涅槃)を求めない。なぜか。法は静寂で鎮静化しているから(V-3)。輪廻と涅槃とは二である、といわれる。しかし、涅槃の自性は本より空であるとみる菩薩は再生せず、涅槃にも入らない。それが不二に入ることである(VIII-13)。涅槃に喜びをみず、輪廻を厭いもしないのが不二である(VIII-29)。

命題 D：一切法は特徴がなく(*alakṣaṇa*：無相)、したがって表現できず(*anirvacanīya, anabhilāpya*：不可説)、思議を超えている。

非存在であるから、諸法は特徴をもたない。それらを説くことはできず、それらについてなにか言うとしたら、世間の慣例(*saṃvṛti*)に依るしかない。それらを知ることは、それらを思議することではない。

一切法は結合してもおらず、離散してもいない。それらは無形で見えず、手ごたえがなく、唯一の特徴は、特徴がないことである[14]。

(諸法には)真の自性があるか。— それがあるともいえず、それが本来ないともいえない。しかし、聴き手が恐れるのを避けるために、慣習に従って余計な主張をして、それはある、というのだ。世尊はかつて言われた。「説くことができない法について、なにを聞くことができ、なにを教えることができるだろうか。にもかかわらず、この不可説の法は余計な主張のおかげで聞かれ、教えられるのである」と。また Madhyamakakārikā, XXII, 11(『中論頌』第 22 品 11 頌)に、次のようにも言われている。「それは空である、それは空ではない、それは空でありかつ空ではない、それは空でもなくかつ空でないのでもない、ということはできない。だがこれは、それについて語るために語られていることである」と[15]。

---

13 *Na saṃsārasya nirvāṇāt kiṃcid asti viśeṣaṇam,*
na nirvāṇasya saṃsārāt kiṃcid asti viśeṣaṇam.
参照：Madh. vṛtti, p. 535,*2*.

14 *Sarva ete dharmā na saṃyuktā na visaṃyuktā arūpiṇo 'nidarśanā apratighā ekalakṣaṇā yadutālakṣaṇāḥ*: Pañcaviṃśati, p. 164, *8*; 225, *23*; 244, *7*; 258, *16*; 261, *19*; 262, *24*.

15 Madh. vṛtti, p. 264, *2* 以下: *Kiṃ khalu taditthaṃ svarūpam asti? — Na tad asti na cāpi nāsti sva-*

菩薩が自らを鍛えなければならないのは、一切法とその非実在性から離れることにおいてである。それは、菩薩は一切法を知るべきであるという考えが一切ない状態に自分自身を置くことによってなされる[16]。

そのようにヨーガ行者は空性の観想に住し、もはや *skandha*（蘊）・*dhātu*（界）・*āyatana*（処）を事物として感受しない。彼らはそれらを事物として感受しないので、それらに関する無駄なおしゃべり（戯論）を避ける。それらに関する戯論を避けるので、それらについて思議しない …観念が無くなるのは、戯論の滅によってである …。したがって、空性はあらゆる戯論の滅を特徴とし、涅槃と呼ばれる[17]。

『維摩経』にも同様の考え方が示されている。

法は特徴がない（無相）。したがって、諸法の特徴を求める者は法を求めているのではなく、特徴を求めている … 法は見ることも、聞くことも、思惟することも、知ることもできない（V-4）。（観念や感情の）停止を瞑想することから離れないこと、それが坐禅のやり方である。心が内に静止するのでもなく、外に拡散するのでもないようにすること、それが坐禅のやり方である（III-3）。法は静寂で鎮まっている、事物の特徴を破壊するから。… 法は文字をもたない、談論を断じているから。法は表現できない、あらゆる思考の「波」を離れているから（III-6）。法はあらゆる思い込みの領域を離れている、あらゆる戯論を完全に断じているから（III-6）。智慧ある者は言葉に執着せず、それを恐れない。なぜか。いかなる言葉にも自性あるいは特徴がないからである。言葉に自性あるいは特徴がないのなら、言葉ではないすべてのものは解放されている（III-19）。思い込み（虚妄分別）こそ情念（煩悩）である。思い込みがなく妄想がないこと、それが自性である（III-35）。菩提とはあらゆる特徴が静まっていること、対象に対する余計な主張がないこと、一切の考察の作用がないこと、一切の思い込みを捨てること（III-52）。対象を（本当に）捉えるとは捉えないことである。内なる主体と外なる客体という2つの誤った見方を避けて（IV-14）。天女の智慧と弁才は、彼女がなにかを獲得したのでもなく、達成したのでもないという事実による（VI-10）。あらゆる観念の破戒が不二への門である（VIII-3）。存在しないものに対しては、余計な肯定あるいは不当な否定も当てはまらない（VIII-6）。

---

rūpataḥ. yady apy evaṃ tathāpi śrotṛṇām uttrāsaparivarjanārthaṃ saṃvṛtyā samāropya tad astīti brūmaḥ. yathoktaṃ bhagavatā:

anakṣarasya dharmasya śrutiḥ kā deśanā ca kā,
śrūyate deśyate cāpi samāropād anakṣaraḥ iti.

ihāpi ca vakṣyati:

śūnyam iti na vaktavyam aśūnyam iti vā bhavet,
ubhayaṃ nobhayaṃ ceti prajñaptyarthaṃ tu kathyate.

16 *Sarvadharmāṇāṃ hi bodhisattvenāsaktatāyām asadbhūtatāyāṃ śikṣitavyam. akalpanatām akalpanatāṃ copādāya sarvadharmāś ca bodhisattvenāvaboddhavyāḥ:* Pañcaviṃśati, p.164, *9.*

17 Madh. vṛtti, p. 351, *4* 以下: *Evaṃ yogino 'pi śūnyatādarśanāvasthā niravaśeṣaskandhadhātvāyatanāni svarūpato nopalabhante. na cānupalabhamānā vastusvarūpaṃ tadviṣayaṃ prapañcam avatārayanti. na cānavatārya tadviṣayaṃ prapañcaṃ vikalpam avatārayanti … prapañcavigamāc ca vikalpanivṛttiḥ … tasmāc chūnyataiva sarvaprapañcanivṛttilakṣaṇatvān nirvāṇam ity ucyate.*

命題 E：一切法は平等であり（*sama*）、二元性がない（*advaya*：不二）。

空であり非存在であって、一切法は平等である。不二（*advaya*）があるというのはこの意味においてである。しかし、共通した非存在に存するこの不二は、いかなる種類の一元論をも意味しない。

衆生は、絶対の見地からすると、等しく不起であり（生ずることがなく）、同じように不生であり（誕生がなく）、一切法は絶対の見地からすると平等である[18]。

＊

『維摩経』も一切法の平等と不二に絶えず立ち返る。

仏陀は一切衆生に等しく慈悲深く、一切法の平等性に通暁している（I-10、第 8 偈）。正しく乞食するために、人は一切法の平等性に通暁すべきである（III-11）。不善の平等性によって、絶対的善の平等性に通達しなければならない（III-13）。スブーティは報いを約束される。もし物質的対象の平等性によって一切法の平等性に通達し、一切法の平等性によって仏陀の特質の平等性に通達し、直ちに報われる 5 つの罪業（五無間業）の平等性によって解脱の平等性に通達するならば（III-16）。心は内にも、外にも、両者の中間にもない。罪についても心と同様であり、一切法についても罪と同様であって、いずれも真如から分かれていない（III-34）。菩提は未分化である。なぜなら、それは一切法の平等に通徹しているからである（III-52）。菩提の座（*bodhimaṇḍa*）とは慈の座である。一切衆生に関する心の平等さの故に（III-57）。自己の平等性から涅槃の平等性にまで至る全き平等性がある（IV-12）。性別について平等性があり、一切法は男でもなく女でもない（VI-15）。

『維摩経』の第 8 章「入不二法門品」は章全体が不二にあてられている。32 人の菩薩たちが次々に登場して、まったく明白な二律背反を隔てる溝を埋め、*advaya*（不二）を明らかにする。

命題 F：空性は実在物ではない。

「般若経」や中観派は、明白な形であれ偽装された形であれ、いかなる形の一元論をも拒否する。彼らは諸法は非存在であるというが、その非存在を実体化することを認めない。「生起しない」（*anutpādātmaka*）諸法の自性（*svabhāva*）はなんらかの［そこに］あるものではなく（*akiṃcid*）、単なる非存在（*abhāvamātra*）である — それはないのである。

色（物質的存在）が空であるのは、空性によるのではない。色の外に、空性はない。色

[18] *Paramārthataḥ sarvadharmānutpādasamatayā paramārthataḥ sarvadharmātyantājātisamatayā paramārthataḥ samāḥ sarvadharmāḥ*：Madh. vṛtti, p. 374, *15* に引用された Satyadvayāvatārasūtra（『入二諦経』）の一節。— 同経では、さらに一歩を進めて、五無間業（*ānantarya*）、六十二邪見（*dṛṣṭigata*）、凡夫・有学・無学・無上正等覚の特質、涅槃と輪廻、煩悩（*saṃkleśa*）と清浄（*vyavadāna*）は絶対的に平等であると説く。要約すれば、一切法は平等（一切法畢竟平等不二）ということ。

Madh. vṛtti, p. 375, *7* では、前掲の引用の結びに *Tad evam anānārthatā tattvasya lakṣaṇaṃ veditavyaṃ śūnyatayaikarasatvāt*（空性は一味である故、実在の特性はこの平等性であると知られるべきである）と述べている。

が空性であり、空性が色である。実際、色とは言葉にすぎない[19]。

「般若経」はこの説を飽くことなく繰り返しながら、この論理は色についてのみではなく、他の蘊（*skandha*）について、また一切法についても区別なく当てはまると付け加えている。

中観派になると、空性（*śūnyatā*）をなにかがあるのではないこととみる。

恒久の不生は、他に依ることなく、また人為的なものでもないから、（諸法の）自性、火などと呼ばれる。そのいわんとするところは ― 無知という視覚障害によって知覚されるこの種の自性は、この視覚障害が治癒した聖者においては、それが見えないものとして認識される。おそらく、この性質は諸法の自相・自性として与えられているのである。そして、その特徴はかの師たちが定義しているように、「人為的でない自性は、他に依存しない」と理解しなければならない。この本質の自性は、その不生、なんらかのあるものではなく、単なる非存在であることに存し、ただひたすらに無自性なのである。したがって、事物に自性はない。それ故、世尊はいわれる。「性質を無自性として知る者は、いかなる性質にも執着しない。そして、いかなる性質にも執着しない者は、特徴のない三昧（無相三昧）に入る」と[20]。

中観派は空性を、河を渡ったら捨てられる「筏」（***kaula***）、病が治れば不要となる「薬」（***bhaiṣajya***）、用心深く扱う必要がある「宝をもった毒蛇」（***alagarda***）、正確に唱えられなければならない魔法の言葉（*vidyā*）などに喩えている[21]。そして次のように結論する。

勝者たちは空性こそすべての謬見の流出口であると宣言した。だが、彼らは断言する。空性を信ずる者は救われない、と[22]。

---

19 *Na śūnyatayā rūpaṃ śūnyaṃ, nānyatra rūpāc chūnyatā, rūpam eva śūnyatā śūnyataiva rūpam ... tathā hi nāmamātram idaṃ yad idaṃ rūpam*：参照：Pañcaviṃśati, p. 38, *2~8*；Śatasāhasrikā, p. 118, *18*；812, *3~5*；930, *11~16*；『大般若波羅蜜多経』T220、巻 402、大正 7・11*c*1；『放光般若経』T221、巻 1、大正 8・4*c*18；『光讚経』T222、巻 1、大正 8・152*a*16；『摩訶般若波羅蜜経』T223、巻 1、大正 8・221*b*25~221*c*10；『大智度論』T1509、巻 35、大正 25・318*a*8~22. ― 仏教論理学者および唯識学者はこの経文に 10 種の論駁（*vikalpa-vikṣepa*：分別散乱）をみている。参照：Diṅnāga（陳那）, Prajñāpāramitā-piṇḍārtha（『般若波羅蜜多圓集精義論』）(G. Tucci 校訂, Journal of Royal Asiatic Society, 1947)、第 19~58 頌；Mahāyānasūtrālaṃkāra, p.76; Saṃgraha, p.115~118; Siddhi, p.521.

20 Madh. vṛtti, p.265, *1~8*：*Sarvadānutpāda eva hy agnyādīnāṃ paranirapekṣatvād akṛtrimatvāt svabhāva ity ucyate. etad uktaṃ bhavati. avidyātimiraprabhāvopalabdhaṃ bhāvajātaṃ yenātmanā vigatāvidyātimirāṇām āryāṇām adarśanayogena viṣayatvam upayāti tad eva svarūpam eṣāṃ svabhāva iti vyavasthāpyate. tasya cedaṃ lakṣaṇam*：

akṛtrimaḥ svabhāvo hi nirapekṣaḥ paratra ca

iti vyavasthāpayāmbabhūvur ācārya iti vijñeyam. sa caiṣa bhāvānām anutpādātmakaḥ svabhāvo 'kiṃcittvenābhāvamātratvād asvabhāva eveti kṛtvā nāsti bhāvasvabhāva iti vijñeyam. yathoktaṃ Bhagavatā：

bhāvān abhāvān iti yaḥ prajānati
sa sarvabhāveṣu na jātu sajjate,
yaḥ sarvabhāveṣu na jātu sajjate
sa ānimittaṃ spṛśate samādhim.

21 L. De La Vallée Poussin, *Madhyamaka*, MCB, II, 1932~33, p.31~32 における引用例を参照。

22 *Śūnyatā sarvadṛṣṭīnāṃ proktā niḥsaraṇaṃ jinaiḥ,*
yeṣāṃ tu śūnyatādṛṣṭis tān asādhyān babhāṣire.

参照：Madh. vṛtti, p.247, *1~2*；Madh. avatāra, p.119, *6~9*. ― 比較参照：Madh. vṛtti, p.248, *4~249, 2* に引用されている Ratnakūṭa の経文；Laṅkāvatāra, p.146, *11~13*；Ratnagotra, p.28, *11~12*；Kāśyapa-parivarta, p.95.

中観派はこの不可知の立場を採って、説一切有部（Sarvāstivādin）の実在論および瑜伽行派（Yogācāra）の観念論とは、意識的かつ意図的に交わらない。

ここで、ある者たちは条件づけられていないものを３つ考え出す。虚空、知識によらない消滅、そして涅槃である[23]。またある者たちは、事物の真如と定義される空性は条件づけられていない、と想定する[24]。しかし、それがすべて存在しないことは明白である。条件づけられたものなどないからである[25]。

しかしながら、中観派の不可知主義は、いわゆる虚無主義（断滅論）と混同されてはならない[26]。

*

『維摩経』も空性を実体化することを強く斥け、経験の基盤として無知（無明）の他にはなにも認めない。

無生であり無滅である真如（*tathatā*）は、生じることなく、滅することもない。一切衆生、一切法、あらゆる聖者の真如、それがまた汝自身の真如でもある。おお、マイトレーヤよ … それは二元性や多元性によって成り立っているものではない（III-51）。如来はいわれた、真の真如、それが般涅槃であると（III-51）。思い込みには空性がない。思い込みは空っぽであり、空性は空性を思い巡らしたりしない。空性は62種の誤った見解（謬見）のなかに見出され、その誤った見解は諸如来の解脱のなかに見出され、その解脱は一切衆生の最初の思考の動きに見出される（IV-8）。諸法は、善であれ悪であれ、生じず滅しない。それらの根源には集積（*kāya*：身体）がある。集積の根源には欲望がある。欲望の根源には誤った思い込みがある。誤った思い込みの根源には誤った概念がある。誤った概念の根源には基盤の欠如がある（*apratiṣṭhāna*）。基盤の欠如にはなんの根源もない。一切法が基盤のない根源に基づいているというのはそのためである（VI-5~6）。最上の覚りは基

---

23 これは説一切有部-毘婆沙師（Sārvāstivādin-Vaibhāṣika）の見解。参照：Kośa, I, p. 8.

24 これは唯識-瑜伽行派（Vijñānavādin-Yogācāra）の見解。参照：Siddhi, p.75：「3種の無為（*asaṃskṛta*）とは一切法の真の性質（*dharmatā*; 法性）を指し、真如（*bhūtatathatā*）ともいう。その真如は空性（*śūnyatā*）、無我（*nairātmya*）を本性とし、存在と非存在をもたらす心の相続と言語の道を超え、存在であり非存在でもあり、存在ではなく非存在でもない。諸法と等しいのではなく諸法と異なるのでもない。いずれでもなく、いずれでないのでもない。なぜなら、それが諸法の真実（*tattva*）だからであり、それは法性（Dharmatā）と呼ばれる」。

瑜伽行派にとっては、真の真如 ― 唯識（*cittamātra*）が存在し、この識を基として表象が生じ、誤った見解が生じ、それによって知が現象を捉える。一方、中観派は、経験あるいは表象には基底がなく（*an-adhiṣṭhāna*）（Śikṣāsamuccaya, p.264, *3~5*）、無知から生じるにすぎない（*ajñānamātrasamutthāpita*：Madh. vṛtti, p.495, *3*）と考える。

25 Madh. vṛtti, p.176, *9~11*：*Atraike ākāśapratisaṃkhyānirodhanirvāṇāny asaṃskṛtānīti kalpayanti. apare śūnyatāṃ tathatālakṣaṇām asaṃskṛtāṃ parikalpayanti. tad etat sarvaṃ saṃskṛtasyāprasiddhau satyāṃ nāsty eveti spaṣṭam ādarśitam.*

26 虚無主義者（*nāstika*）は自分が見ている現実を否定し、道徳の基盤を捨棄する（参照：Madh. vṛtti, p.159, *10*）。中観論者は自分が見ていない事実についてはなにもいわず、相対的な真実（*saṃvṛtisatya*）と絶対的な真実（*paramārthasatya*）という考え方をする。そして、「縁起によって生じるものはすべて相対的存在であり、自性（勝義諦）としては非存在である」という。この点については以下を参照。Madh. vṛtti, p.153, 159, 188, 222~224, 231, 273~274, 368~369, 490~491, 495；Madh. avatāra, p. 292; Nāgārjuna, *Traitè*, p.1090~1094（大正25・193c~194a）.

盤の欠如に基づく。いかなる基盤もないとき、誰が最上の覚りに達することができるだろうか。得るものがなにもなかったから、私は聖者の位を得た。覚りについても同様である。それを達成するのは、達成すべきものがなにもないからである（VI-16）。色とその他の蘊（*skandha*）は空である。空性があるのは、色の滅によるのではない。色の自性が空なのである（VIII-17）。

「絶対」は、まったくの非存在（*abhāvamātra*）という意味であれ、あるいは真の真如（*bhūtatathatā*）という意味であれ、仏教経典では数多くの同義語[27]で表わされる。『維摩経』で最もよく使われているのは、*tathatā*（真如）、*dharmadhātu*（法界）、*śūnyatā*（空性）、*bhūtakoṭi*（実際）、*samatā*（平等性）、*advaya*（不二）、*parinirvāṇa*（般涅槃）、*apratiṣṭhāna*（無住）などである[28]。

『維摩経』の観点からすると、「絶対」は［実在する］なにかではない。

第3節 『維摩経』における「清浄心」

これまで述べてきたところで、『維摩経』が純粋な中観経典を代表することを示し得たと考える。しかしながら、『維摩経』はIII-34において、「衆生は、心が汚れることによって汚され、心が浄められることによって浄められる」と断言する仏陀の言葉を受け入れ、そこから心の本質は本より清浄であり汚れがないと結論づけている。瑜伽行派は『維摩経』のこの箇所を根拠に、阿頼耶識（*ālayavijñāna* : Siddhi, p.214）と唯識（*vijñaptimātratā* : Siddhi, p.421）の存在を説明している。この点からすると、『維摩経』は『解深密経』、『楞伽経』、『勝鬘経』などと同様、観念論的傾向をもった大乗経典として位置づけるべきだろうか。筆者はそうは思わない。なぜなら、『維摩経』が説く「清浄心」は文脈からみて「無心」と解釈されるべきだからである。

ここで、仏教哲学において「心」（Mind）の概念がどのように変化してきたか、その概要をみておきたいと思う。

【訳注】上掲III-34の経文に該当する箇所の三漢訳（支謙、鳩摩羅什、玄奘）を参考として挙げる。

支謙：「唯優波離。莫釋以所誨而詭其行也。又賢者。未踐迹者。不内住不外計。亦不從兩間得。所以者何。此本爲如來意。欲爲勞人執勞。惡意已解意得依者。亦不内不外不從兩間得。如其意然。未迹亦然。諸法亦然。轉者亦然。如優波離意之淨。以意淨意爲解。寧可復汚復使淨耶。我言不也。維摩詰言。如性淨與未迹。一切諸法一切人意從思有垢」（大正 14･523*a*15 以下）

鳩摩羅什：「唯優波離。無重增此二比丘罪。當直除滅勿擾其心。所以者何。彼罪性不在内不在外不在中間。如佛所説。心垢故衆生垢。心淨故衆生淨。心亦不在内不在外不在中間。如其心然。罪垢亦然。諸法亦然。不出於如。如優波離。以心相得解脱時。寧有垢不。我言。不也。維摩詰言。一切衆生心相無垢亦復如是」（大正 14･541*b*16 以下）

---

27 これら同義語の一覧は以下を参照。Pañcaviṃśati, p.168, *14~17*；Śatasāh., p.1262, *13~17*；『大般若波羅蜜多経』T220、巻360、大正6･853 *c*11; Madh. vṛtti, p. 264, *11*; 『大智度論』T1509、巻44、大正25･382*a*；Daśabhūmika, p.63, *26*；Laṅkāvatāra, p.192~193；Madhyāntavibhāga, p.49~50；『大乗阿毘達磨雑集論』T1606、巻2、大正31･702*b*；『仏地経論』T1530、巻7、大正26･323*a*；Siddhi, Appendice, p.743~761.

28 特に『維摩経』の以下の箇所を参照。III-6, 16, 52；IV-1, 8, 12；VI-2, 4, 6, 16；VIII（全体が「不二」の概念を論じている）；X-16。

玄奘：「唯優波離。無重増此二苾芻罪。當直除滅憂悔。所犯勿擾其心。所以者何。彼罪性不住内不出外不在兩間。如佛所説。心雜染故有情雜染。心清淨故有情清淨。如是心者亦不住内亦不出外不在兩間。如其心然罪垢亦然。如罪垢然諸法亦然不出於如。唯優波離。汝心本淨。得解脱時。此本淨心曾有染不。我言不也。無垢稱言。一切有情心性本淨曾無有染亦復如是」（大正 14·563*b*25 以下）

第1項　原始仏教における「心」

1. 原始仏典の大まかな傾向は非常に明解である。思い（***citta***：心）、心（***manas***：意）、意識（***vijñāna***：識）は同義語である。識は第五の蘊（***skandha***）であり、他の諸蘊と同様に無常・苦・非我である。

かの心・意・識は日夜刻々生じては滅する。それはあたかも、猿が森林を駆け回り、ある枝を掴んだと思ったら、たちまち別の枝を掴むようなものである。かの心・意・識もまたそのように日夜刻々生じては滅する[29]。

縁起の過程において、識（***vijñāna***）は諸行（***saṃskāra***）によって条件づけられ（行縁識）、識はそれ自体、名色（***nāmarūpa***）、すなわち存在の心理物理的現象（五蘊）の条件である（識縁名識）。

当然ながら、識が母胎に入らなければ、名色が母胎内で組成されることはない。また、識が母胎に入った後、出て行ってしまったら、名色は生じないだろう。幼児、若い男あるいは若い女の識が切断されるようなことがあれば、名色はそれ以上大きくならないし、成長しないし、発達しない[30]。

2. しかしながら、原始仏典の経文のなかには、心を重視しているようにみえるものある。
（a）Saṃyutta, I, p.39, *10~11*;『雜阿含経』T99、No.1009、巻 36、大正 2・264*a*26~27；『別訳雜阿含』T100、No.236、巻 12、大正 2・459*b*14~15：

Cittena nīyati loko cittena parikissati,
cittassa ekadhammassa sabbeva vasaṃ anvagu.

「世間は心によって導かれ、心によって操られる。すべてはこの唯一の法たる心に従う」

【訳注】参考として、上記の経文の漢訳を挙げる。

心持世間法　心拘引世間
其心爲一法　能制御世間　（大正 2·264*a*26~27）
意劫將諸趣　意苦惱世間
意名爲一法　世間得自在　（大正 2·459*b*14~15）

先のパーリ語の偈頌に相当するサンスクリット語の偈頌が梵文 Kośavyākhyā（荻原雲來

---

29 Saṃyutta, II, p. 95, *1~9*：*yaṃ ca kho etaṃ bhikkhave vuccati cittaṃ iti pi mano iti pi viññāṇaṃ iti pi taṃ rattiyā ca divasassa ca aññad eva uppajjati aññaṃ nirujjhati. seyyathāpi bhikkhave makkaṭo araññe pavane caramāno sākhaṃ gaṇhati taṃ muñcitvā aññaṃ gaṇhati evaṃ eva kho bhikkhave yad idaṃ vuccati cittaṃ iti pi mano iti pi viññāṇaṃ iti pi taṃ rattiyā ca divasassa ca aññad eva uppajjati aññaṃ nirujjhati.*

30 参照：Dīgha, II, p. 63, *2~14*; Kośavyākhyā, p. 669, *1~8*.

校訂本、東京、昭和 7〜11 年）の p.95、*22〜23* にみられる。

> *Cittena nīyate lokaś cittena parikṛṣyate,*
> *ekadharmasya cittasya sarve dharmā vaśānugāḥ.*

同一の仏の言葉（*logion*）が散文（長行）の形で他の経典にみられる。

Aṅguttara, II, p.177, *33*（『中阿含経』T26、No.172、巻 45、大正 1・709*a*20）：*cittena kho bhikku loko niyatti cittena parikissati cittass a uppannassa vasaṃ gacchati.*

【訳注】参考として、上記の経文の漢訳を挙げる。

比丘、心將世間去、心爲染著、心起自在。比丘、彼將世間去、彼爲染著、彼起自在（大正 1・709*a*20）。

Sūtrālaṃkāra（S. Levi 校訂本、1907 年），p.151, *7*：*cittenāyaṃ loko nīyate cittena parikṛṣyate cittasyotpannasya vaśe vartate.*

（b）Aṅguttara, I, p.10, *5~8*；Atthasālinī（『法集論註』），p.140, *25*：*pabhassaram idaṃ bhikkhave cittaṃ tañ ca kho āgantukehi upakkilesehi upakkiliṭṭhaṃ ...... tañ ca kho āgantukehi upakkilesehi vippamuttaṃ.*

「この心は清浄だが、時には偶発的な煩悩によって汚され、また時には偶発的な煩悩から解放されている」

（c）Saṃyutta, III, p.151, *31~32*；152, *8~9*；『雑阿含経』T99、No.267、巻 10、大正 2・69*c*17：*Cittasaṃkilesā bhikkhave sattā saṃkilissanti, cittavodānā sattā visujjhanti.*

「比丘たちよ、心の汚れによって衆生は汚れ、心の清浄によって衆生は清浄となる」

【訳注】参考として、上記の経文の漢訳を挙げる。

諸比丘 … 心惱故衆生惱、心淨故衆生淨（大正 2・69*c*17）。

この仏の言葉が、サンスクリットになって、Ratnagotravibhāga（E.H. Johnston 校訂本、1950 年），p.67, *1~2* および Abhidharmadīpa, p.45,*19*；78,*15*；363, *5~6* に引用されている：*Cittasaṃkleśāt sattvāḥ saṃkliṣyante, cittavyavadānād viśudhyante.*

大乗および小乗の経典や論書もしばしばこの点に触れている。例えば、『維摩経』III-34；『大毘婆沙論』T1545、巻 142、大正 27・731*b*11~12；『大乗本生心地観経』T159、巻 4、大正 3・306*b*25~26；『阿毘達磨蔵顕宗論』T1563、巻 5、大正 29・795*b*27；Siddhi, p.214, 421 など。

第 2 項　小乗仏教の部派における「清浄心」

1. 小乗仏教のある部派 — 大衆部（Mahāsāṃghika）[31] と分別論者（Vibhajyavādin）[32] は、『舎利弗阿毘曇論』（Śāriputrābhidharma）[33] と同様に、先に挙げた『増支部』（Aṅguttara）の経文に基づいて、本来的かつ必然的に「心は光明清浄」（*cittaṃ prabhāsvaram*）である。しかし、煩悩（*kleśa*）によって汚される（*kliṣṭa*）こともあるし、あるいは煩悩から解放

[31] 参照：A. Bareau, *Les Sectes bouddhiques du Petit Véhicule,* Saigon, 1955, p.67~68, No.44.

[32] 参照：前掲書, p.175, No.23;『阿毘達磨大毘婆沙論』T1545、巻 27、大正 27・140*b*25~26.

[33] 参照：前掲書, p.194, No.6;『舎利弗阿毘曇論』T1548、巻 27、大正 28・697*b*18.

される（*vipramukta*）こともある、という。このような状態は心の本来の性質ではなく、偶発的（*āgantuka*：客）と呼ばれる。

こうした考えから、これらの学派はアンダカ派（Andhaka：南インド大衆部系四学派の総称）[34]と同じ結論に達した。すなわち、解脱を獲得するのは貪欲（*rāga*）などを有する心である、と。ちょうど汚れた器から汚れが払拭されるように、あるいはガラスの色がそれを覆うものの色の多様性によってさまざまに変わるように、清浄な心は貪欲などによって汚れ、「有貪の心」（*sarāga*）と呼ばれ、それがやがて解脱を得る（*vimukta*）。だから、「[貪欲から] 解放されるのは貪欲のある心である（*sarāgaṃ cittaṃ vimuccati*）」といわれるのである。

2. 小乗仏教のうちの比較的大きい部派の人々は、このテーゼもそこから派生する命題も同時に拒否する。いや、心は必然的かつ本来的に清浄なのではない。逆に、心は煩悩と行為によって汚れている。したがって、心と煩悩との究極的な結びつきがまず打ち砕かれなければならない。それが実現されたとき、聖者（*arhat, aśaikṣa*）の心は諸煩悩の束縛から解放される。

（a）上座部（Theravādin）は、『増支部』の清浄心に「有支」（*bhavaṅga*:潜在意識の生命の流れ）との関係をみている。

[増支部においては、] 心は「有支」（*bhavaṅga*）との関係で極めて純粋な意味で清浄だといわれる。なぜなら、心は有支から生じているのだから、たとえ汚れても、清浄と呼ばれる。ガンジス河（Ganges）の支流がガンジス河と呼ばれ、ゴーダーヴァリー河（Godhāvarī）の支流がゴーダーヴァリー河と呼ばれるのと同様である[35]。

まだ欲望に縛られている心が解放されるというのは、言葉として矛盾している。これは、欲望と心のどちらも解放されるということを前提としているのであろう。

（b）説一切有部-毘婆沙師（Sarvāstivādin-Vaibhāṣika）は分別論者（Vibhajyavādin）に異を唱え、本来清浄な心が偶発的な煩悩の汚れによって汚されることはあり得ないと指摘する。この前提からすると、本来不浄である偶発的な煩悩は、いったん本来清浄な心と結びつけば、清浄になるだろう。あるいは、それらが不浄のままだとしたら、それらの行為で清浄心が汚されることはないだろう[36]。

それ故、解脱するのは、偶発的に煩悩に捉えられた清浄心ではないという結論になる。心であれ煩悩であれ、一切法は刹那ごとに消滅している。汚れを器から取り除くことはできない。なぜなら、汚れと器は時々刻々生起するものだから。心は止むことなく新たにされ、煩悩を有している。煩悩との究極的な結びつきがまず打ち砕かれなければならない。いったん打ち砕かれさえすれば、聖者（*arhat* または *aśaikṣa*）の心がついに解放されて、生まれる。それ故、『倶舎論』（Kośa）に、*vimucyate jāyamānam aśaikṣaṃ cittam āvṛteḥ*（*aśaikṣa*（無学）の心は障碍から解放されて、生まれてくる）といわれる。ここでいう「生

---

[34] 参照：Kathāvatthu, p.238~241.

[35] Atthasālinī（『法集論註』）, p.140, *24~29*； *taṃ* （*cittaṃ*） *eva parisuddhaṭṭhena paṇḍaraṃ. bhavaṅgaṃ sandhāy' etaṃ vuttaṃ. yathāha: pabhassaraṃ idaṃ bhikkhave cittaṃ tañ ca kho āgantukehi upakkilesehi upakkiliṭṭhan ti. tato nikkhantattā pana akusalaṃ pi Gaṅgāya nikkhantā nadī Gaṅgā viya, Godhāvarīto nikkhantā Godhāvarī viya ca paṇḍaran tveva vuttaṃ.*

[36] 参照：『大毘婆沙論』T1545、巻 27、大正 27・140*b~c*。

まれてくる」（nascent）は「未来」と理解されるべきである[37]。［玄奘訳は「初無學心未来生時従障解脱」（大正 29・134*a*4）］

第３項　瑜伽行派における「如来蔵」

小乗仏教部派の「清浄心」と「如来蔵」（Tathāgatagarbha）の間には密接な関係がある。瑜伽行派の観念論学派の経典および論書に説かれているとおりである。

1. これら経典 ― 大乗仏教の最初期の経典ではない ― においては、如来蔵は原理的には光り輝き、清浄で、永遠であり、衆生に遍在するが、客塵煩悩によって偶発的に汚される。

Laṅkāvatāra, p.77, *14*~p.78, *1* に引かれた Tathāgatagarbhasūtra（『如来蔵経』）は次のように説いている。

世尊よ。経典において、あなたご自身が説かれているように、如来蔵は本来光明であり、清浄であり、本より清浄であり、三十二相を具有し、一切衆生の身に隠蔵され、垢に汚れた衣に蔵された無価の宝のように、受・蘊・界によって包まれ、貪・瞋・癡や他の誤った思い込みの雑染にまみれているが、永遠不変で、吉祥であり、絶えることがない[38]。

漢訳本『大宝積経』（T310、巻 119、大正 11・677*c*：第 48 会「勝鬘夫人会」）では、次のようにいわれている。

このように、まだ煩悩（*kleśa*）から解放されていない法身が如来蔵と名づけられる … 如来蔵なるが故の生死。［輪廻の］起源は知り得ない（*pūrvā koṭir na prajñāyate*）というのは、如来蔵の故である … これら二法、すなわち生と死が如来蔵である … 死は感覚器官の消滅（*vedanendriyanirodha*）、生はそれらの生起（*utpāda*）である。如来蔵は不生であり不滅、不昇であり不墜、あらゆる有為（saṃskṛta）の相を離れており、不壊であり … もし如来蔵がなかったら、苦を厭うことなく、涅槃を求めることもないだろう。なぜか。なぜなら、六識（vijñāna）とその対象、および七法は一瞬もとどまらないから。したがって、苦を感受せず、厭うこともなく、涅槃を願求することもない。如来蔵には始まりがなく、不生であり不滅、苦を受け、苦を厭い、涅槃を求める … 如来蔵は法界蔵（Dharmadhātugarbha）であり、法身蔵（Dharmakāyagarbha）であり、出世間蔵（Lokottaragarbha）であり、本性清浄蔵

---

37 この問題については、『大毘婆沙論』前記注と同じ箇所；Kośa, VI, p.299；『阿毘達磨順正理論』T1562、巻 72、大正 29・731*c* を参照。

38 *Tathāgatagarbhaḥ punar Bhagavatā sūtrāntapāṭhe 'nuvarṇitaḥ, sa ca kila tvayā prakṛtiprabhāsvaraviśuddhādiviśuddha eva varṇyate dvātriṃśallakṣaṇadharaḥ sarvasattvadehāntargato mahārgharatna(ṃ) malinavastraparivesṭitam iva skandhadhātvāyatanavastuvesṭito rāgadveṣamohābhūtaparikalpamalamalino nityo dhruvaḥ śivaḥ śāśvataś ca Bhagavatā varṇitaḥ.*

漢訳本『大方等如来蔵経』（T666、大正 16・457*c*）と『大方広如来蔵経』（T667、大正 16・461*c*）とは若干異なる。この点については、P. Demiéville, *Le Concile de Lhasa*, Paris, 1952, p.116~117 の注解に詳しい。『楞伽経』においては、如来蔵は阿頼耶識（*ālayavijñāna*）と同義である。

如来蔵に関しては、現在２つの非常に優れた研究をみることができる。高崎直道, *A Study on the Ratnagotravibhāga* (Serie Orientale Roma, XXXIII), Rome, 1966；D. S. Ruegg, *La théorie du Tathāgatagarbha et du Gotra*（Publications de l'École Française d'Extrême Orient, LXX）, Paris, 1969.

『勝鬘経』（Śrīmālādevīsiṃhanādasūtra）については、Alex & Hideko Wayman による英語の注訳本 *The Lion's Roar of Queen Śrīmālā*（Columbia University）, New York and London, 1974 がある。

(Prakṛtiprabhāsvaragarbha) である。それは本来的に清浄である。如来蔵は、私が説いたように、客塵によって汚されることがあるものの、不可思議 (*acintya*) にして、諸如来の境界 (*gocara*) である[39]。

『大般涅槃経』(T374、巻 7、大正 12・407b) および『大般涅槃経』(T375、巻 8、大正 12・648b) で「四顚倒」について論じられているが、その 4 番目の「非我 (*anātman*) を我 (*ātman*) とみること」について以下のようにいわれている。

我 (ātman) は如来蔵である。一切衆生は仏性を具有する。それこそが我である。この我は始めから、常に無量の煩悩 (*kleśa*) に覆われており、それ故、衆生はそれ (仏性) を見ることができない。これは、純金を蔵しているのに家人はだれ一人それに気づいていない、そのような貧しい女人の家に喩えられよう … 如来は、今日、この高価な宝、すなわち仏性を衆生に明らかに示された。一切衆生はそれを見て大いに喜び、如来を拠り所とする。如来は方便 (*upāya*) に巧みである。貧しい女人とは無量の衆生のことであり、純金の宝とは仏性である。

2. これらの経典が説いている本性的な清浄心 (*cittaṃ prakṛtiprabhāsvaram*) すなわち如来蔵が瑜伽行派 (Yogācāra) の偉大な学者たちを鼓舞した。例えば、堅慧 (Sāramati) などはこの思想を依り処として、仏教というよりバラモン教に近い絶対一元論を考え出した。他にも、無著 (Asaṅga) などは、その心理学体系の架構のもとで如来蔵を解釈し、如来蔵は「真如」(Bhūtatathatā)、すなわち「転変した」あるいは「転依した」アーラヤ (Ālaya) であるとみなした。ここでこの問題に深入りすると、主題から離れてしまうので、この点に関しては、E. Frauwallner 教授のすぐれた著作[40]を紹介するにとどめたい。

第 4 項 「般若経」および『維摩経』の「非心の心」

再び「維摩経」に戻って、まず III-34 に注目しよう。そこでは、決して汚されたことのない「自性からして本来清浄な心」が説かれており ― これが最も重要であるが、それは真如と離れていない。

年代的にいえば、『維摩経』は清浄心を説く小乗仏教部派と、この清浄心を如来蔵、すなわち一切衆生にある仏性とみなす比較的新しい大乗経典との間に位置する。

しかしながら、『維摩経』の考えでは、この真如は、清浄な心がそこから離れておらず、純然たる非存在 (*abhāvamātra*) である。実際、既にみたように、『維摩経』は般若経典や中観派に倣っており、空を実体視することを斥け、また、経験にいかなる根拠をも認めない。『維摩経』に「一切法は無基底を根本とする」とあるとおりである。

したがって、『成唯識論』が阿頼耶識 (*ālayavijñāna*) と唯識 (*vijñaptimātratā*) の思想を構築するのに『維摩経』を典拠とするのは、まったくの筋違いである。

しかしまた、『維摩経』の真如が純然たる非存在であるとしたら、「真如と離れていない」清浄心は一体、なにから成るのかという疑問が起こるかもしれない。この清浄心は「非心の心」または「無思考の思考」(*cittam acittam*) としかいいようがない。

---

[39] 翻訳は De La Vallée Poussin, Siddhi, p.756 に基づく。
[40] E. Frauwallner, *Die Philosophie des Buddhismus*, Berlin, 1956, p.255~407.

「非心の心」の理論は「般若経」であまり注目されてこなかった経文の中に既にみられ、その真実性は疑いの余地がない。というのは、「般若経」のなかで最も古い成立と考えられる『八千頌般若』[41] (Aṣṭasāhasrikā) に既にみられ、また『十万頌般若』(Śatasāhasrikā) や『二万五千頌般若』(Pañcaviṃśatisāhasrikā)[42]に忠実に再録されているからである。

須菩提が言った。「菩薩摩訶薩は般若波羅蜜を行じるとき、[一切法、色等を] 知り、心 — 菩提心、無比であり高貴な心 — を知るべきである。しかし、それに執着すべきではない[43]。なぜか。この心は本性から清浄であり、非心だからである[44]」。

舎利弗が須菩提に問う。「それでは、尊者須菩提よ、その清浄心とは何か」。

須菩提が答える。「この心は貪・瞋・癡・煩悩・障覆・纏結・繋縛、その他の誤った見解と結びついてはいないし、離れてもいない。舎利弗よ、それが心の清浄なることである」。

舎利弗が問う。「それでは、尊者須菩提よ、非心の心であるこの心は存在しないのか」。

須菩提が言った。「尊者舎利弗よ、心がないとしたら、[心の] 存在とか非存在ということが

---

41 参照 : E. Conze, *The Composition of the Aṣṭasāhasrikā Prajñāpāramitā*, Bulletin of the School of Oriental and African Studies(BSOAS), XIV, 1952, p.251~262; *The Oldest Prajñāpāramitā*, The Middle Way, XXXII, 1958, p.136~141; *The Prajñāpāramitā Literature*, The Hague, 1960, p.9~17; 干潟龍祥, "*Suvikrāntavikrāmi-Paripṛcchā Prajñāpāramitā-Sūtra*", Introduction, 福岡,1958, p.XIV, XLVII, L.

42 参照 : Aṣṭasāh., p.37, *16*~ 40, *12*;『道行般若経』T224、巻1、大正8·425*c*;『大明度経』T225、巻1、大正8·478*c*;『摩訶般若鈔経』T226、巻1、大正8·508*c*15~22;『小品般若波羅蜜経』T227、巻1、大正8·537*b*13~19;『大般若波羅蜜多経』T220、巻538、大正7·763*c*16~25; 巻556、大正7·866*a*8~17.

Śatasāh., p.495, *3~21*;『大般若経』T220、巻36、大正5·202*a*8~25.

Pañcaviṃśati, p.121, *12*~122, *11*; 『放光般若経』T221、巻2、大正8·13*b*24~*c*7; 『光讃経』T222、巻3、大正8·166*b*21~*c*10; 『摩訶般若波羅蜜経』T223、巻3、大正8·233*c*20~234*a*5; 『大般若経』T220、巻408、大正7·44*c*20~45*a*7.

Aṣṭādaśasāh.,『大般若経』T220、巻484、大正7·456*b*24~*c*10.

Bodhisattvena mahāsattvena prajñāpāramitāyāṃ caratā bodhicittaṃ nāma jñātavyam asamasama-cittaṃ nāmodāracittaṃ nāma jñātavyaṃ na ca tena mantavyam. tat kasya hetoḥ. tathā tac cittam acittaṃ prakṛtiś cittasya prabhāsvarā.

Śāriputra āha. kā punar āyuṣman Subhūte cittasya prabhāsvaratā.

Subhūtir āha. yad āyuṣman Śāriputra cittaṃ na rāgeṇa saṃyuktaṃ na visaṃyuktaṃ na dveṣeṇa ... na mohena ... na paryutthānair ... nāvaraṇair ... nānuśayair ... na saṃyojanair ... na dṛṣṭikṛtaiḥ saṃyuktaṃ na visaṃyuktam iyaṃ Śāriputra cittasya prabhāsvaratā.

Śāriputra āha. kiṃ punar āyuṣman Subhūte asti tac cittaṃ yac cittam acittam.

Subhūtir āha. kiṃ punar āyuṣman Śāriputra yā acittatā tatrāstitā vā nāstitā vā vidyate vā upalabhyate vā.

Śāriputra āha. na khalv āyuṣman Subhūte.

Subhūtir āha. sa ced āyuṣman Śāriputra tatrācittatāyām astitā vā nāstitā vā na vidyate nopalabhyate vā api nu te yukta eṣa paryanuyogaḥ. yad āyuṣman Śāriputra evam āha asti tac cittaṃ yac cittam acittam iti.

Śāriputra āha. kā punar eṣā āyuṣman Subhūte acittatā.

Subhūtir āha. avikārā āyuṣman Śāriputra avikalpā acittatā yā sarvadharmāṇāṃ dharmatā. iyam ucyate acittatā.

43 原文は ***na ca tena mantavyam*** で、Aṣṭasāh では *tenāpi bodhicittena na manyeta* (不應執着菩提心) となっている。また、『現観荘厳光明疏』(Abhisamayālaṃkārāloka, 荻原雲來校訂本), p.38, *6* には *abhiniveśaṃ na kuryāt* (不要讓他對[菩提心]生執着依存) とある。これには玄奘訳がある (大正7·44c21)。また、羅什は「不應 (慢)」と訳している (大正8·233*c*21)。

44 『現観荘厳光明疏』, p.38, *24~26* の解説 :「この心 (***citta***) は実際には非心 (***acitta***) である。なぜなら、一つないしは多くの自性がないから (***ekānekasvabhāvavaidhuryāt***) である。この心の本質 (***cittasya prakṛtiḥ***) はそれ自身から生じず (***svabhāvonutpādatā***)、清浄である (***prabhāsvarā***)。すなわち、誤った見解から生じる影を免れている (***vidhamitasarvāsatkalpanāndhakāra***)」。

あるだろうか、あるいは感受されるだろうか」。

舎利弗が答える。「尊者須菩提よ、それはない」。

須菩提がさらに問う。「心がないとしたら、［心の］存在あるいは非存在はあり得ず、感受されない。尊者舎利弗よ、非心の心という心が存在するかを問うのは論理的だろうか」。

舎利弗がまた問う。「尊者須菩提よ、それでは、心が存在しない（非心）とはどういうことか」。

須菩提が答える。「非心とは変異もなく概念もないことであり、一切法の法性、尊者舎利弗よ、それが非心である[45]」。

最も古い般若経典で確認されたこの経文をSuvikrāntavikrāmin（干潟龍祥校訂本、1948年），p.85, *15*~86, *5*からの引用文と比較してみよう。

菩薩は衆生の偏見、すなわち顚倒した思いから起こる偏見をよく知っている。しかし、菩薩は決してそうした顚倒の思いを起こさない。それはなぜか。なぜなら、智慧の完成は思いを離れており、思いの本性の輝き、思いの本性の清浄さはいかなる思いを生み出すこともないからである。それは、愚かな俗人が思いを生み出すところの対象が存在しないからである。対象を知る菩薩はまた、思いが生じる［仕組み］も知っている。思いはどこから生じるのか。菩薩は思いが本来光明であると知っていて、自らに言う、「思いが起こるのは対象の故である」と。対象は［錯誤であると］理解して、菩薩はいかなる思いも生むことなく、壊することもない。彼自身の思いは光明で、汚れなく、心地よく、完全に清浄である。思いを起こさないので、菩薩はいかなる法も生むことなく、滅することもない[46]。

以上みてきたように、「般若経」と中観派にとって、光明なる思いまたは心（*cittaṃ prabhāsvaram*）とは、純粋かつ単純に思いが存在しないこと（*cittābhāvamātra*）である。

45「非心（*acittam*）とは、この心あるに非ざるのみ（*cittābhāvamātram*）」（Āloka（現観荘厳光明疏），p.40. *6*）。この一句についての注釈が『大智度論』（T1509、巻41、大正25·363*a*20~*b*6）にみられる。

大智心を獲得した菩薩には微塵も高ぶる心がない。なぜなら心は常に清浄だから。虚空（**ākāśa**）は常に清浄であり、煙・雲・塵・霧、その他の付随的な（**āgantuka**）覆いによって汚されることがないように、心も常に清浄であって、無明（**avidyā**）やその他の、心を覆う付随的な煩悩（**āgantukakleśa**）によって汚されることはない。煩悩を離れていたら、心は本来の清浄のままである。行者の能力の問題ではない。心の清浄は行者の行によるのではないから、行者はそれを誇ったり、思い煩ったりしてはならない。なぜか。なぜならば、心は畢竟空（**atyantaśūnya**）だからである … 。

舎利弗が問う。「この心が心の相をもたないとしたら（**yac cittam acittam**）、それは存在するのか、または存在しない（非存在）のか。もし存在するとしたら、なぜ非心（**acittam**）というのか。また、もし存在しないとしたら、菩提をもたらす無比の心（**asamasamacitta**）をなぜ重んじるのか」と。

須菩提が答える。「非心（**acittatā**）の究極的な清浄（**atyantaviśuddhi**）は存在するのでもなく（**astitā**）、存在しないのでもない（**nāstitā**）」と。

また、舎利弗が問う。「非心（**acittatā**）の相とは何か」と。

須菩提が答える。「それは究極的な空（**atyantaśūnya**）であり、一切法の分別を離れていること（**avikalpanatā**）である」と。

46 *Tatra bodhisattva imān evaṃrūpān abhiniveśān sattvānāṃ viparyāsacittajān samanupaśyan na kvacid viparyāse cittam utpādayati. tat kasmād dhetoḥ. cittāpagatā hi prajñāpāramitā, yā ca cittasya prakṛtiprabhāsvaratā prakṛtipariśuddhitā, tatra na kācic cittasyotpattiḥ. ārambaṇe sati bālapṛthagjanāś cittam utpādayanti. tatra bodhisattvo 'py ārambaṇaṃ prajānann api cittasyotpattiṃ prajānāti. kutaś cittam utpadyate. sa evam pratyavekṣate: prakṛtiprabhāsvaram idaṃ cittam. tasyaivaṃ bhavaty ārambaṇaṃ pratītya cittam utpadyata iti. sa ārambaṇaṃ parijñāya na cittam utpādayati nāpi nirodhayati. tasya tac cittaṃ prabhāsvaraṃ bhavati, asaṃkliṣṭaṃ kamanīyaṃ pariśuddham. sa cittānutpādasthito na kaṃcid dharmam utpādayati, na nirodhayati.*

そして、『維摩経』は現象世界のあらゆる基盤（*pratiṣṭhāna*）を否定し、かつIII-34では、「清浄心」とは心の非存在（*acittatā*：非心）を指すと説いている。『維摩経』では、「心は非物質的なもの（*arūpin*：無色）、現われないもの（*anidarśana*：不可見）、よりどころのないもの（*aniśraya*：無有依止）、表象することのないもの（*avijñaptika*：不可了知）」といっている（III-52末尾）。

『維摩経』は最も純粋な中観経典であり、瑜伽行派がその思想体系を建てる依り処としてそれを用いることはできない。

第 4 章　『維摩経』の資料の源泉

『維摩経』は仏教梵語特有の文法とスタイルで書かれており、大乗・小乗両方の経典で慣例となっている言い回し、慣用句、決まり文句、比喩や反復が豊富である。筆者は翻訳の脚注において、そのような常套的表現をすべて挙げ、その一々に対応するパーリ語およびサンスクリット語のテキストからいくつかのパラレル（相当表現）を提示する必要があった。語彙集や用語索引が手元にある現在、それは児戯にすぎないものとなった。しかし、同じ慣用句や決まり文句が多くの経典に現われるので、『維摩経』がそのうちのどれから借りているかを判断するのは、実際には不可能である。『維摩経』の作者はかなりの経典に通じていて、自分の記憶によって、どの経典からと特定することなく― 頭のなかでさえもそうすることなく、引き出していたようである。

こうした状況が出典の問題をとりわけ難しくしているが、仏教経典では引用文献を明らかにする習慣がないのである。そこで筆者は完全に定型化した慣用句は除いて、『維摩経』が概念や理論を借りてきたと思われるいくつかのテキストを指摘するにとどめた。

第 1 節　原始仏典

1）Dīgha, I, p.76, *18* 等：この肉体はその定めとして常に油を塗ったり擦ったりして …（II-11、脚注 25）

《II-11、脚注 25：英訳書 p.35》

この長い複合語（*nityasnāpanaparimardanabhedanavidhvaṃsanadharma*）は原始仏典から引いたもので、パーリおよびサンスクリットで確認される。

（【訳注】このコンパウンドは、『梵文維摩經―ポタラ宮所蔵写本に基づく校訂―』をみると、*ucchādanaparimardanavikiraṇavidhvansanadharmā*（p.18）となっている。）

① Dīgha, I, p.76, *18*；173, *27*；209. *4*；Majjhima, I, p.144, *3*；500, 2~3; II, p.17, *19*；Saṃyutta, IV, p.83, *26*；194, *30*；292, *9*；V, p.370, *1* と *16*；Aṅguttara, IV, p.386, *23*：*ayaṃ kāyo rūpī cātummahābhūtiko mātapettikasaṃbhavo odanakummāsupacayo anicc' ucchādanaparimaddanabhedanaviddhaṃsanadhammo*：（肉の体は四大元素から成り、母と父から生まれ、炊いた米と粥で太らされ、その定めとして常に油を塗ったり擦られたりしなければならないが、それでもやがて損耗し、壊滅してしまう。）

② Mahāvastu, II, p.269, *15*：*mātāpitṛsaṃbhavaḥ kāyo odanakulmāṣopacaya ucchādanaparimardanasvapnabhedanavikiraṇavidhvaṃsanadharmaḥ*:（母と父から生まれた体は、炊いた米と粥で太らされ、その定めとして油を塗ったり擦られたりしなければならず、眠らなければならない。しかし結局は損耗し、変貌し、滅するのである。）

③ Mahāvastu, II, p.278, *1*：*ucchādana* が *ācchādana* に変わっている例：（その定めとして服を着せられなければならず …）

④ Kāśyapaparivarta, §152 : *ucchāda(na) snāpana* に変わっている例 : (その定めとして油を塗られ、水浴させられなければならず …)

⑤ チベット訳『維摩経』にみる例 : *lus ḥdi ni rtag tu bsku ba* (*ḥkhru ba* に直す) *daṅ mñe ba daṅ ḥjig pa daṅ ḥgyes paḥi chos can te,* サンスクリット語ではおそらく *ayaṃ kāyo nityasnāpanaparimardanabhedanavidhvaṃsanadharmaḥ*: (この体はその定めとして、常に水浴させられ、擦られたりしなければならないが、それでも損耗し、壊滅する。)

⑥ ここに挙げた翻訳は *snāpanaparimardana* が *bhedanavidhvaṃsana* になっており、現在の解釈とは違っている。現代の翻訳はすべて T.W. Rhys Davids, *Dialogues of the Buddha,* I, p.87 (*This body is subject to erasion, abrasion, dissolution and disintegration.*) に準じている。参照: I.B. Horner, *Middle Length Sayings,* I, p.185, *11~12* ; F.L. Woodward, *Kindred Sayings,* IV, p.50, *20~21* ; E.M. Hare, *Gradual Sayings,* IV, p.258, *3~4* ; J.J. Jones, *Mahāvastu translated,* II, p.253, *3~4* ; F. Edgerton, *Buddhist Hybrid Sanskrit Dictionary,* p.119 *a.*

しかし、これらの大家の権威から離れて、スリランカの注釈者や中国の翻訳家の考えにも目を向ける必要があるだろう。

1. 仏音(Buddhaghosa)の Commentaries of the Dīgha, I, p.220 および *21,* Majjhima,II, p.129, *32* : この肉体は *ucchādanadhamma* である、やさしく覆われているから (*tanu-vilepanena*)。それは *parimaddanadhamma* である、軽く擦られるから (*khuddaka-sambāhanena*)。しかし、そのように世話をしても (*evaṃ pariharato pi*)、定めとして、損耗し、壊れるばかりである。

2. 衆護 (Saṃgharakṣa) および 僧伽提婆 (Saṃghadeva) による翻訳、『中阿含経』T26、巻 28、大正 1･603*a*25 : この肉体は物質 (rūpin) であり、粗野であって (*audārika*)、四つの要素 (*cāturmahābhūtika*) で構成され、母と父から生まれる (*mātāpitṛsaṃbhava*)。それは、非常な忍耐をもって食べ物・飲み物を与え (*annapānopacaya*)、服を着せ (*ācchādana*)、擦ったり (*parimardana*)、水浴させたり (*snāpana*) しなければならない。それにもかかわらず、無常であり (*anityadharma*)、損耗するもの (*bhedanadharma*)、壊滅するもの (*vidhvaṃsanadharma*) である。

3. 鳩摩羅什訳『維摩詰所説経』T475、巻 1、大正 14・539*b*25: 「この身は偽りであり (*rikta* : 是身爲虚偽)、たとえ水浴させ (*snāpana* : 雖假以澡浴)、服を着せ (*ācchādana* : 衣)、食べ物を与えても (*annapānopacaya* : 食)、必ず損耗し壊滅する (必歸磨滅)」。

2) Dīgha, II, p.30, *26* 等 : 世間は悲惨に陥っている : それは生まれ、老い、死に … (III-50、脚注 91)

《III-50、脚注 91 : 英訳書 p.88》

Khuddakapātha Commentary, p.78 などに引かれている仏陀の言葉 : *kandhesu jāyamānesu jīyamānesu mīyamānesu ca khaṇe khaṇe tvaṃ bhikkhu jāyase ca jīyase ca mīyase ca.*

同様に、Dīgha, II, p.30, *26* ; Saṃyutta, II, p.5, *10* ; 10, *3* : *kicchaṃ vatāyaṃ loko āpanno, jāyati ca jīyati ca mīyati ca cavati ca uppajjati ca.*

梵文 Mahāvadāna, p.134; Lalitavistara, p.346, *1~2*: *kṛcchraṃ baṭāyaṃ loka āpanno yad uta jāyate pi jīryate mriyate cyavate upapadyate.*

3) Dīgha, II, p.36, *3* 等：衆生は間違いなく、アーラヤを愛している …（V-4、脚注 4）

《V-4、脚注 4：英訳書 p.137》

ālaya（避難所または休息所）のチベット訳は *kun-gźi*、漢訳は巣窟（支謙）、處所（羅什）、攝藏（玄奘）であり、経典の常套句にみられる。

ālayarāmā kho panāyaṃ pajā ālayaratā ālayasammuditā「衆生は間違いなくアーラヤを愛し、アーラヤで楽しみ、アーラヤで喜ぶ」(Vinaya, I, p.4,*35*; Dīgha, II, p.36,*3*; 37,*25*; Majjhima, I, p.167,*32*; Saṃyutta, I, p.136,*11*; Aṅguttara, II, p.131,*30*; Mahāvastu, III, p.314,*2*)。

古くからの仏典におけるアーラヤの意味によると、アーラヤとは欲望の 5 つの対象であり、世間的には衆生が避難して安住する場所である。例えば、Dīgha Commentary, II, p.464,*13*; *sattā pañcakāmaguṇesu allīyanti, tasmā te ālayā ti vuccanti.*

後に、唯識派はこれらの経文に、彼らの哲学の礎石となる阿頼耶識（*ālayavijñāna*）の論拠を求めることになった。参照：Saṃgraha, p.26-27; Siddhi, p.180. いうまでもないが、その年代の早さからして、『維摩経』は唯識派についてなにも知るはずがない。

4) Dīgha, II, p.157, *8* 等：*Aniccā vata saṃkhārā* ...（諸行無常 … ）(I-20、脚注 86)

《I-20、脚注 86：英訳書 p.25》

有名な偈文の冒頭（参照：龍樹、*Traité*, p.688, n.4）：

1. 梵文 Mahāparinirvāṇa, p.398; Avadānaśataka, II, p.198, *9*:

   anityā vata saṃskārā utpādavyayadharminaḥ,

   utpadya hi nirudhyante teṣāṃ vyupaśamaḥ sukham.

   （諸行無常、是生滅法、生滅滅已、寂滅為楽）

2. Dīgha, II, p.157; Saṃyutta, I, p.6, 158, 200; II, p.193; Theragāthā, No.1159; Jātaka, I, p.392; Visuddhimagga, Warren 校訂, p.448：

   aniccā vata saṃskhārā uppādavayadhammino,

   uppajjitvā hi nirujjhanti teṣaṃ vūpasamo sukho.

5) 梵文 Mahāparinirvāṇa, p.356 等：仏出世の得難さ …（III-40、脚注 73)

《III-40、脚注 73：英訳書 p.79》

参照：梵文 Mahāparinirvāṇa, p.356; Divyāvadāna, p.19, *13*; Lalitavistara, p.105, *1*; Sad. puṇḍarīka, p.39, *8*; Sukhāvatīvyūha, p.10, *15*: *kadācit karhicit tathāgatā arhantaḥ samyaksaṃbuddhā loka utpadyante tadyathoduṃbare puṣpam*（如来が世に現われる時と所は非常に限られている、優曇華の木に花が咲くように。）

6) Saṃyutta, II, p.95, *5*：心は猿のようである …（IX-15、脚注 17）

《IX-15、脚注 17：英訳書 p.215》

鳩摩羅什訳に「以難化之人。心如猿猴故」（大正 14・553a12）とある。おそらく原始仏典の言葉。Saṃyutta, II, p.95：*seyyathāpi bhikkhave makkaṭo araññe pavane caramāno sākhaṃ gaṇhati, taṃ muñcitvā aññaṃ gaṇhati, evaṃ eva kho bhikkhave yad idaṃ vuccati cittaṃ iti.*

7) Saṃyutta, II, p.178, *18* 等：輪廻には始まりも終わりもない …（III-39、脚注 72）

《III-39、脚注 72：英訳書 p.77~78》

原始仏典において、仏陀は明言している。輪廻には始まりあるいは終わりはなく、永遠である、と。

Saṃyutta, II, p.178, *18*；III, p.151, *3*；Kathāvatthu, p.29, *19*：*anamataggāyaṃ bhikkhave saṃsāro pubbākoṭi na paññāyati avijjānīvaraṇānaṃ sattānaṃ taṇhāsaṃyojanānaṃ sadhāvataṃ saṃsarataṃ.*（比丘たちよ、衆生の輪廻には考え得る起点がない。無明に覆われ、欲望に妨げられた衆生が、再生から再生へと当てもなくさ迷うようになったその始まりを見出すことは不可能である。）

Divyāvadāna, p.197, *15*：*anavarāgro bhikṣavaḥ saṃsāro 'vidyānivaraṇānāṃ sattvānāṃ tṛṣṇāsaṃyojanānāṃ tṛṣṇārgalabaddhānāṃ ḍīrgham adhvānaṃ saṃdhāvatāṃ saṃsaratāṃ pūrvā koṭir na prajñāyate duḥkhasya.*（比丘たちよ、輪廻には始まりも終わりもない。無明に覆われ、欲望に妨げられ、欲望の鎖に繋がれ、衆生が長い道を遍歴し、再生から再生へとさ迷う苦しみの最初の起点を見出すのは不可能である。）

Madh. vṛtti, p.218, *4*：*anavarāgro hi bhikṣavo jātijarāmaraṇasaṃsāra iti. avidyānivaraṇānāṃ sattvānāṃ tṛṣṇāsaṃyojanānāṃ tṛṣṇagardūrabaddhānāṃ saṃsaratāṃ saṃdhāvatāṃ pūrvā koṭir na prajñāyata iti.*（比丘たちよ、再生、生、老そして死の輪廻には始まりも終わりもない。無明に覆われ、欲望に妨げられ、欲望の鎖に繋がれ、再生から再生へとさ迷い流転する衆生の、その起点をみつけるのは不可能である。）

この経文（Madh. vṛtti, p.220）の解釈において、龍樹は始まりあるいは終わりのない輪廻には中間もあるはずがないこと（*naivāgraṃ nāvaraṃ yasya tasya madhyaṃ kuto bhavet*）を立証し、そこから、「実事を見極めると、輪廻は存在しない」（*vastukacintāyāṃ tu saṃsāra eva nāsti*）と結論づけている。

つまり、輪廻は存在せず、涅槃は本来的に獲得されており、涅槃に到達するための修行生活はもう既に通過した道であるという結果になる。それ故、維摩は「涅槃は条件づけられない（*asaṃskṛta*：無為）」と考える。

8) Saṃyutta, II, p.198,*3*：肉体は古い井戸のようなものである …（II-11、脚注 27）

《II-11、脚注 27：英訳書 p.36~37》

この箇所は、N, FP2203 および FP603 には *khron paḥi rñiṅ pa* とあり、北京版では

khron paḥi sñiṅ po が取られている。*khron paḥi rñiṅ pa* を訳したのが羅什の「丘井」（大正 14·539*b*27）、玄奘の「水隧級」（大正 14·561*a*6）であり、パーリの *jarūdapāna* あるいは *jarudapāna*、サンスクリットの *jarodapāna* に当たり、「古い井戸」または「涸れた井戸」の意味である。この表現は原始仏典、なかでも Candropamasūtra（月喩経）に見出される（Saṃyutta, II, p.198, *3*；Hoernle, *Manuscript Remains*, p.43, *3*；『雑阿含経』T99、巻 41、大正 2·299*c*8；『別訳雑阿含経』T100、巻 6、大正 2·414*a*22；『仏説月喩経』T121、大正 2·544*b*18）。

しかしながら羅什は、『維摩経』への注釈の中で（『注維摩詰経』T1775、巻 2、大正 38·342*b*2）、この言葉を「井戸の中の人」の喩えと関係づけている。

1. Mahābhārata, Strīparvan, adhyāya V~VI.

2. 『衆経撰雑譬喩』（T208、巻 1、大正 4·533*a*27~533*b*13）。É.Chavannes によるフランス語訳 *Cinq cents contes et apologues extraits du Tripiṭaka chinois*, Paris, 1910~34, vol.II, p.83 がある。この経典によると、古井戸は一切衆生の住む所を象徴している。

3. 『賓頭盧突羅闍為優陀延王説法経』（T1690、大正 32·787*a*19）。この経典によると、井戸は人間の肉体の象徴であり、『維摩経』の解釈と等しい。

4. 『仏説譬喩経』（T217、大正 4·801*b*）。P. Demiéville によるフランス語訳が Chavannes の前掲書（IV, p.236~238）にある。この経典では、井戸は輪廻の象徴である。

5. 『経律異相』（T2121、巻 44、大正 53·233*c*28~234*a*10）。フランス語訳が Chavannes の前掲書（III, p.257）にある。

6. その他の比喩的表現：

a. ギメ美術館（Musée Guimet）のレリーフ：J.Ph.Vogel, *The Man in the Well*, Revue des Arts Asiatiques, XI, 1937, p.109~115, pl.XXXIII b を参照。

b. Nāgārjunakoṇḍa 出土の彫像：A.H. Longhurst, *The Buddhist Antiquities of Nāgārjunakoṇḍa*, Delhi, 1938, pl.49 b および 31 b を参照。

c. Zayton の東塔基底のレリーフ：G. Ecke と P. Demiéville, *The Twin Pagodas of Zayton*, Harvard, 1935, p.53 および pl.36 b を参照。この彫像には「丘井狂象」という四文字がみられるが、これは鳩摩羅什の訳語をそのまま採ったものである。『衆経撰雑譬喩』（T208）および『維摩詰所説経』（T475）を参照。

d. Parma 市の洗礼堂の南門および Ferrara 教会の祭壇上の画像：G. Ecke と P. Demiéville の前掲書 p.54 を参照。

鳩摩羅什は『注維摩詰経』（T1775、巻 2、大正 38·342*b*）でこの譬喩を要約している。「什曰く。丘井とは丘墟の枯井なり。昔、人ありて王に罪することあり。その人、罪を怖れて逃走す。王、酔象をしてこれを逐わしむ。その人、怖れ急にして自ら枯井に投ず。井半ばにして一腐草を得、手をもってこれを執る。下に悪竜あり、毒を吐いてこれに向かう。かたわらに五の毒蛇あり、また害を加えんと欲す。二鼠草を噛み、草またまさに断ぜんとす。大象その上に臨み、またこれを取らんと欲す。その人、危苦極大にして恐怖す。上に一樹あり。樹上に時に蜜滴ありて、その口中に落ち、味に著するをもっての故に怖畏を忘る。丘井は生死（*saṃsāra*）なり。酔象は無常（*anityatā*）なり。毒竜は悪道（*durgati*）なり。五の毒蛇は五陰（*skandha*）なり。腐草は命根（*jīvitendriya*）なり。黒と白の二鼠は白月（*śuklapakṣa*）と黒月（*kṛṣṇapakṣa*）なり。蜜滴は五欲（*kāmaguṇa*）なり。蜜滴を得て怖畏を忘るとは、衆生（*sattva*）の五欲の蜜滴を得て苦を畏れざるを喩うるなり」

9）Saṃyutta, III, p.26, *28* 等：愛欲と怒りと愚かさを滅して …（VI-9、脚注 31）

《VI-9、脚注 31：英訳書 p.163》

原始仏典の言葉。参照：Saṃyutta, III, p.26, *6*；26, *28*；IV, p.251, *19*；261, *19*；359, *11*；360, *5*；362, *7*；それぞれ若干の相違あり。

10）Saṃyutta, III, p.140, *16* 等：あたかも水中に生じた蓮華のように …（I-10・17 偈、脚注 55）（【訳注】ラモットの翻訳では、サンスクリット、チベットにはない漢訳の偈頌を加えているため 17 偈となっているが、サンスクリット、チベットでは 14 偈に当たる。）

《I-10、脚注 55：英訳書 p.14》

他の原始仏典にみられる類似表現。Aṅguttara, II, p.38~39; Saṃyutta, III, p.140:
seyyathāpi uppalaṃ vā padumaṃ vā puṇḍarīkaṃ vā udake jātaṃ udake saṃvaddhaṃ udakā accuggamma ṭhāti anupalittaṃ udakena.

大衆部（Mahāsāṃghika）および方広部（Vetullaka）はこの仏典を根拠に「出世説」（*lokottaravāda*）を展開している。参照：『大毘婆沙論』T1545、巻 44、大正 27・229*a*17~18；Kathāvatthu, p.560, *7*.

11）Saṃyutta, III, p.132, *26* 等：法の 3 つ（あるいは 4 つ）の要点：*sabbe saṅkhārā aniccā* …（一切行無常）（III-25、脚注 51；IV-10、脚注 15；X-18、脚注 24；XII-11、脚注 21）

《III-25、脚注 51：英訳書 p.63~64》

それがおおよそ完全に再生されているかどうかによって、諸法の特性、最終的には涅槃に関するこの（3 つあるいは 4 つの）要点が異なった名称で挙げられている。

1. 三相（*lakṣaṇa*）：Jātaka, I, p.48, *28*；275, *23*；III, p.377, *5*.

2. 三法印（*dharmamudrā*）：『蓮華面経』T386、巻 2、1077*a*23~24 および 26~27；『根本説一切有部毘那耶』T1442、巻 9、670*c*2~3；『大智度論』T1509、巻 22、222*b*；巻 26、253*c*13~14; 巻 32、297*c*23~24；『成実論』T1646、巻 1、243c17~18。

3. 四法要（*dharmoddāna*）：Sūtrālaṃkāra, p.17, *3*；55, *6*；73, *22*；Bodh. bhūmi, p.277, *5*；『維摩経』、XII-11。

4. 四法本末（*dharmapūrvāparānta*）：『増一阿含経』T125、巻 18、640b13~17。

以下に経文をいくつか挙げる。

①Saṃyutta, III, p.132, *26*；133, *1* および *31*；134, *3*：*sabbe saṅkhārā aniccā, sabbe dhammā anattā.*（一切行無常、一切法無我）

②Aṅguttara, I, p.286, *8, 14* および *20*：*sabbe saṅkhārā aniccā, sabbe saṅkhārā dukkhā, sabbe dhammā anattā.*（一切行無常、一切行是苦、一切法無我）

③『雑阿含経』T99、巻 10、66*b*14; 66*c*7 および 21;『大般涅槃経』T374、巻 13、443*a*2~3；『大毘婆沙論』T1545、巻 9、45a21 : *sarve saṃskārā anityāḥ, sarve dharmā anātmānaḥ, nirvanaṃ śāntam.*（一切行無常、一切法無我、涅槃寂滅）

④ Sūtrālaṃkāra, p.149, *1~3* : *sarvasaṃskārā anityāḥ, sarvasaṃskārā duḥkāḥ, sarvadharmā anātmānaḥ, śāntaṃ nirvāṇam.*（一切行無常、一切行是苦、一切法無我、寂滅涅槃）

⑤Bodh. bhūmi, p.277, *5~10* : *anityāḥ sarvasaṃskārāḥ, duḥkāḥ sarvasaṃskārāḥ, anātmānaḥ sarvadharmāḥ, śāntaṃ nirvāṇām.*（一切行無常、一切行是苦、一切法無我、寂滅涅槃）

（【訳註】IV-10、脚注 15（英訳書 p.120）; X-18、脚注 24（英訳書 p.232）; XII-11、脚注 21（英訳書 p.260）のいずれの注も、「無常・苦・無我・寂静」について述べている。）

12）Saṃyutta, III, p.142 : 肉体は泡の固まりのようなもので …（II-9、脚注 23）

《II-9、脚注 23 : 英訳書 p.34》

この一文とそれに続く段落には、たいがいは大乗経典によく使われる十の「譬喩」（*Upamāna*）から借りてきた喩えが繰り返されている。この十喩は龍樹の *Traité*, p.357~387 で詳しく説明されている。そこに挙げられたいくつかの例は容易に補完できるだろう（例えば、Suvikrānta, 干潟龍祥校訂, p.92 ; Mahāvyutpatti, No.2812~2828)。『維摩経』は III-35, X-9 など他の場所でもそれに触れており、特に VI-1 では 35 もの喩えが挙げられている。

これらの喩えの適切さが中国の人々の心を捉えた。詩人で書家の謝霊運（385~433 年）は当時の仏教論争に積極的に参加し、「維摩詰経中十譬喩讃八首」（参照 :『広弘明集』T2103、巻 15、大正 52・220*a*29~*c*1）を著わしている。しかしながら、この種の譬えは『維摩経』や他の大乗経典のオリジナルではない。その多くは原始仏典に遡ることができる。なかでも Saṃyutta, III, p.142 に明らかである。

pheṇapiṇḍūpamaṃ rūpaṃ vedanā bubbulupamā,	観色如聚沫　受如水上泡
marīcikūpamā saññā saṅkhārā kadalūpamā,	想如春時燄　諸行如芭蕉
māyūpamañca viññānaṃ dīpitādiccabandhunā.	諸識法如幻　日種姓尊説

他に、『雑阿含経』T99、巻 10、大正 2・69*a*18~20 ;『五陰譬喩経』T105、大正 2・501*b*18~20 ;『仏説水沫所漂経』T106、大正 2・502*a*26 ; Visuddhimagga, Warren 校訂, p.406, *7*; Cullaniddesa, p.279; Madh. vṛtti, p.41; Madh. avatāra, p.22; Śrāvakabhūmi, p.170 などを参照。

13）Saṃyutta, III, p.151, 152 : *Cittasaṃkilesā, bhikkhave ...*（心が汚れることによって比丘たち …）（III-34）（【訳注】これについては本書第 3 章、第 3 節、第 1 項の論述を参照。）

14) Saṃyutta, IV, p.172~174 等 : *Āsīvisa Sutta*(II-11、脚注 28 ; III-11 ; III-64、脚注 130)

《II-11、脚注 28 : 英訳書 p.37~38》

『維摩経』はさらに先で(III-11, 64)、これらの密接に結びついた譬えに戻ってくる。参照 :『仏説法集経』(T761) 巻 5 に「是故則成五陰中観、雖作此観而能不求捨離五陰。観界如毒蛇以修於行、而心不求捨十八界。観入如空聚落、以修於行」(大正 17・639*c*) とあり、これは『修習次第 初篇』(Bhāvanākrama I : G. Tucci 校訂, *Minor Buddhist Texts*, II, p.222, *12~16*) に引かれている : ***skandheṣu māyāvat pratyavekṣaṇā ..., dhātuṣv āśīviṣavat prtyavekṣaṇā ..., āyataneṣu śūnyagrāmavat pratyavekṣaṇā.*** (「観蘊如幻 ... 観界如毒蛇 ... 観處如空聚落」)。この ***āsīvisa*** (毒蛇) については、『大智度論』T1509、巻 2、大正 25・67*a*27 ; Aśvaghoṣa (馬鳴) の ***Sūtrālaṃkāra*** (E.Huber 訳、1908 ; p.153, 387) ;『雑譬喩経』T205、大正 4・503*a* も参照。

毒蛇等の 3 種の譬論は原始仏典を源泉とする寓話から引かれている。

1.『蛇論経』(*Āsīviṣopamasūtra*)、Saṃyutta, IV, p.172~175 (「南伝大蔵経」巻 15、p. 271 以下)。他に漢訳『雑阿含経』T99、巻 43、大正 2・313*b*~314*a* ;『増一阿含経』T125、巻 23、大正 2・669*c*~670*a*. ― 伝承によると、この経典はマドゥフヤーンティカ上座 (Sthavira Madhyāntika) によって龍王アラヴァーラ (Aravāla) とカシミール=ガンダーラ (Kaśmīra-Gandhāra) の人々に説かれた。8 万の聴衆が回心し、10 万の聴衆が出家したという (Samantapāsādikā, I, p.66;『善見律毘婆娑』T1462、巻 2、大正 24・685*b*; Mahāvaṃsa, XII, v.26)。

2.『大般涅槃経』T374、巻 23、大正 12・499*a*~*b* ;『大般涅槃経』T375、巻 21、大正 12・742*c*~743*a* (仏訳は *Traité*, p.705)。

3.『大智度論』T1509、12、大正 25・145*b* (仏訳は *Traité*, p.702~707)。

4.『注維摩詰経』T1775、巻 2、大正 38・342*b*22~*c* 6。

この譬論を要約すると以下のようになる。

ある男が罪を犯した。国王 (rājan) はその男に、中に 4 匹の毒蛇 (āśīviṣa) が入った 1 つの木箱 (karaṇḍaka) を渡し、その毒蛇を飼育するように命じた。男は恐ろしさのあまり逃げ出した。国王は 5 人の殺し屋 (vadhaka) に男を追わせた。そこに 6 人目の殺し屋が現われ、本心を隠して、国王の命に従うようにと勧めた。しかし、男は罠ではないかと疑って逃げ続け、やがて無人の村 (śūnyagrāma) に行き着いた。1 人の善人 (satpuruṣa) が男に 6 人の大悪賊 (mahācaura) が追って来るから、できるだけ早くこの村を離れるようにと警告した。男は逃亡を続け、大きな流れ (udakārṇava) に行き着いた。こちらの岸 (oratīra) は非常に険難であり、向こう岸 (pāratīra) はまったく安全であった。そこで男は自分で筏 (kaula) を編み、それに乗って手足を必死に動かし (hastaiś ca pādaiś ca vyāyāmaḥ)、なんとか流れを横切った (tīrṇa)。

国王は魔王 (Māra) を指し、木箱は人身 (*kāya*)、4 匹の毒蛇は人身を構成する四大 (*mahābhūta*)、5 人の殺し屋は五蘊 (*skandha*)、6 人目の殺し屋は喜貪 (*nandirāga*)、空っぽの村は六内処 (*ādhyāmikāyatana*; 眼耳鼻舌身意) を指す。また、逃げるように勧めた善人は善知識 (*śāstṛ*) であり、6 人の大悪賊は六外処 (*bāhyāyatana* : 色声香味触法）の喩えである。そして、水の流れは貪愛（*tṛṣṇā*）であり、欲（*kāma*）、有（*bhava*）、見（*dṛṣṭi*）、無明（*avidyā*）などによって大河となる。危険に満ちたこちらの岸は世間（*loka*）であり、滅するもの（*satkāya*）でできており、向こう岸は涅槃である。男が使った筏は八正道（*āryāṣṭāṅgamārga*）であり、手足を必死に動かすことは精進（*vīrya*）である。最後に男が渡りきったことは阿羅漢になったことを意味する。

15）Saṃyutta, IV, p. 174, *19*：*Tiṇṇo pāraṅgato ...*（彼岸に到る …）（I-10,16 偈、脚注 54）

《I-10、脚注 54：英訳書 p.14》

原始仏典からの借用は、『維摩経』がよく引いている『蛇喩経』（Āsīvisopamasutta）から取られていると思われる。例えば、Saṃyutta, IV, p.174, *19*；175, *23* に *tiṇṇo pāraṅgato ṭhale tiṭṭhati brāhmaṇo.*（彼岸に到り安住の婆羅門）とある。

ここで問題にされている「婆羅門」（brahman）とはいうまでもなく、実際に現世で涅槃を得た阿羅漢のことである。参照：Aṅguttara, II, p.6, *1*：*idha ekacco puggalo āsavānaṃ khayā anāsvaṃ cetovimuttiṃ paññāvimuttiṃ diṭṭh' eva dhamme sayaṃ abhiññā sacchikatvā upasampajja viharati ayaṃ vuccati puggalo tiṇṇo pāraṅgato ṭhale tiṭṭhati brāhmaṇo.*

16）Saṃyutta, V, p.422 等：苦は知られるべきであり …（V-3、脚注 2）

《V-3、脚注 2：英訳書 p.135》

四聖諦を要約した原始仏典の決まり文句。これに相当するサンスクリット文は、Madh. vṛtti, p.516, *17~18*；Āloka, p.381, *24*~382, *5*；Kośa, VI, p.248; Mahāvyutpatti, No.1316~1319 などにみられる。また、パーリ文は Vinaya, I, p.11; Saṃyutta, V, p.422 などにみられる：*idaṃ dukkhaṃ ariyasaccaṃ pariññeyyaṃ, idaṃ dukkhasamudayaṃ ariyasaccaṃ pahātabbaṃ, idaṃ dukkhanirodhaṃ ariyasaccaṃ sacchikātabbaṃ, idaṃ dukkhanirodhagāminī paṭipadā ariyasaccaṃ bhāvetabbaṃ.*

17）Aṅguttara, I, p.23~26：声聞弟子の優秀さについて。 ― すべての大乗経典と同様、『維摩経』は仏陀の特別の弟子を特徴づける特殊な性質を詳細に記述している。維摩は第 3 章で十大弟子をやり込めるが、それはまさに彼らのそれぞれの特質に対してである。

18）Aṅguttara, I, p.63, *6~8*：有学（*Śaikṣa*）と無学（*Aśaikṣa*）への尊敬（IX-3、脚注 5）

《IX-3、脚注 5：英訳書 p.206》

参照：Aṅguttara, I, p.63, *6~8*：*dve kho gahapati loke dakkhiṇeyyā sekho ca asekho ca. ime kho gahapati dve loke dakkhiṇeyyā ettha ca dānaṃ dātabbaṃ.* また、『中阿含経』T26、No.127、巻 30、大正 1・616*a*10~11；『雑阿含経』T99、No.992、巻 33、大正 2・258*c*14~15 も参照。

19）Aṅguttara, I, p.287：*Assakhaluṅka*（未調伏の馬）（IX-15、脚注 16）

《IX-15、脚注 16：英訳書 p.214》

パーリ経典では、*assakhaḷuṅka* は「じっとしていない、未調教の馬」の意味であり、*ājāniya*「サラブレッド」の反対である。参照：Aṅguttara, I, p.287; IV, p.397（『悪馬経』、「南伝大蔵経」巻 17、p.474 以下）。パーリの *khaḷuṅka* に対応するサンスクリットは *khaṭuṅka, khaṭuka, khaḍuṅka* である。参照：F. L. Woodward / E. M. Hare 合編の *Pāli Tripitakam Concordance*（London, 1952), I, p.293*a*, *assakhaluṅke* の解説; Edgerton, *Buddhist Hybrid Sanskrit Dictionary*, p.202*b*.

20) Dhammapada, v.11~12 : *Asāre sāramatino ...* （不真実を真実とみなし …）(III-62、脚注 124；III-72、脚注 142)（【訳注】脚注 142 には asāre sāramatayaḥ ... が挙げられ、III-62、脚注 124 を参照とある。）

《III-62、脚注 124：英訳書 p.101》

この節で引かれているのは、Dhammapada の有名な一節（I, v.11)。

Asāre sāramatino sāre cāsāradassino,

te sāraṃ nādhigacchanti micchāsankappagocarā,

不真実を真実とみなし、真実を不真実とみなす。

それは邪思惟であり、真実に到達できない。

逆説的に変更した表現が Sūtralaṃkāra, p.82, *20*；Saṃgraha, p.132, 225 および Abhidharmasamuccaya（P. Pradhan 校訂)、p.107, *5* にみられる。

21) Dhammapada, v. 92~93 : *Ākāse va sakuntānaṃ padam*（空を飛ぶ鳥の足跡）(VI-1、脚注 11)

《VI-1、脚注 11：英訳書 p.154》

既に Dhammapada の 92、93 節および Theragāthā の 92 節で使われている古い比喩: *ākāse va sakuntānaṃ padaṃ tassa durannayaṃ.* — Daśabhūmika, p.10, *17~18* も参照：*yathāntarīkṣe śakuneḥ padaṃ budhair vaktuṃ na śakyaṃ na ca darśanopagam.*

第2節 律 蔵

1) Vinaya, I, p.83, *37*（7 番目の *śikṣāpada*）：華鬘の使用の禁止（VI-8、脚注 27)

《VI-8、脚注 27：英訳書 p.161》

第 7 学処（*śikṣāpada*）は出家者が華鬘、香、その他の装飾品の使用を禁じている：*mālāgandhavilepanadhāraṇamaṇḍanavibhūsanaṭṭhāna* (Vinaya, I, p.83, *37*；Aṅguttara, I, p.212, *19*)

2) Vinaya, I, p.83, *12* 等：父母の同意なく子どもに戒を授けることの禁止（III-40、脚注 74)

《III-40、脚注 74：英訳書 p.79》

羅睺羅（Rāhula）は祖父浄飯王（Śuddhodana）の許しを得ずに、舎利弗（Śāriputra）

から戒を受けた。浄飯王はこれを極めて遺憾として、以後、聖者が父母の許可なしにその息子を自分たちの教団に入れることを認めないと規定するよう仏陀に懇願した。仏陀はその求めを承認した。参照：Vinaya, I, p.83,*12*；『彌沙塞部和醯五分律』T1421、巻17、大正 22・117*a*15；『摩訶僧祇律』T1425、巻 24、大正 22・421*b*10；『四分律』T1428、巻 34、大正 22・810*a*21；『根本説一切有部毘奈耶出家事』T1444、巻 3、大正 23・1035*b*4。

3) Vinaya, II, p.214, *12* 等（33 番目の *sekhiya*）：戸口から戸口へと乞食することの義務づけ（III-10、脚注 19）

《III-10、脚注 19：英訳書 p.50~51》

パーリ所伝リストの 4 番目の頭陀支（dhutaṅga）は「次第乞食」（*sapadānacārika*）である（Vinaya, V, p.131, *16*；193, *10*；Visuddhimagga, p.49, *12*)。これは Pāṭimokkha（波羅提木叉）の 33 番目の衆学法（*sekhiya*）に再び取り上げられている：*sapadānaṃ piṇḍapātaṃ bhuñjissāmi*（Vinaya, IV, p.191, *28*)。— また、Vinaya, II, p.214, *12*；Majjhima, I, p.30, *20*；II, p.7, *30*；Saṃyutta, III, p.238, *24* も参照。

パーリの *sapadānam*（次第）に相当する言葉。

a. サンスクリットでは *sāvadānam*（Mahāvastu, I, p.301, *9*；327, *8*；Karmavibhaṅga, p.21, *14*；Śikṣāsamuccaya, p.128, *8*；Mahāvyutpatti, No.8567）。

b. チベット訳では *ḥthar chags* または *mthar chags*。

c. 漢訳では「以次」または「次行」。

この言葉の語源は明らかではないとしても、意味は明らかである。*sapadānam* は「中断せず、家から家へと行く」（*avakhaṇḍanarahitaṃ anugharaṃ*：Visuddhimagga, p.49, *9~10*)、「一家から一家へと進む」（*kulā kulaṃ abhikamanto*：Cullaniddesa, p.267, *29*）「いかなる差別もせず順々に」（*tattha tattha odhiṃ akatvā anupaṭipātiyā*：Kaṅkhāvitaraṇī, p.150, *3*)。

要約すると、4 番目の頭陀支によると、乞食する比丘は家から家へと順々に、貧しい家も富んだ家も、一軒も飛ばさないでということである。

迦葉（Kāśyapa）はこの規則に従って家から家へ進んで行くが、貧しい人々のいる通りで乞食をする傾向がある。『維摩経』はここで、この偉大な弟子のよく知られた習慣を思い起こしている。

Udāna, p.29~30; Comm. of the Dhammapada, I, p.423~429: 7 日間の坐禅の後、迦葉尊者は王舎城（Rājagṛha）へ行こうと決めて、こう言った。「私は王舎城へ行って、順々に乞食しよう」（*Rājagahe sapadānaṃ piṇḍāya carissāmi*)。帝釈天（Śakra）の 500 人の天女と妻たちが尊者のために食べ物を用意して、尊者の通る路に出る。彼女たちは尊者に、自分たちの供養を受けるようにと頼む。迦葉は彼女たちを斥けて言う。「立ち去れ。私が供養を受けるのは貧しい人びとからである」（*gacchatha tumhe, ahaṃ duggatānaṃ saṃghaṃ karissāmi*）と。

『仏説摩訶迦葉度貧母経』（T497、大正 14・761*c* 8~11）：「是時摩訶迦葉独行教化、到王舎城。常行大哀（*mahākaruṇā*：大悲）福於衆生。捨諸富豪而従貧乞。摩訶迦葉時欲分衛（*piṇḍapāta*：乞食)。若其未行先三昧正受。何所貧人吾当福之」

第 3 節　蔵外経典

ここでいう蔵外経典とは、律蔵と阿含には入っていない仏陀の言葉（*vacana*）であり、小乗仏教では一般に信頼に値すると認められていないものである。

1） Rātridvayasūtra（Dīgha, III, p.135 等の原始仏典の常套句の変形で、大衆部（Mahāsaṃghika）やその他小乗部派によって作られたもの）：仏陀は一音をもって法を説く（I-10・12~13 偈、脚注 52）

《I-10、脚注 52：英訳書 p.12~13》

仏陀の教説に関する理解は時を経てかなり変化した。

1. 古代の仏教によると、釈迦牟尼は 45 年にわたる公的生活で法を説き、彼が語ったことはすべて真実である。これは一般的な説として認められており、『二夜経』（*dharma-rātridvayasūtra*）という題で、諸経典にしばしば引かれている。例えば、Dīgha, III, p.135; Aṅguttara, II, p.24 ; Itivuttaka, p.121;『中阿含経』 T26、巻 34、大正 1・645*b*18; Sumaṅgala, I, p.66;『大智度論』T1509、巻 1、大正 25・59*c*5~7 など。

yañ ca rattiṃ tathāgato anuttaraṃ sammāsambodhiṃ abhisambujjhati yañ ca rattiṃ anupādisesāya nibbānadhātuyā parinibbāyati, yaṃ etasmiṃ antare bhāsati lapati niddisati, sabbaṃ taṃ tath'eva hoti no aññathā.

2. 仏陀は言語の才能を具え、アーリア語（*āryā vāc*）すなわち国の中央地域の方言（*madhyadeśavāc*）で教えるだけでなく、粗野な言語（*dasyuvāc*）および南インドの辺地の俗語でも語られた。このことは、四天王の改宗の物語の中にみられる。例えば、『十誦律』T1435、巻 26、大正 23・193*a*; Vinaya of Mūlasarvāstivādins, *Gilgit Manuscripts*, III, 1, p.256~259;『出曜経』T212、巻 23、大正 4・734*b*;『大毘婆沙論』T1545、巻 79、大正 27・410*a*;『阿毘曇毘婆沙論』T1546、巻 41、大正 28・306*c*;『鞞婆沙論』T1547、巻 9、大正 28・482*c* など。

この説について、『大毘婆沙論』（T1545、巻 79、大正 27・410*b~c*）では以下のように解説している。

「復次世尊欲顕於語言皆能善解、故作是説、謂有（衆）生疑佛唯佛能作聖語説法、於余言音未必自在、為決彼疑、佛以種種言音説法 … 復次如来言音遍諸声境、随所欲後皆能作之、謂佛若作至那國語、勝在至那中華生者、乃至作搏喝羅語（Balkh）、勝在彼國中都生者。 … 復次佛語軽利速疾回転、雖種種語而謂一時、謂佛若作至那語、已無間復作礫迦(Śaka)語(Scythian)、乃至復作搏喝羅語、以速転故皆謂一時、如旋火輪非輪輪想」

3. 仏陀は一切法を一音で（*ekasvareṇa*）あるいは一刹那の発話で（*ekakṣaṇavāgudā-hāreṇa*）教えられた。そう主張されるまでにはたったの一歩でよかった。大衆部の本末各宗同義第四点（A. Bareau, *Les Sectes Bouddhiques du Petit Vehicule*, Saigon, 1955, p.58）;『大毘婆沙論』T1545、巻 79、大正 27・410*a*16;『大方広仏華厳経』T278、巻 60、大正 9・787*a*27;『大方広仏華厳経』T279、巻 80、大正 10・443*c*28; Bhadracarīpraṇidhāna, 第 30 頌（＝T293、巻 39、大正 10・843*b*11）;『大般涅槃経』T374、巻 10、大正 12・

423*c*10~14;『大般涅槃経』T375、巻 9、大正 12・665*a*2; Daśabhūmikasūtra, p.79, *27~29*。

『維摩経』はもっと後（X-9）で、仏陀が一切法の自性および特性を教えるには一音、一語、一音節だけで十分だ、といっているが、それはここで表明された見解である。

4. さらに徹底した決まり文句によると、小乗にも大乗にも、「仏陀は語らず」と主張する学者がいる。

大衆部の本末各宗同義第十二点（A. Bareau, *Sectes*, p.60）:「諸仏は決して一言も発しない。なぜなら、彼らは永遠に三昧（*samādhi*）に留まるから。しかし、衆生は諸仏が言葉を発したと思って、欣喜雀躍する」。

方広部（Vetullaka）の説（Kathāvatthu, p.560, *14*）: *na vattabbaṃ Buddhena Bhagavatā dhammo desito.* — 参照:『八十華厳経』T279、巻 52、大正 10・275*c*19。

龍樹の「無上讃頌」(Niraupamyastava) 第 7 頌 (Journal of Royal Asiatic Society, 1932, p.314): *nodāhṛtaṃ tvayā kiṃcid ekam apy akṣaraṃ vibho, kṛtsnaś ca vaineyajano dharmavarṣeṇa tarpitaḥ.*

『二夜経』の内容は次第に変更された。

Madh. vṛtti, p.366, 539 : *yāṃ ca, Śāntamate, rātriṃ tathāgato 'nuttarāṃ samyaksaṃbodhim abhisaṃbuddho yāṃ ca rātrim anupādāya parinirvāsyati, asminn antare tathāgatenaikākṣaram api nodāhṛtaṃ na pravyāhṛtaṃ nāpi pravyāhariṣyati.*

Pañjikā, p.419 : *yasyāṃ rātrau tathāgato 'bhisaṃbuddho yasyāṃ ca parinirvṛto 'trāntare tathāgatenaikam apy akṣaraṃ nodāhṛtam. tat kasya hetoḥ. nityaṃ samāhito bhagavān. ye cākṣarasvararutavaineyāḥ sattvās te tathāgatamukhād ūrṇākośād uṣṇīṣād dhvaniṃ niścarantaṃ śṛṇvanti.*

Laṅkāvatāra, p.142~143 : *yāṃ ca rātriṃ tathāgato 'bhisaṃbuddho yāṃ ca rātriṃ parinirvāsyati, atrāntara ekam apy akṣaraṃ tathāgatena nodāhṛtaṃ na pravyāhariṣyati. avacanaṃ buddhavacanam.* （【訳注】漢訳『楞伽経』の相当部分は大正 16・498*c*, 541*c*, 608*b*。）

『維摩経』はさらにこの後で次のようにいっている（X-9）。「清浄にして静寂な仏国土がある。そこでは沈黙（*avacana*）、無言（*anabhilāpa*）によって、なにも言わず、なにもしゃべらずに仏陀のはたらきがなされている。その静寂の故に、衆生は教化され自然に諸法の自性および特性に証入する」（【訳注】支謙訳「有以清浄無身、無得無言無取、而為衆人作仏事」（大正 14・533*b*20~21）。羅什訳「或有清浄佛土寂寞、無言無説、無示無識、無作無為、而作仏事」（大正 14・553*c*26~27）。玄奘訳「或有佛土清浄寂寞、無言無説、無訶無讃、無所推求、無有戯論、無表無示、所化有情因斯寂寞、自然証入諸法性相、而作仏事」（大正 14・582*a*20~23）。）

5. 最後に、仏陀の業、法の教説は単に言語によってあるいは言語の不在によってのみなされたのではなく、他の多くの手段によってなされた。それについて、『維摩経』（X-8）は詳細に説いている。釈迦牟尼についていうと、この娑婆世界では多様な口頭での法の説示（*dharmaparyāya*）を許しているようである（『維摩経』IX-15~16）。

結論として、筆者は上記の命題（一切語言説法・一音演説法・無言無説）が互いに排除し合うものではないと考える。諸仏は教化する衆生の必要や要求に応じて、あるときは説法によって、あるときはただ一音によって、あるときは沈黙によって、またあるときはさまざまな他の方法によって法を示した。諸仏はその時々の必要に応じてあれやこれやの手段を選んだというにすぎない。

2)『四依経』(Catuṣpratisaraṇasūtra)：法こそ避難所であり、人ではない …（XII-12）

原始仏典の教義を定型化したものであり、『四依経』は大乗・小乗の論書で承認され、採用されている。主なものに『倶舎論』、『大智度論』、『瑜伽師地論』がある。すべての大乗経典の中で最初に定型化したのはおそらく『維摩経』であろう。

《XII-12、脚注 23：英訳書 p.262~263》

Catuṣpratisaraṇasūtra（4 つの拠り所の経典）と題する蔵外経典からの引用。この経典には梵文、漢文、蔵文でいくつかの版があり、文章は出典によって若干異なる。

梵文テキストがみられるのは Kośa, IX, p.246；Kośavyākhyā（荻原雲來校訂）, p.704；Madh. vṛtti, p.43（Akṣayamatinirdeśasūtra からの引用で、『大方等大集経』T397、巻 29、大正 13・205*a*~*c*;『阿差末菩薩経』T403、巻 5、大正 13・603*c* の一部；Dharmasaṃgraha, §53；Mahāvyutpatti, No.1546~1549; Sūtrālaṃkāra, p.138; Bodh. bhūmi, p.256（Yogācārabhūmiśāstra からの引用で、『瑜伽師地論』T1579、巻 45、大正 30・539*a*；『菩薩善戒経』T1582、巻 6、大正 30・994b)。

漢文諸訳：『大方便報仏恩経』T156、巻 7、大正 3・163*c*29~164*a*2;『大般涅槃経』T374、巻 6、大正 12・401*b*~402*c*；『大般涅槃経』T375、巻 6、大正 12・642*a*~643*b*；『自在王菩薩経』T420、巻 1、大正 13・927*a*~*b*；『大智度論』T1509、巻 9、大正 25・125*a*~*b*。

「依止」(*pratisaraṇa*) の理論は既に原始仏典に萌芽がみられ、小乗学派の間で論議され、大乗経典ではしばしば用いられている。筆者はこの問題について『大智度論』の仏訳（Nāgārjuna, *Traité*, I, p.536~541)、および *La critique d'interprétation dans le bouddhisme*（Annuaire de l'Institut de Philologie et d'Histoire Orientales et Slaves, IX, 1949, p.341~361）の中で詳しく論じた。

筆者はここでは、*pratisaraṇa* に関する鳩摩羅什のすぐれた解釈(『注維摩詰経』T1775、巻 10、大正 38・417*a*10~25）を紹介するにとどめたい。(【訳注】『対訳 注維摩詰経』(大正大学綜合佛教叢書 第 5 巻)、p.694~695 を参照。)

仏が言われた。我が泥洹の後は、まさに四法に依止してもって大師とすべきである。それらは法（*dharma*）に依止することから成る。これら四法を避難所（*pratisaraṇa*）とし、信じて受け入れるべきである。

1. *Dharmaḥ pratisaraṇaṃ na pudgalaḥ*（法に依りて人に依らず）— *dharma*（法）とは経典の教えをいう。人は経典の教え（経法）に依るべきである、なぜなら人は人間的権威に依るべきではないからである。人（*pudgala*）に依ることは、法（*dharma*）に背を向けることである。

2. *dharma*（法）には 2 種ある。①*vyañjana* すなわち文字（言語）、②*artha* すなわち意味（義）。人は *vyañjana* に依るべきではない。

3. *artha*（義）には 2 種ある。①論証的な認識（*vijñāna*：識）によって知られる *artha*、②*jñāna*（智）によって知られる *artha*。*vijñāna* は欲望の 5 つの対象（*kāmaguṇa*）、すなわち錯誤なる虚像のみを求め、真の真実を求めない。*jñāna*（智）は真の真実を求めて、欲望の 5 つの対象を打ち壊す。それ故、人は *jñāna* によって知られる *artha* に依るべきであり、*vijñāna* によって知られる *artha* に依るべきではない。人が *jñāna* に依るのは、*jñāna* によって知られる *artha* を求めるためである。

4. *jñāna* によって知られる *artha* にまた 2 種ある。①*nītārtha*（意味が確定している：了義）の経典、②*anītārtha*（意味が不確定：未了義）の経典。

そこで、仏が「父母を殺して婆羅門に罪なし」（*mātaraṃ pitaraṃ hantvā, anīgho yāti brāhmano*）（Dhammapada, st.294; 参照：Abhidharmasamuccaya, P. Pradhan 校訂, p.107, *1~2*）と説くときは不了義経である。彼に罪がないかどうか明らかでないので、不了義である。

しかし、仏が説明して、「父は無明（*avidyā*）、母は渇愛（*tṛṣṇā*）。彼らは輪廻（Saṃsāra）の根本（*mūla*）であるが故に父母と呼ぶ。その根本を断ずれば、すなわち生死は尽きる。それ故、父母を殺すことは罪ではない」というなら、意味明瞭であって、それは了義経である。

また次に、もし仏が、「一切衆生の中で仏が第一、一切諸法の中で涅槃が第一」（*ye kecit sattvā buddhas teṣām agra ākhyātaḥ; ye kecid dharmā nirvāṇaṃ teṣām agram ākhyātam*）と説くとき（Itivuttaka, p.87; Aṅguttara, II, p.34; III, p.35; Divyāvadāna, p.155; Avadānaśataka, I, p.49~50; p.329~330）、この種の経典はみな *nītārtha*（了義）である。それ故、まさに了義経（*nītārthasūtra*）に依って、不了義経（*neyārthasūtra*）に依るべきではない。

3）『仏説犢子経』（T808：支謙訳）：阿難尊者（Ānanda）は舎衛城の婆羅門（Śrāvastin brahman）の家で牛乳を乞う。しかし、『維摩経』ではそれが毘舎離（Vaiśālī）の婆羅門となり、彼に会いに行く途中で、阿難が維摩に会うことになっている（III-42）。その結果、『犢子経』はこれらの新事実を挿入して改変され、Kṣīraprabhabuddhasūtra という長い経典ができた。これが竺法護（Dharmarakṣa）によって漢訳された（『仏説乳光仏経』T809）。

（【訳注】III-42、脚注 77（英訳書 p.80~81）において、ラモットは『維摩経』が言及しているエピソードは支謙訳の短いほうの『仏説犢子経』（T808）を用いており、『維摩経』は年代的には Vatsasūtra の短い版と長い版の間に位置するように思われるとコメントしている。）

4）Maitreyavyākaraṇa（弥勒授記）（【訳注】漢訳『仏説弥勒下生成仏経』には羅什訳（T454）と義浄訳（T455）がある。）：釈迦牟尼が弥勒に対して、仏陀となって彼の後を継ぐであろうと予言する。この予言は既に原始仏典の Nikāya の中にみられる（Dīgha, III, p.75~76 等）。しかし、それが大乗と小乗の双方からはっきり認められて、大量の弥勒文学を生み出すのはずっと後のことである（参照：É.Lamotte, *Histoire du bouddhisme indien*, p.777~783）。弥勒が出現するときに、4 つの無尽の宝（*akśayanidhāna*）が世に現われるという。これらの 4 つの宝物（四無尽蔵）については、梵文阿含経典や他の後代の文献、特に弥勒授記に関する数多くの文献中に記述がみられる。『維摩経』はこれらの 4 つの宝物に言及しているものの、それが維摩の家にあるといっているにすぎない（VI-13、脚注 34)。

《VI-13、脚注 34：英訳書 p.167~168》

「四大宝蔵」（*mahānidhi, mahānidhāna*）に関して仏教伝承に述べられているところをみると、四大宝蔵にはその守護神の名が付けられている。例えば、「四大王四大宝蔵」（*catvāro mahārājaś caturmahānidhiṣṭhāḥ*; Divyāvadāna, p.61, *1~2*）、または「龍王四宝蔵」（*catvāro nidhānādhipatayo nāgarājāno*; Mahāvastu, III, p.383, *20*）。

大半の文献によると、四大宝蔵は弥勒成仏下生のとき世に出現するという。他の資料（例えば下記④、⑤）によると、これらの宝蔵は既に存在しており、7年ごとの第7の月の第7日目に、その土地の住民たちが用いることができるという。

①四大宝蔵の所在地を示唆する偈文：

Piṅgalaś ca Kaliṅgeṣu, Mithilāyāṃ ca Pāṇḍukaḥ,
Elāpatraś ca Gāndhāre, Śaṅkho Vārāṇasīpure.

参照：Divyāvadāna, p.61, *3~4*；『根本説一切有部毘奈耶薬事』T1448、巻6、大正24·25*a*12~15；『仏説弥勒下生成仏経』T455、大正14·426*c*1~4。

【訳注】『根本説一切有部毘奈耶薬事』（T1448）巻6にみられる偈頌は以下の如し。

冰竭羅伏蔵従羯陵迦國来、般逐加大蔵従密絺羅國来、伊羅鉢羅蔵従犍陀羅國来
餉佉大蔵従婆羅痆斯城来（大正24·25*a*12~15）

②上の①で挙げた偈文とほぼ同じだが、冰竭羅（Piṅgala）の所在が羯陵迦（Kaliṅga）から須頼吒（Surāṣṭra）に変わっている。

参照：『増一阿含経』T125、巻44、大正2·788*a*14~18；巻49、大正2·818*c*6~18, 819·*a*16~17；『仏説弥勒下生経』T453、巻44、大正14·421*b*19~22；『仏説弥勒下生成仏経』T454、大正14·424*a*26~28；『仏説彌勒大成仏経』T456、大正14·430*a*10~13。

③上の①で挙げた偈文とほぼ同じだが、般逐加（Pāṇḍuka）の所在が摩偸羅（蔵文Bcom-brlag＝Mathurā）になっている。

参照：蔵文『弥勒下生成仏経』（S. Lévi 校訂本）、*Mélanges Linossier*, II, p.384, 24頌；N. Dutt 校訂本、*Gilgit Manuscripts*, IV, p.194, *13~16*。

④上の①で挙げた偈文とほぼ同じだが、般逐加（Pāṇḍuka, 半陵迦）の所在が毘提呵（Vidiśā）になっている。

参照：『優婆塞戒経』T1488、巻5、大正24·1063*a*。

⑤上の①で挙げた偈文とほぼ同じだが、伊羅鉢羅（Elāpatra）の所在が担叉始羅（Takṣaśilā）になっている。

参照：Mahāvastu, III, p.383, *18~19*: *catvāro mahānidhayo : Saṃkho Vārāṇasyāṃ, Mithilāyāṃ Padumo, Kaliṅgeṣu Piṃgalo, Takṣaśilāyāṃ Elapattro.*

⑥「此北方有國、城名石室（Takṣaśilā）… 彼有伊羅波多羅蔵（Elāpatra）… 。復有國名迦陵磔（Kaliṅga）、有城名密絺羅（Mithilā）… 彼有寶蔵名般籌（Pāṇḍuka）… 。復有、長者、鞞提師國（Vidiśā）城名須頼吒（Surāṣṭra）賓伽羅（Piṅgala）大寶蔵 … 。復有、長者、加尸國（Kāśī）波羅奈城（Vārāṇasī）、彼有蔵名蠰伽（Śaṅkha）…」参照：『阿那邸邠化七子経』T140、大正 2・862*b*4 以下。

⑦Elāpatra という名の龍によって守られている Gandhāra の金の宝、Pāṇḍuka という名の龍に守られている銀の宝、Piṅgala という名の龍に守られている Surāṣṭra の maṇi の宝、Vārāṇasī の vaiḍūrya の宝。 参照：『仏説弥勒来時経』T457、大正 14・434*c* 9~13。

⑧『中阿含経』T26、巻 14、大正 1・513*a*15 の「大天捺林経」(*Pūrvāparāntasūtra*) で所謂「四蔵」に簡単に触れている。(【訳注】該当個所に「便於水中擧四藏。出金藏錢藏作藏不作藏白曰。天王。隨意所欲金及錢寶恣其所用」とある。)

⑨玄奘『大唐西域記』(T2087) 巻 3 に Takṣaśilā 地方についての記述がみられる。

「呾叉始羅國（Takṣaśilā）… 國大都城周十余里 … 大城西北七十余里、有医羅鉢呾羅（Elāpatra）… 龍王池 … 龍池東南行三十余里、入両山間有窣堵波（stūpa）、無憂王（Aśoka）之所建地。高百余尺、是釈迦如来懸記、当来慈氏世尊出興之時、自然有四大寶蔵、即斯勝地」(大正 51・884*b*28 以下)。

考古学者たちはこのストゥーパを今日の Baotī Piṇḍ を見下ろす廃墟と同定している。

参照：Sir John Marshall, *Taxila*, I, Cambridge, 1951, p.348.

疑いもなく、これらの宝蔵はインド人の想像の産物にすぎなかった。ところが、中国人は「無尽の蔵」を流通させ始めたのである。『維摩経』VII-6 の 34 頌には以下のようにある。「慢心のある頑固な人々に対しては、尽きることのない宝庫ともなる。それらの人々に布施を施し、さらに彼らをさとりに向かって発心させる（羅什訳：諸有貧窮者、現作無尽蔵、因以勧導之、令発菩提心)」。

(【訳注】この偈頌のサンスクリットは『梵文維摩經』、p.82 に *daridrāṇāṃ ca satvānāṃ nidhānāṃ bhonti akṣayam / yeṣāṃ dānāni datvā hi bodhicittaṃ janeti te //* とある。)

《VII-6、脚注 42：英訳書 p.186》

この目立たない偈頌が中国仏教史上、非常に重要な役割を演じた。というのは、7 世紀において、三階教が「無尽蔵院」を正当化する根拠にしたのが、この偈文と『華厳経』（T278、巻 7、大正 9・437*c*12~13）の偈文だった。参照：J. Gernet, *Les aspects économiques du bouddhisme*(Saigon, 1956), p.210; K. K. S. Ch'en, *The Chinese Transformation of Buddhism*, Princeton, 1973, p.158~63, p.177~78.

最後に、『維摩経』は仏陀の物語集や説話集で倦むことなく繰り返されている偈文を自由に引いている。例えば、***na praṇaśyanti karmāṇi …*** ［行いは無くなることはない …］(I-10、4 偈、脚注 48) 等。

《I-10、脚注 48：英訳書 p.10》

これは pratītyasamutpāda（縁起）、anātman（無我）そして因果という古代の仏教の教えを要約したものである。以下の一節が想起される。

na praṇaśyanti karmāṇi kalpakoṭiśatair api,
sāmagrīṃ prāpya kālaṃ ca phalanti khalu dehinām.

参照：Divyāvadāna, p.54, *9*；131, *13*；141, *14*；191, *19*；282, *17*；311, *22*；504, *23*；582, *4*；584, *20*；Avadānaśataka, I, p.74, *7*；80, *13*；86, *6*；91, *11*; 100, *10*; 105, *1*.

第 4 節　大乗経典

『維摩経』と他の大乗経典の関係は非常に複雑で難しい問題である。なぜなら、年代の前後関係が不確定であるため、どちらが引いた側か、どちらが引かれた側かを判断できないからである。一仮説にすぎないが、現時点での要約を以下に示す。

1）インド文学史では「般若経」を大乗経典の発端と位置づけている。事実、支婁迦讖と共編者の竺佛朔とが西暦 179 年 11 月 24 日（東漢霊帝光和 2 年）に『八千頌般若』を訳出した ― 経題は『道行般若経』（T224）。そして西暦 3～4 世紀の中国大師、朱士行（203～282 年）、道安（313～385 年）、支道林（314～366 年）などは、『道行般若経』が「仏滅後」、外国（すなわちインド）の僧侶によって編纂された 90 巻の長大な「般若経」の要約版であると考えていた。これが長い版本のほうが短い版本に先行するという古代中国人の予断、偏見の問題ではないとすれば、これら古代の見解は「般若経」が極めて古いことを確認するものである。

我々の推定どおり、支謙訳『維摩経』（T474）の訳出年代が 222～229 年で、これが『維摩経』の最古の翻訳だとすると、『維摩経』は E. Conze が「原始般若経」と呼んだものよりは後のものであり、おそらくその影響を受けている。

本書第 3 章で既に、『維摩経』が「清浄心」をどのように理解していたか、すなわち、まさに「般若経」の「非心の心」の意味において理解していたことをみてきた。『維摩経』はさらに VIII-17 で、空の非存在に関する「般若経」の有名な決まり文句を自由に引いていると思われる（本書第 3 章第 2 節の命題 F 以下を参照）。

2）Mahāratnakūṭa（『大宝積経』）：漢訳（T 310）とチベット訳（OKC, No.760）があり、いずれも 49 部の経典を編集したものである。唐朝の菩提流支（Bodhiruci）すなわち達磨流支（Dharmaruci）が 8 世紀の初め（706～713 年）に 23 部の旧訳仏典をそのままの形で、それとは別の 15 部を若干改訂し、また 11 部を自ら翻訳してまとめたのが『大宝積経』である。改訂されなかった 23 部のうちには「密迹金剛力士会」（*Tathāgataguhyanirdeśa*、別称 *Tathāgataguhyaka*、T312 の『佛説如来不思議秘密大乗経』は同本異訳）があり、これは西晋の竺法護（Dharmarakṣa）により 280 年 11 月 16 日（西晋武帝泰康元年 10 月 8 日）に訳出された。

『維摩経』はこの経典に 2 度言及している。

①チベット訳：「（維摩は）すべての仏陀の秘奥にまで入り込んでおります」（IV-1、脚注 3）。

鳩摩羅什訳：「諸法秘蔵無不得入」（大正 14・544*a*29)。玄奘訳：「諸大菩薩及諸如来秘密之處悉能随入」（大正 14・567*b*29)。鳩摩羅什は『密迹金剛力士経』（*Guhyakasūtra*）に相当語句があると考えていた（IV-1、脚注 3)。②さらに、VI-13 で *Tathāgataguhyaka* に触れ、ここで問題は解決する。維摩の家に無量の如来がやって来て、「如来の秘密」（*Tathāgataguhyaka*）という法門を説くと言っているからである（VI-13、脚注 36)。

《IV-1、脚注 3：英訳書 p.114》

鳩摩羅什は『注維摩詰経』（T1775、巻 5 大正 38・371*a*7）で「如密迹経説身口是也」と述べている。

ここでいう『密迹経』とは『如来秘密経』（Tathāgataguhyaka）あるいは『如来不思議秘密経』（Tathāgatācintyaguhyanirdeśa）であり、3 種の訳本が現存する。

1. 西晋・竺法護が晋武帝泰康元年 10 月 8 日（280 年 11 月 16 日）に訳出。この年代は『歴代三宝紀』（T2034、巻 6、大正 49・62*a*19）の記述による。これは後に、8 世紀の初め（706〜713 年)、菩提流支（すなわち達磨流支）編集の『大宝積経』（T310、巻 8~14、大正 11・42~80）に収められた。

2. チベット訳：9 世紀初めに勝友（Jinamitra）等が訳出（OKC, No.760, 3)。

3. 11 世紀に趙宋の法護（Dharmarakṣa）が訳出（T312)。

『維摩経』が引いている「仏陀の秘密」に関する一文は『大宝積経』（T310、巻 10、大正 11・53*b*11）および『佛説如来不思議秘密大乗経』（T312、巻 6、大正 11・716*c*10）にみられる。

「如来秘要有三事、謂為三。一曰身密、二曰口密、三曰意密」。この後に非常に長くまた極めて興味深い展開がみられるが、その全体は『大智度論』（T1509、巻 10、大正 25・127*c*）に引用されている（参照：龍樹, *Traité*, p.560~561)。

この後、『維摩経』は再び Tathāgataguhyaka に触れるが（VI-13、脚注 36)、そこでは名前を挙げている。諸如来は維摩の家にやって来て Tathāgataguhyaka を説いていくといっている。

《VI-13、脚注 36：英訳書 p.168》

チベット語では、*de bźin gśegs paḥi gsaṅ ba źes bya baḥi chos kyi sgo* で、意味は「如来の秘密（*Tathāgataguhyaka*）という名の法門（*dharmamukha*）」である。支謙訳：「佛行無不悦懌」（大正 14・529*a*9~10)、鳩摩羅什訳：「佛秘要法蔵」（大正 14・548*b*17)、玄奘訳「如来秘要法門」（大正 14・574*b*13)。

これは明らかに Tathāgatācintyaguhyanirdeśa を指している。既に IV-1 で述べていたが、そこでは名前を出していなかった（参照：IV-1、脚注 3)。

また、『大宝積経』の第六会「不動如来会」（*Akṣobhyatathāgatasya vyūhaḥ*）（T310、巻 19~20、大正 11・101~112）は菩提流支が自身で翻訳している。しかし、同経にはそれ以前の旧訳があり、経題は『阿閦仏国経』（T313）である。魏（220〜265 年）の古い経録『歴代三宝紀』（T2034、巻 4、大正 49・52*c*23）および『開元釈経録』（T2154、巻 1、大正 55・478*c*5)、さらに朱士行の『漢録』に伝えられるところによると、『阿閦仏国経』は支婁迦讖が 147 年（東漢・桓帝建和元年）に訳出したことになっている。この説はおそらく誤りであろう。なぜなら、支婁迦讖が仏典翻訳家として最初に登場するのは 2 世紀の後半だからである。しかし、阿閦仏（Tathāgata Akṣobhya：不動如来）に関する経典が早期に漢訳された経典の一つであるという事実はなんら変わらない。

『維摩経』（XI-3~7）が阿閦仏とその妙喜（Abhirati）世界を重視しているのは、『阿閦仏国経』の影響によると考えてよいであろう。維摩は娑婆世界に出る前に阿閦仏の妙喜世界にいたという設定になっている。

3）ある特定の範疇を形成してはいないものの、相当数の大乗経典に名称結尾の共通点がみられる。例えば、*-nirdeśa*（表示、指針、教説）、*-vyūha*（荘厳、細説）、*-parivarta*（探究、婉曲的表現）、*-paripṛcchā*（請問、質問、疑問）など[1]。名称結尾で最もよくみられるのは *-dharmaparyāya*（法門、法の解説）あるいは *-dharmamukha*（法への門）である。

『維摩経』は自らを *sūtra*（経）、*nirdeśa*（説示）、*dharmaparyāya*（法門）、あるいは *parivarta*（探究）とみなしている（XII-1、脚注 1；XII-6、脚注 9；XII-23、脚注 42）。

《XII-1、脚注 1：英訳書 p.252》

チベット訳本では、経題を *Rnam par sprul ba bsam gyis mi khyab paḥi tshul la ḥjug pa rab tu bstan pa* = *Acintyavikurvaṇanayapraveśanirdeśa*（信じられない不思議の秩序［または法則］に入るための教え）としている。また、この後の XII-23 にはこの経題は再登場しない。

鳩摩羅什は「不可思議自在神通決定實相經典」（*Acintyavikurvaṇa[niyata]bhūtanaya-sūtra*）と訳しており、この先の XII-23 にこの経題は再登場しない。

玄奘は「不可思議自在神變解脱法門」（*Acintyavikurvaṇavimokṣadharmaparyāya*）と訳しており、これはこの後の XII-23 に再び現われる。

《XII-6、脚注 9：英訳書 p.255》

羅什訳は *Acintyavimokṣasūtra*、玄奘訳は *Acintyavikurvaṇavimokṣadharmaparyāya*。

《XII-23、脚注 42：英訳書 p.273》

大乗経典では、結尾で初めて経題を明かす。しかも経題が 1 つということは稀で、特定するのは難しい。『維摩経』の経題も訳本によって種々ある。

1. 支謙訳には 2 種：①「維摩詰所説」（Vimalakīrtinirdeśa） ②「不可思議法門」（Acintyadharmaparyāya）

2. 鳩摩羅什訳にも 2 種：①「維摩詰所説」（Vimalakīrtinirdeśa） ②「不可思議解脱法門」（Acintyavimokśadharmaparyāya）［これは XII-1 で与えられている経題「不可思議自在神通決定実相経典」（Acintyavikurvaṇa[niyata]bhūtanayasūtra）とかなり違っている。］

3. 玄奘訳にも 2 種：①「説無垢称」（Vimalakīrtinirdeśa） ②「不可思議自在神變解脱法門」（Acintyavikurvaṇavimokṣadharmaparyāya）［これは XII-1 および 6 で既に与えられている経題とまったく同じ。］

---

[1] 参照：J. Filliozat, *Inde classique*, II, Paris, 1953, p.367.

4. チベット訳には 3 種：①*Dri ma med par grags pas bstan pa*＝Vimalakīrtinirdeśa ②*Phrugs su sbyar ba snrel źi[ṅ] mṅon par bsgrub pa*＝Yamakavyatyastābhinirhāra ［これは XII-17 で既に与えられたものとほぼ同じだが、玄奘訳とは異なる。］ ③ *Bsam gyis mi khyab paḥi rnam par thar paḥi leḥu* ＝*Acintyavimokṣaparivarta*［これは XII-6 で既に与えられたものに非常に近い。すなわち、*Rnam par thar pa bsam gyis mi khyab pa bstan paḥi chos kyi rnam graṅs*＝Acintyavimokṣanirdeśo dharmaparyāyaḥ］

最後に、チベット訳の XII-1 で挙げられているもう一つの経題を忘れてはならない。すなわち *Rnam par sprul ba bsam gyis mi khyab paḥi tshul la ḥjug pa rab tu bstan pa* ＝*Acintyavikurvaṇanayapraveśanirdeśa*［この表現は玄奘訳のものと似ている。］

しかしながら、同じ用語が経典の一部を指したり、あるいは章を指したりする。例えば、『維摩経』の第 5 章の章題は *Acintyavimokṣanirdeśa*（不可思議解脱の教え）だが、第 10 章では、仏陀のあらゆる特性への *dharmamukha*（法門）といわれている（参照：X-11 の冒頭）。

最後に、『維摩経』は他の経典における解釈も示している。例えば、維摩は魔王の娘たちに無尽燈（*Akṣayapradīpa*）と名づけられた法門（*dharmamukha*）を学ぶように助言している（III-66、脚注 134）。しかし、筆者は残念ながらこの法門の出典を特定できない。一方、第 5 章「不可思議解脱の法門」の 18 節で、維摩が舎利弗の質問に答えて言う科白（「私はあなたが尋ねた問題に関して、その教えのほんのわずかを説いたにすぎない。もし詳しく説く（*nirdeśa*）ならば、一劫（kalpa）以上の時間を要するだろう」）については、是非はさておき、筆者は Avataṃsaka（華厳経）の教えを指しているのではないかと考えている。なぜなら、『華厳経』は別名『不可思議解脱経』（*Acintyavimokṣasūtra*）であり、その「原形」は膨大な数の偈頌（gāthā）から成っていたとされるからである（参照：V-10、脚注 11）。（【訳注】《V-10、脚注 11：英訳書 p.141-143》については、本書 p.21~22 を参照。）

《III-66、脚注 134：英訳書 p.105》

ここで維摩は *Akṣayapradīpa*（尽きることのない燈）と名づけられる経本（チベット語で「*chos kyi sgo*」; 中国語で「法門」）に言及する。筆者は三蔵の経典目録で調べたが、典拠を見出すことはできなかった。しかし、この短い引用から Ovid の連句、*Ars amatoria*, III, 90~93 を思い出す。

Quis vetet adposito lumen de lumine sumi?

Mille licet sumant, deperit inde nihil.

「尽きることのない燈」という譬喩については、H. Durt の *Hobogirinn*, IV, p.363 における「長命燈」に関する記述が参考になるだろう。

経典の編集年代からすると、『維摩経』が Avataṃsaka（華厳経）の影響を受けたとみてもなんら差し支えはない。なぜなら、その膨大な偈頌の一部が『維摩経』と同時期に漢訳されていたことは明らかだからである。『出三蔵記集』（T2145、巻 2、大正 55・6*b*20; 6*c*19）によると、167～186 年に活躍した支婁迦讖は『仏説兜沙経』（T280）を翻訳しており、また 223～253 年に活躍した支謙は『仏説菩薩本業経』(T 281) を翻訳している。さらに『歴代三宝紀』(T2034、巻 6、大正 49･63*b*5; 62*a*2; 62*c*10; 62*a*23; 62*a*18) によると、竺法護が Avataṃsaka から以下の 5 部の経典を翻訳している。

①T283『菩薩十住行道品』(*Bodhisattvadaśavyavasthāna*)

②T285『漸備一切智徳経』(*Daśabhūmika*) －『十住経』と同本異訳

③T288『等目菩薩所問三昧経』(*Samantanetrabodhisattvaparipṛcchāsamādhi*)

④T291『仏説如来興顕経』(*Tathāgatotpattisaṃbhavanirdeśa*)

⑤T292『度世品経』(*Lokottarasūtra*)

『維摩経』の翻訳も同じく支謙と竺法護によってなされていることを忘れてはなるまい。

4) 最後に、『維摩経』と Mahāsaṃnipāta (大集経) にも相当密接な関連があるが、どちらがどちらから借りたかを判断するのは不可能である。漢訳本『大集経』(T397) は 594 年 (隋文帝開皇 14 年) に、僧就により 17 部の経典が編集されて成ったものである。しかし、そのうちの何部かはそれより早い 2～3 世紀には既に訳出されていた。安世高 (在華期間 148～170 年) の翻訳とされるものを除いても、『歴代三宝紀』(T2034、巻 6、大正 49･62*b*3; 62*a*11; 62*a*25; 63*c*21) によると、竺法護は以下の 4 部を翻訳している。

①T399『宝女所問経』(*Mahāyānopadeśa*) : 287 年 5 月 26 日訳出

②T398『大哀経』(*Thathāgatamahākaruṇānirdeśa*) : 291 年訳出

③T403『阿差末菩薩経』(*Akṣayamatinirdeśa*) : 308 年 1 月 10 日訳出

④T401『仏説無言童子経』: 訳出年不詳

しかしながら、維摩とその家族を中心とした経典 7 部 (T474～480) を別にすると、『大集経』は維摩に重要な役割を与えている数少ない大乗経典の一つといえる。参照 : T397、巻 31、大正 13･217*a*25~26; 巻 35、大正 13･240*c*17~21; 巻 48、大正 13･312*b*17、312*c*25。

『維摩経』に登場する天女たちの回心 (III-62~67) と、『大集経』の第 9 章「宝幢分」(『宝星陀羅尼経』T402 は同本異訳) の冒頭に出てくる魔王の敗北の話は非常によく似ている。これは梵文 (N. Dutt, *Gilgit Manuscripts*, IV, p.1~82) にも漢訳 (T397、巻 19、大正 13･129~137) にも入っている。

結論として、『維摩経』は最古層の「般若経」、『大宝積経』、『華厳経』および『大集経』と密接な関連があり、それら経典と同一の哲学的神秘思想 (philosophico-mystical movement) に属するものである。この思想が後代どのように発展し、「方広経」という包括的な名で知られる一大経集のなかで全盛を極めたかについては周知のとおりである。

第5章 『維摩経』の年代

『維摩経』に記述されている出来事はすべて釈迦牟尼仏陀の時代、紀元前 6～5 世紀に起こったことになっている。しかし、これは古い仏教伝承に基づく文学的虚構にすぎない。

第1節 仏教の伝承

この問題については他でも論じているので[1]、ここでは要点を挙げるにとどめたい。

釈迦牟尼仏陀は成覚の後すぐ、ヴァーラーナシー（Vārāṇasī）の鹿野苑に行き、初めて法輪を転じた（初転法輪）。彼は直弟子である声聞たち（Śrāvaka）に 4 つの聖なる真実（四聖諦）と三蔵（*tripiṭaka*）を教えた。それから数年後、釈迦牟尼は第 2 ないし第 3 の転法輪において、シュラーヴァスティー（Śrāvastī）あるいはヴァイシャーリー（Vaiśālī）の声聞や菩薩の選りすぐりの集会に対し大乗仏教を開示し、無数の方広経（Vaipulyasūtra）を説いた。一般に、声聞たちは大乗の教えを理解する能力がなく、この教えにまったく反応できず、神々がこの教えに注目したとされる。

仏陀の入滅後、声聞たちはマハーカーシャパ（大迦葉）の指導のもとで、ラージャグリハ（王舎城）に集まり、そこで小乗の経典、すなわち三蔵を誦出した。これと時を同じくして、偉大な菩薩たちがヴィマラスヴァバーヴァ山（Vimalasvabhāva）に集い、アーナンダ（阿難）を中心に大乗経典を編集した。

人々に直接説かれたのは小乗の三蔵だけで、大乗経典は大菩薩たちが保管するように委託され、デーヴァ（天神）・ナーガ（龍神）・ガンダルヴァ（乾闥婆）たちの秘密の場所に保存された。「般若経」（Prajñāpāramitā）や『華厳経』（Avataṃsaka）などの大乗経典のほとんどに 3 種類の版本が存在した。無数の偈頌（*gāthā*）から成る極めて長いもの、およそ 50 万頌から成る中程度の長さのもの、約 10 万頌の短いものの 3 種である。

仏陀の入滅から 500 年経って、正法が次第に衰え、仏陀のなされた業が消滅の危機に陥ったとき、大乗経典が世に広まり始めた。龍樹菩薩が龍の宮殿で、大乗経典が詰まった 7 つの宝の箱を発見したのである。90 日間、龍樹菩薩はそれら経典を読誦し、10 万頌の短い経典を記憶した。後に世親菩薩がこの偉業を再現することになった。

龍樹および彼に匹敵する能力のある人々が大乗経典を宣説した。しかし、能力が劣った聞き手に合うように、彼らは 10 万頌の経典を要約あるいは短縮した。それ故、179 年（東漢霊帝光和 2 年）に支婁迦讖によって中国で初めて訳出された「般若経」は 8 千頌の『道行般若経』（T224）、次が 286 年（西晋武帝泰康 7 年）に竺法護によって訳出された『光讃経』（T222）で 2 万 5 千頌である。漢訳『華厳経』は、418～420 年に佛陀跋多羅が訳出したものは 3 万 6 千頌（いわゆる晋訳『六十巻華厳』T278）、695～699 年に實叉難陀

---

[1] *Sur la formation du Mahāyāna*, Asiatica (Festchrift F. Weller), Leipzig, 1954, p.381~386; *Mañjuśrī*, T'oung Pao, XLVIII, 1960, p.40~46, 61~73.

が訳出したものは4万頌（いわゆる唐訳『八十巻華厳』T 279）である。しかしながら、インドの闍那崛多（Jinagupta）がもたらした情報によると（道宣の『続高僧伝』巻2、「闍那崛多伝」）、およそ560年頃、コータン（Khotan）、正確にはカーガリク（Karghalik）に、12部の大乗経典集があり、それぞれが10万頌から成るものだったという。

「于闐（Khotan）東南二千餘里有遮拘迦國（Karghalik、すなわち『後漢書』および『佛国記』にいう子合國）、彼王純信敬重大乘、宮中自有摩訶般若、大集、華嚴三部 … 此國東南可二十餘里、山甚嚴險、有深淨窟、置大集、華嚴、方等、寶積、楞伽、方廣、舍利弗、花聚、二陀羅尼、都薩羅藏、摩訶般若、八部般若、大雲經等凡十二部、減十萬偈」（『続高僧伝』T2060、巻2、大正50・434*b*15以下）

インドの伝承の唯一の目的は、時間の経過とともに発展してきた大乗経典も小乗の三蔵と同様に古いもので、釈迦牟尼在世の時代まで遡れることを示すことである。歴史的にいうなら、この伝承には価値がなく、大乗経典一般あるいは『維摩経』の年代についてなんら正確な情報を提供するものではない。我々はやはり伝統的な推測に従って、大乗経典が世に広められるようになったのは、釈迦牟尼の入滅後わずか500年のことと考えなければならない。

第2節 『維摩経』の成立年代

より正確な資料がないため、『維摩経』の「成立年代」は最古の漢訳『維摩経』の年代から推測するほかない。本序論の第1章でみた中国の経典目録によると、『維摩経』の最古の漢訳は厳佛調（188年）、次いで支謙（222～229年）となっているが、この説を鵜呑みにするわけにはいかない。

厳佛調（浮調または弗調とも称す）[2]に関しては紀元3世紀からの資料があり、僧祐の『出三蔵記集』（T2145）に以下の如く記されている。

1. 巻10（大正55・69*c*~70*a*）: 厳阿闍梨（ācārya）の『沙彌十慧章句』（沙弥（śrāmaṇera）向けに10種の智慧を解説するもの）に対する自序。（【訳注】「有菩薩者、出自安息、字世高、韜弘稽古摩經不綜、愍俗童矇示以橋梁、於是漢邦數宣佛法」とある。）書名は必ずしも正確ではないが、新学の沙弥に対する10種の学処（*śikśāpada*）を説明した書のようである（参照：Vinaya, I, p.83~84; Aṅguttara, I, p.211）。この序文において、厳佛調はパルティア（Parthia：安息国）出身の安世高を「漢の地に仏法を伝えた人」と称賛している。

2. 巻7（大正55・50*a*6~8）: 漢文「法句経序」は紀元3世紀初めのものとされるが、作者不詳である。そこには「かつて藍調は安息国の侯爵・世高、指揮官・安玄と厳仏調は胡（サンスクリット）を漢の言語（中国語）に翻訳し、（真の）方法を見出した。彼らは無類

---

2 嚴佛調についての参考文献 — H. Maspero, *Communautés et moines bouddhistes chinois aux IIe et IIIe siècles*, BEFEO, X, 1910, p.228~229; P. Pelliot, T'oung Pao, XIX, 1920, p.344~345, 注64; E.Zürcher, *The Buddhist Conquest of China*, Leiden, 1959, p.34［日本語訳：『仏教の中国伝来』、田中純男ほか訳、せりか書房、1995年］; R. Shih, *Biographies des Moines éminents* de Houei-kiao (Bibliothèque du Muséon, 54), Louvain, 1968, p.17.

の翻訳家であった」と記されている。やがて、厳佛調は紀元2世紀後半に洛陽・白馬寺に名声をもたらした訳経家の一人となった。

3. 巻6（大正55·46*c*3）：『法鏡経』Ugradattaparipṛcchā（T322：OKC 760, No.19）に対する康僧会（247年、すなわち呉大帝・孫権の黄武6年に南京に入る）の序文に『寶積經』の一部がみられる。それによると、「騎都尉安玄および臨淮（現在の安徽省安徽地方）の厳浮調、その二人の賢者は『法鏡経』を翻訳した。玄が訳文を口述し、厳がそれを筆受した」（46c2~6）。（【訳注】「騎都尉安玄、臨淮厳浮調、斯二賢者、年在束齔弘志聖業、鉤深致遠窮神達幽。愍世矇惑不睹大雅、竭思譯傳斯經景摸、都尉口陳、嚴調筆受」とある。）

4. 巻13（大正55·96*a*）：作者不詳の「安玄伝」が収録されている。それによると、「安玄と沙門厳佛調が『法鏡経』を共訳した（96*a*14）。また、厳佛調は『十慧』を撰した（96*a*19）。安世高を加えた三人は無類の翻訳家である（96*a*18）」。（【訳注】「玄與沙門嚴佛調、共出法鏡經。玄口譯梵文、佛調筆受、理得音正……佛調、臨淮人也、綺年穎悟、敏而好學、信慧自然、遂出家修道。通譯經典見重於時、世稱安候（安世高）、都尉、佛調、三人傳譯號爲難繼、佛調又撰［十慧］、並傳於世」とある。）

以上の記述に関して、僧祐が『出三蔵記集』（T2145）の中で厳佛調の作として認めているのは2つだけである。すなわち、『法鏡経』の翻訳と『沙彌十慧章句』の撰である（巻2、大正55·6*c*3~4）。

519～544年の編成とされる慧皎の『高僧伝』（T2059、巻1、大正50·324*c*）では、［厳佛調の伝記に関しては］『出三蔵記集』の記述がほとんどそのまま、繰り返されている。

594年に法経等により編成された『衆経目録』（T2146、巻1、大正55·119*a*）においては、『法鏡経』は安玄と厳佛調により翻訳されたとなっている。また、この目録では『維摩経』に4種の訳本があると記述しているが、その中に厳佛調訳は入っていない。

さらに、厳佛調による『維摩経』の翻訳があることは、6世紀末まで中国ではまったく知られていなかった。初めて厳佛調訳『維摩経』に触れたのは費長房編『歴代三宝紀』（T2034、大正49·54*a*14）であり、それ以後の経典目録にもそのまま取り上げられている[3]。『開元釈教録』（T2154、巻1、大正55·438*a*19~20）では、［厳佛調の『維摩経』翻訳の年代を］東漢霊帝の中平5年（188年）としている。

『維摩経』の最古の漢訳は厳佛調であるとするこれら7～8世紀の経典目録は、根拠として2つの古い目録を挙げている。すなわち『古録』と『朱士行漢録』であるが、いずれも6世紀に散佚している。しかしながら、伝承によると[4]、『古録』は秦の始皇帝在位時（紀元前221～208年）のものとされる。紀元前3世紀の目録に紀元2世紀の厳佛調の作品が収録されるなど、あり得ないことである。

さらに、支敏度が290～307年［晋・惠帝在位時］に当時存在した『維摩経』の諸本を合編して『合維摩詰経』[5]を作っているが、厳佛調訳は用いられていない。もし、厳佛調訳が存在したとしたら、少なくとも序文でその名を挙げているだろう。現存する支敏度作の

---

3 本書 p.4を参照。
4 本書 p.5を参照。
5 本書 p.8を参照。

「合維摩詰経序」にはなんらの記述もない。

以上のことから、次のような結論が得られよう。すなわち、厳佛調による「古訳本維摩経」は実在しなかった。しかし、7世紀の中国の学者たちは222〜229年の支謙訳『維摩経』が最古のものとはみなさなかった。彼らは支謙訳と原本との間に時間的な隔たりがあり過ぎると考えたのだ。

支謙訳『維摩経』はよく知られており、大正蔵経に収められている(T474)。その信憑性に疑いの余地はない。支敏度の『合維摩詰経』(290〜307年)の底本にも用いられている。中国の経典目録はいずれも、支謙は呉大帝黄武年間(222〜229年)に本経を訳出したとしている。ただ、筆者には理解し難い誤りによって、『出三蔵記集』(T2145、大正55・6c14)はこの翻訳は散佚したと記述している。

『維摩経』原本の成立年代(*terminus ad quem*)は、この中国初訳の時期222〜229年を基に推算できよう。

*

しかしながら、この222年頃には、『維摩経』は既に権威を認められていた。当時、インドでは大乗中観派すなわち空宗(Śūnyavādin)が形成されつつあり、中観派の大師龍樹による445頌から成る『根本中頌』(Mūlamadhyamakakārikā, Madhyamakaśāstra)、26頌の『十二門論』(Dvādaśamukhaśāstra)、『十住毘婆沙論』(Daśabhūmikavibhāṣa)、その他の作品が相前後して世に出た。また、龍樹の直弟子である提婆(Āryadeva)による有名な『百論』(Śatakaśāstra)および『四百論』(Catuḥśataka)[6]が出ようとしていた。

確かにこれら作品の偈頌に『維摩経』が名を挙げて引用されてはいないが、偈頌は簡明さを身上とするため出典を記す余地がなかったと考えられる。代わって『大智度論』(Mahāprajñāpāramitopadeśa, 略称Upadeśa)は、中観仏教の百科全書ともいうべき大部のものだが、『維摩経』を数回にわたって引用している[7]。『大智度論』を402〜404年に漢訳した鳩摩羅什は、これを龍樹の作品とした。しかし、干潟龍祥は『大智度論』のいくつかの段落を挙げて、翻訳者である鳩摩羅什あるいはインド以外の著者の手に成る可能性があるとしている[8]。また、P. Demiévilleによると、『大智度論』を龍樹作とするのは、4世紀にカシミールに流行していた伝説に基づくとして、「実際、『大智度論』はカシミールあるいは北西インドにおいてある一人の著者によって、あるいはまた、こちらのほうが可能性が高いが、複数の著者によって編集された作品である。それら著者は依然として小乗仏教の伝承に浸っていた」と述べている[9]。

これらの中観派の作品はいずれも5世紀初めに鳩摩羅什によって漢訳された[10]。その頃

---

6 J. May, *Candrakīrti Prasannapadā*, Paris, 1959, p.22~45に中観思想についての参考文献に関する詳細な資料が掲載されている。また、龍樹の『十二門論』(Dvādaśamukhaśāstra)はN.A.Sastriにより梵文に還元されて、Visva-Bharati Annals, VI, 1954, p.165~231に収められている。

7 本書 p.90~91を参照。

8 干潟龍昇, *Suvikrāntavikrāmin Paripṛcchā Prajñāpāramitāsūtra*(『善勇猛般若波羅蜜經』), 九州大学, 1958, Introduction, p.LII以下.

9 P.Demiévilleの*Inde Classique*, II, Paris, 1953, p.443における説明を参照。

10 中国の経典目録によると、鳩摩羅什は404年に提婆(Āryadeva)所造、婆藪(Vasu)開士(bodhisattva)

には、龍樹とその論敵は、空想的な『龍樹菩薩伝』(T2047) にみられるように既に伝説になっていた。この『龍樹菩薩伝』は誤って羅什の作品とされたが、その中には信じ難い冒険をする龍樹も描かれ、彼は 300 年以上生きたことになっている。この数字は後の伝記では 2 倍にまで延長された[11]。

こうしたことがあっても、「中観派は 3 世紀に成立し、哲学上の基本的な立場を形成した」「龍樹という名が中観派と関連があることは間違いなく、たとえ創立者ではないとしても、最も傑出した代表的存在であった」という事実は変わらない。

ここで論じていることに関する年代学的研究では、たとえおおまかでも、龍樹の生存年代を知ることが重要である。多くの先行研究を要約して、M. Winternitz は、"An dieser Legende dürfte wohl so viel richtig sein, dass Nāgārjuna ebenso wie der etwas ältere Aśvaghoṣa – Nāgārjuna lebte wahrscheinlich gegen Ende des 2. Jahrhunderts n. Chr. – ursprünglich Brahmane war" [この伝説はほぼ正しいと思われ、龍樹は馬鳴とほぼ同じ頃、すなわち 2 世紀後半に生存し、最初はバラモンだった] と推論している[12]。これが一般に認められている年代である。しかしながら、S. Lévi[13] と D. R. Shackleton Bailey[14] は、カニシカ王 (Kaniṣka)、シャータヴァーハナ王 (Śātavāhana)、ナハパーナ (Nahapāna) と龍樹に関係する伝説に注目し、龍樹の出生を 1 世紀としている。D. R. Shackleton Bailey は以下の年代を提案している。

A.D. 70 : 龍樹 (Nāgārjuna) 出生
A.D. 90 : 提婆 (Āryadeva) 出生
A.D. 105 : マートリチェータ (Mātṛceṭa) 出生
A.D. 128 : カニシカ王 1 世即位 － 龍樹の『龍樹菩薩観誡王頌』(*Suhṛllekha*)
A.D. 145 : マートリチェータの [仏教への] 改宗
A.D. 170 : マートリチェータのカニシカ王 2 世への文書

しかし、このように哲学者と君主を関連づけるのはほとんど意味がない。なぜなら、自分たちの偉人を高名な君主と結びつけようというのは仏教徒がよくやることだからである。例えば、モッガリプッタティッサ (Moggaliputtatissa) およびウパグプタ (Upagupta) とアショーカ王 (Aśoka)、また馬鳴 (Aśvaghoṣa)、龍樹、パールシュヴァ (Pārśva)、サンガラクシャ (Saṃgharakṣa) 等とカニシカ王、などである。仏教徒がカニシカ王を仏教擁護者としたのも同じ精神の現われであり、それはアショーカ王の場合の模倣にすぎない。

望月信亨の『仏教大年表』(p.78) では、中国所伝の種々の資料の分析に基づき、龍樹の出生年代を仏陀入滅後 200 年、300 年、500 年、530 年、600 年、700 年、あるいは 800 年としている。こうした相違が生じる一因は、仏陀入滅の年代が中国の学者またインド、

注解の『百論』(T1569) を訳出した。また 404~405 年に龍樹の『大智度論』(T1509)、409 年に龍樹の『十二門論』(T 1568) および龍樹造・青目 (Piṅgala) 注釈の『中論』(T1564) を、さらにその後、龍樹の『十住毘婆沙論』(T1521) を翻訳した。

11 É. Lamotte による仏訳『大智度論』(*Le Traité de la grande vertu de sagesse*), Vol.I, (Louvain, 1944), p.XI~XIV の龍樹の伝記を参照。また、同書 Vol. III (Louvain, 1970), p.LI~LV の Introduction を参照。

12 *Geschichte der Indischen Litteratur*, II, Leipzig, 1920, p.253.

13 *Kaniṣka et Śātavāhana* [, Journal Asiatique, 1936, p.61~121.

14 *The Śatapañcāśataka of Mātṛceṭa*, Cambridge, 1951, p.9.

中央アジアからの伝承者たちの間で確定していないことである[15]。

このように複雑な問題をわずかな紙幅で扱うつもりはまったくない。ここでは、鳩摩羅什と彼の弟子たち、並びに当時の学者たちが龍樹の年代について伝えているところを指摘するにとどめたい。

道宣（596～667年）が『広弘明集』（T2103、巻8、大正52･142a18~20）に収録している道安[16]の『二教論』の注記（568年）に、以下のように記されている。

「又依什法師年紀及石柱銘、並與春秋符同。如来周桓王五年（4年に訂正）歳次乙丑生（716B.C.)。桓王二十三年（22年に訂正）歳次癸未（698B.C.）出家。莊王十年（687B.C.）歳在甲午成佛。襄王十五年（637B.C.）歳在甲申滅度。至今（A.D.568）一千二百五年」

この一節が事実なら ― それを証明するのは不可能だが ― 6世紀の初めまで中国で通用していた誤った年代に鳩摩羅什が訂正を加えたことになる。その結果、釈迦牟尼の生誕（成道ではない）の日は周荘王10年（紀元前687年）第4の月の第8日となる[17]。

先に引用した道安の所伝によると、鳩摩羅什は釈迦牟尼の入滅を紀元前637年としている。このことから、中観派の年代について、鳩摩羅什と彼の弟子たち並びに同時代の学者たちが4、5世紀に考えていたことがわかる。なぜなら、彼らは仏陀入滅の年を基準に馬鳴、龍樹、提婆そして訶黎跋摩（Harivarman）の年代を推算しているからである。

姚秦弘始8年(408年)[18]、鳩摩羅什は訶黎跋摩の『成実論』（T1646）を翻訳し、弟子の僧叡に注釈書を作るよう命じた。鳩摩羅什が413年あるいは409年（こちらが正しい可能性大）に死して後、僧叡は羅什の最後の教えを書き著わし、また「成実論序」を撰した。吉蔵（549～623年）はこの序文の一部を『百論疏』（T1827）、『中観論疏』（T1824）、および『三論玄義』（T1852）に引用している。

『百論疏』（T1827、1巻、大正42･233*a*8~14）:
叡師成実論序是什師去世後作之、述什師語云：佛滅後三百五十年馬鳴出世、五百三十年龍樹出世。又云：馬鳴與正法之末、龍樹起像法之初[19]。… 肇、叡並云：提婆出八百餘年。

『中観論疏』（T1824、1巻、大正42･18*b*23~26）:
問：龍樹於像法中何時出耶。
答：叡師成実論序述羅什語云：馬鳴是三百五十年出、龍樹是五百三十年出。

『三論玄義』（T1852、大正45･3*c*10~14）:
昔羅什法師翻『成実論』竟、命僧叡講之。什師没後、叡公録其遺言、製論序云：『成実論』者、佛滅度後八百九十年、罽賓（Kaśmīr）小乗學者之匠鳩摩羅陀（Kumarāta）上足弟子

---

15 参照：A. Bareau, *La date du Nirvāṇa*, Journal Asiatique, 1953, p.46~47.
16 この道安は紀元4世紀の著名な道安とはまったく関係がない。
17 参照：E. Zürcher、前出書、p.271~272.
18 『歴代三宝紀』（T2034, 巻8, 78*c*22）による。『開元釋教録』（T2154, 巻4, 513*a*18）によると、『成実論』の翻訳は弘始13年9月8日（411年10月11日）に始められ、弘始14年9月15日（412年11月4日）に終わっている。『歴代三宝紀』の説では、鳩摩羅什は409年に没したと推測される。
19 正法（*saddharma*）と像法（*pratirūpaka*）の持続期間については、筆者の *Histoire*, p.211~217を参照。

訶梨跋摩（Harivarman）之所造也。

これらの記録はいくつかの異なった情報を提供しており混乱させられるが、以下の2つの解釈が可能である。

（a）馬鳴と龍樹は仏滅後それぞれ350年、530年に出生した。上記の鳩摩羅什の年代推算によると、仏滅は紀元前637年である。したがって、馬鳴の出生は637−350＝287年（紀元前）、龍樹は637−530＝107年（紀元前）となる。

（b）馬鳴は紀元前287年、すなわち仏滅後350年に出生、龍樹は馬鳴後530年の出生である[20]。したがって仏滅後350＋530＝880年で、龍樹の出生は紀元243年となる。

鳩摩羅什とその弟子の僧肇、僧叡、および同時代の慧遠が採用したのは明らかに上記(b)説である。

羅什は『提婆菩薩伝』（T2048、大正50･186*c*8~187*a*18）では、龍樹を提婆の師であり、年長であるとしている。この説は深く信じられ、何世紀にもわたって言い伝えられた[21]。

羅什の弟子たち並びに同時代の学者たちは一様に、提婆の出生を仏滅後「800余年」としている。

（a）鳩摩羅什の弟子、僧肇は401年に羅什とともに長安に入り羅什が没する414年までそこで仕事をした。羅什の筆記を基に有名な『注維摩詰経』（T1775）を完成させ、他に羅什訳の『百論』（T1569）への序文などを撰した。その序文で僧肇は次のように云っている。「仏涅槃後八百余年、出家（*pravrajita*）大士あり、名を提婆（Āryadeva）という」（『百論』T1569、大正30・167*c*15~16；『出三蔵記集』T2145、巻11、大正55･77*b*12~13）。

（b）同じく羅什の弟子である僧叡も同様の見解を示していることは、既に述べたとおりである。

最後に、羅什と緊密な関係にあった廬山の慧遠（334～417年）は『出三蔵記集』の序文で次のように述べている。「大乗の高名な学者あり、名を龍樹という、天竺に生まれ、梵種の出自なり… 彼、仏滅後九百年で生を受く（接九百年之運）」（『出三蔵記集』T2145、巻10、大正55･75*b*27~29）。

以上のことから、鳩摩羅什とその門人たちは「530年龍樹出生」とみており、この530年は馬鳴後530年ということであり、馬鳴自身は仏滅後350年の出生である。したがって、龍樹は仏滅後880年、すなわち紀元243年の出生となる。換言すると、仏滅後9世紀の世にあったということであり、あらゆる資料が仏滅後「800余年」としている提婆の師であり得たのである。要約すると、鳩摩羅什によって伝えられた年代的史実、およびカシミールにおける4世紀の伝承から以下のように判断することができよう。

---

20 馬鳴と龍樹の差が530年ということはあり得ない。だが、中国において馬鳴の名で流伝している偽作が多数あり、馬鳴の年代推定を難しくしている。

21 参照：『付法蔵因縁伝』大正2058、巻6、318*c*；T. Watters, *On Yuan Chwang's Travels*（玄奘西域記研究）、London, 1904~1905, II, p.100, 200；S. Beal, *Life*（『大唐大慈恩寺三蔵法師伝』), 1880, p.135;『義浄南海寄帰内法伝』(*A Record of the Buddhist Religion as Practised in India and Malay Archipelago* (A.D. 671~695), 高楠順次郎英訳), 1896, p.181; Bu-ston,『仏教史』(*History of Buddhism*, E. Obermiller 英訳), II, p.130; Tāranātha,『仏教史』(*Geschichte des Buddhismus*, A. Schiefnerd 独訳), p.83.

637 B.C. 仏陀（Buddha）入滅
287 B.C. 馬鳴（Aśvaghoṣa）出生
A.D. 243 龍樹（Nāgārjuna）出生、つづいて提婆（Āryadeva）出生
A.D. 253 訶黎跋摩（Harivarman）造『成実論』(Satyasiddhiśāstra)

龍樹の出生を243年とする見方は、干潟龍祥が指摘する以下の2点からも[22]、その正しさが確認できる。

(a) 事実上、鳩摩羅什は龍樹作品の最初の漢訳者ではない。『大智度論』(T1509) は少なくとも一度、巻49で『十地経』を引用しており(大正25･411*a*29)、この『十地経』は『華厳経』の第二十二品を作ることになる。龍樹は『十地経』の注釈を書いており、鳩摩羅什はこの翻訳を『十住毘婆沙論』(T1521) と題して弘始年間末（推定408年）に訳出している。事実上、中国の経典目録では竺法護が長安滞在時（265～313年）に翻訳した経典の中に『菩薩悔過経』を含めている。この翻訳は『出三蔵記集』(T2145、巻2、大正55･8*b*17) および『歴代三宝紀』(T2034、巻6、大正49･63*a*23) に収録されており、そこには「奥付に『菩薩悔過経』は龍樹の『十住論』の抜粋とある（【訳注】菩薩悔過法經一巻。或無經字。下注云。出龍樹十住論)」と記されている。したがって、龍樹の作品は265年頃には既に中国に伝わっていたことになる。

(b)『龍樹菩薩伝』(T2047) は、鳩摩羅什の作とされているが、その末尾で、「龍樹がこの世を去って以来今日まで既に百年が過ぎている」(大正 50･185*b*2~3, 186*b*28~29) といっている。もしこの記述が、『歴代三宝紀』(T2034、巻 8、大正 49･79*a*7) でいっているように5世紀初めのこととするなら、龍樹が没したのは3世紀末ということになる。

したがって、鳩摩羅什とその門人たちのいうように、龍樹の存在は243～300年と推定してよいと思われる[23]。

しかし、[チベットの伝承によると] 龍樹は婆羅門ラーフラバドラ（Rāhulabhadra）の弟子で、ラーフラバドラは Prajñāpāramitāstotra (『般若波羅蜜賛頌』) の作者であって、この賛頌は通常、般若諸経典のサンスクリット写本の冒頭にみられるもので、『大智度論』には全文が収められている[24]。また、この賛頌には中観派の主要論題が網羅されている。このことから、中観派の「龍樹の時期」は3世紀全体と4世紀に若干かかっていると推定できる。

*

かなり主題から外れたが、他の大乗経典とともに『維摩経』は中観派の思想的根拠となっているから、これも『維摩経』の年代を探るうえでの手掛かりとなる。『維摩経』は遅く

22 干潟龍昇, *Suvikrāntavikrāmin Paripṛcchā Prajñāpāramitāsūtra* (『善勇猛般若波羅蜜經』), 九州大学, 1958, Introduction,.p.LII~LIII の注解。

23 A. Schiefner 訳の *Tibetische Lebensbeschreibung Śākyamuni's*, St. Petersburg, 1848, p.310 によると、龍樹は60年生きたとされている。しかし、他の資料によると、龍樹の生存年数は100年、200年以上、300年以上、529年、あるいは571年、600年とまちまちである。さらに、龍樹の前世について、アーナンダの転生という記述もある。[参照：P. Demiéville, BEFEO, XXIV, 1924, p.218, 227~228]

24 参照：Nāgārjuna, *Traité*, p.1060, 脚注2。

とも2世紀には成立していたとみてよいだろう。

『維摩経』と現存最古の「般若経」（Prajñāpārmitā）や『宝積経』（Ratnakūṭa）、『華厳経』（Avataṃsaka）、『大方等大集経』（Mahāsaṃnipāta）との関係については、本書 p.66～67で詳述した。

『維摩経』の内容自体からも、それがかなり古いものであることがうかがえる。「般若経」の中で菩薩の十地（***bhūmi***）が説かれているのは増訂本、例えば、『二万五千頌般若』（Pañcaviṃśatisāh., p.214~215）や『十万頌般若』（Śatasāh., p.1454~1473）、『一万八千頌般若』（Aṣṭādaśasāhasrikā, T220、巻 490~491、大正 7･490*b*~497*b*）だけであり、現存最古の「般若経」とされる『八千頌般若』（Aṣṭasāhasrikā）ではまったく触れられていない。『維摩経』も同様に十地には一言も述べていないことから、最古の大乗経典の一つに位置づけられる。

それでは、大乗経典はいったいいつ頃に現われたのだろうか。インドの大乗仏教学者の伝承によると、仏滅後500年とされるが、年代的な前後が確定された年表があるわけではない。現代の学者のなかには、「原始般若経」の出現を、「大雑把にいって」紀元前200～100年から紀元100年の間とするものもある。しかし実際には、現在入手可能な資料からは、大乗経典の ***terminus a quo***（出発点）について仮説を立てることはできない。

第6章 『維摩経』の構成

現存する3種類の漢訳維摩経は14章（品）から成り、ほぼ同じ章題が付けられている。橋本芳契博士が「維摩経の本質に関する一考察」（『印度學佛教學研究』Vol.7, 1958, p.216）に掲載された一覧表を以下に示す。

訳 / 品		支謙		鳩摩羅什		玄奘	
1		佛國		佛國		序	巻
2	Ⓐ	善權	Ⓑ	方便	巻	顯不思議方便善巧	一
3	巻	弟子	巻	弟子	上	聲聞	巻
4	上	菩薩	上	菩薩		菩薩	二
5		諸法言		文殊師利問疾		問疾	巻
6		不思議	Ⓑ	不思議	巻	不思議	三
7		觀人物	巻	觀衆生	中	觀有情	巻
8		如來種	中	佛道		菩提分	四
9	Ⓐ	不二入		入不二法門		不二法門	
10	巻	香積佛		香積佛		香台佛	巻
11	下	菩薩行	Ⓑ	菩薩行	巻	菩薩行	五
12		見阿閦佛	巻	見阿閦佛	下	觀如來	
13		法供養	下	法供養		法供養	巻
14		囑累彌勒		囑累		囑累	六
大正藏本		pp.519*a*～536*c*		pp.537*a*～557*b*		pp.557*c*～588*a*	

チベット訳（カンギュル）『維摩経』は12章から成る。章題は以下のとおりである。

1. *Saṅs rgyas kyi źiṅ yoṅs su dag pa gleṅ gźi*：序 ― 仏国土の清浄
2. *Thabs la mkhas pa bsam gyis mi khyab pa*：考え及ばぬほどに巧みな方便
3. *Ñan thos daṅ byaṅ chub sems dpaḥ gtaṅ bar rmas pa*：弟子たちと菩薩たちの病気見舞い拒否
4. *Na ba yaṅ dag par dgaḥ bar bya ba*：病者の慰問
5. *Rnam par thar pa bsam gyis mi khyab pa bstan pa*：不可思議解脱についての教え
6. *Lha mo*：天女
7. *De bźin gśegs paḥi rigs*：如来の家系
8. *Gñis su med paḥi chos kyi sgor ḥjug pa*：不二の法門に入る
9. *Sprul pas źal zas blaṅs pa*：化身菩薩によって得られた食物
10. *Zad pa daṅ mi zad pa źes bya baḥi chos kyi rdzoṅs*：有尽と無尽についての教え
11. *Ḥjig rten gyi khams mṅon par dgaḥ ba blaṅs pa daṅ de bźin gśegs pa mi ḥkhrugs pa bstan pa*：妙喜世界と無動如来の幻
12. *Sṅon gyi sbyor ba daṅ dam paḥi chos gtaṅ ba*：過去の物語と正法の委嘱

以下はチベット訳および漢訳の『維摩経』に従った構成表であり、それぞれの章題に想定されるサンスクリットを付した。

チベット語	支謙	鳩摩羅什	玄奘
1 *Buddhakṣetrapariśo-dhananidānam.*	1 *Buddhakṣetram.*	1 *Buddhakṣetram.*	1 *Nidānam.*
2 *Acintyam upāya-kauśalyam.*	2 *Upāyakauśalyam.*	2 *Upāyāḥ.*	2 *Acintyam upāyakau-śalyam.*
3 *Śrāvakabodhisattvā-naṃ praśnatyāgaḥ.*	3 *Śrāvakāḥ.*	3 *Śrāvakāḥ.*	3 *Śrāvakāḥ.*
	4 *Bodhisattvāḥ.*	4 *Bodhisattvāḥ.*	4 *Bodhisattvāḥ.*
4 *Glānasaṃmodanam.*	5 *Dharmavacanam.*	5 *Mañjuśriyo glāna-pṛcchā.*	5 *Glānapṛcchā.*
4 *Acintyavimokśa-nirdeśaḥ.*	6 *Acintyam.*	6 *Acintyam.*	6 *Acintyam.*
6 *Devī.*	7 *Sattvasaṃdarśanam.*	7 *Sattvasaṃdarśanam.*	7 *Sattvasaṃdarśanam.*
7 *Tathāgatagotram.*	8 *Tathāgatagotram.*	8 *Tathāgatagotram.*	8 *Bodhyaṅgāni.*
8 *Advayadharma-mukhapraveśaḥ.*	9 *Advayapraveśaḥ.*	9 *Advayadharmamukha-praveśaḥ.*	9 *Advayadharma-mukham.*
9 *Nirmitena bhojanā-dānam.*	10 *Sugandhakūṭas tathāgataḥ.*	10 *Sugandhakūṭas tathā-gataḥ.*	10 *Sugandhakūṭas tathā-gataḥ.*
10 *Kṣayākṣayam iti dharmavisarjanam.*	11 *Bhodhisattvacaryā.*	11 *Bhodhisattvacaryā.*	11 *Bhodhisattvacaryā.*
11 *Abhiratilokadhātor grahaṇam, Akṣobhyasya tathāgatasya darśanam.*	12 *Akṣobhyas tathāgataḥ.*	12 *Akṣobhyas tathāgataḥ.*	12 *Tathāgatasya darśanam.*
12 *Pūrvayogaḥ, saddhar-masya parīndanā.*	13 *Dharmapūjā.*	13 *Dharmapūjā.*	13 *Dharmapūjā.*
	14 *Maitreye parīndanā.*	14 *Parīndanā.*	14 *Parīndanā.*

【訳注】発見されたサンスクリット本における章題は以下の如くである。

1	Buddhakṣetrapariśuddhinidānaparivarta
2	Acintyopāyakauśalyaparivarta
3	Śrāvakabodhisatvavisarjanapraśnaparivarta
4	Glānapratisaṃmodanāparivarta
5	Acintyavimokṣasaṃdarśanaparivarta
6	Devatāparivarta
7	Tathāgatagotraparivarta
8	Advayadharmamukhapraveśaparivarta
9	Nirmitabhojanānayanaparivarta
10	Kṣayākṣaya-Dharmaprābhṛtaparivarta
11	Abhiratilokadhātvānayanākṣobhyatathāgatadarśanaparivarta
12	Nigamanaparīndanāparivarta

第7章 『維摩経』の舞台

初期の経典注釈者たちは、経典が説かれた場所と衆会を非常に重視した。ヴィマラキールティ（Vimalakīrti：維摩）の動きは、ヴァイシャーリー（Vaiśālī：毘舎離；Basarh、TirhutのMuzaffarpur地域）のアームラパーリーヴァナ（Āmrapālīvana：菴羅樹園）と維摩の家の間の往復、そして衆香世界（Sarvagandhasugandhā）への小旅行から成る。

I. 毘舎離の菴羅樹園（第1章）：釈迦牟尼仏陀がここで無数の声聞、菩薩、天人に囲まれて法を説く。ラトナーカラ（Ratnākara：宝蔵）がリッチャヴィ（Licchavi）の青年500人を連れてきて、釈迦牟尼仏陀に拝謁する（I-7）。

II. 維摩の居宅（第2章）：維摩は家にいて病人を装っている（II-1）。都城内の名士たちが大勢で見舞いに来る（II-7）。

III. 毘舎離の菴羅樹園（III〜IV-1）：釈迦牟尼が10人の声聞弟子、3人の菩薩、そして1人の優婆塞（Upāsaka）に、維摩の見舞いに行くように順々に勧める。全員が断る。文殊師利（Mañjuśrī）だけがその役目を引き受ける。

IV. 維摩の居宅（IV-2〜IX-4）：文殊師利が大勢の声聞弟子、菩薩、天人を伴って菴羅樹園を出て維摩の家へ行く（IV-2）。一同は、須弥山幢（Merudhvajā）世界の須弥山燈王如来（Tathāgata Merupradīparāja）が意図的に送った巨大な獅子座に坐る（V-7）。

V. 衆香世界（IX-5~8）：維摩の命令で化身の菩薩が件の衆香世界へ行き、香積如来（Tathāgata Sughandhakūṭa）に食事の余りを与えてくれるよう求めて、願いを叶えられる。

VI. 維摩の居宅（IX-9~18）：化身の菩薩が衆香世界の大勢の菩薩を伴って維摩の家に戻って来る（IX-9）。

VII. 毘舎離の菴羅樹園（X〜XII）：維摩の家に集まった大衆全員が菴羅樹園の釈迦牟尼のところへ移動する（X-2）。時がきて、衆香世界の菩薩は菴羅樹園を発って自分たちの世界へ戻る（X-20）。そして不動如来（Tathāgata Akṣobhya）の妙喜（Abhirati）世界が奇跡的に菴羅樹園に現出し、また元に戻る（XI-4~7）。

*

インドの作者の考えでは、これらの動きはすべて純然たる虚構であり、行動や対話を際立たせるための舞台装置の転換にすぎない。しかし、実際的で細かいことにこだわる中国人はそれを字句どおりに受け取った。毘舎離を訪れる中国の求法者は例外なく、『維摩経』に言及されている場所について尋ねた。案内人は当然ながら、そのすべてに答え、自分たちが完全には知らないことは必要に応じて創作した。中国の求法者たちは恭しくその地理的資料を集めて回想録に書きとめ、何世紀にもわたって語り継いできた。

1. 法顕は402年から411年までインドに滞在し、414〜416年の間に旅行記を書いた。『高僧法顕伝』(T2085、大正51·861*c*13~17) にある毘舎離に関する記述は非常に短い。

其城裏本菴婆羅女家。為佛起塔。今故現在。城南三里道西菴婆羅女以園施佛作佛住處。佛將般泥洹與諸弟子出毘舍離城西門。迴身右轉顧看毘舍離城告諸弟子。是吾最後所行處。[其の城裏、本菴婆羅女の家なり。佛の為に塔を起つ。今故に現在す。城の南三里、道の西、菴婆羅女、園を以て佛に施し、佛の住處と作す。佛將に般泥　せんとして、諸弟子と毘舍離城西門を出づ。身を迴し右轉して毘舍離城を顧り看て諸弟子に告ぐ。是れ吾、最後に行所の處なり[1]。]

2. 『水経』は伝統的に漢代のものとされる小さな書物だが、おそらく三国時代(220〜265年)に書かれたものである。527年に酈道元が多くの資料を用いて、『水経注』を著わした。用いられた資料の一つである支僧載の『外国事』は維摩の家に言及した最初の記録である。その中から若干引いて示すと、以下のようになる。

維邪離 (Vaiśālī) は王舎城 (Rājagṛha) を去ること五十由旬 (yojana)。城の周囲は三由旬。維摩詰 (Vimalakīrti) の家は大城裡宮の南、宮を去ること七里許りに在り。屋宇は壊れ尽くし、惟だ処所を見るのみ[2]。

(【訳注】ラモットが引用しているのはL.Petechの英訳だが、冒頭の一文を欠くので補った。)

3. 玄奘は635年ごろ毘舎離を訪れているが、『維摩経』に出てくる聖地に強い関心を示した。彼が集めた資料は646年に出版された『大唐西域記』(T2087、巻7、大正51·908*b*)と、沙門慧立が664年に撰し、沙門彦悰が688年に改訂した『大唐大慈恩寺三蔵法師伝』(T2053、巻3、大正50·235*c*) に収録されている。以下はその抄録である。

吠舎釐 (Vaiśālī) は已に甚だしく傾頹せり。其の故の基趾は周六、七十里、宮城は周四、五里、居人有ること少なし。宮城の西北五、六里、一伽藍 (saṃghārāma) に至る。僧徒寡少にして小乗正量部 (Saṃmitīya) の法を習い学ぶ。傍らに窣塔波 (stūpa) 有り。是れ昔如来の『毘摩羅詰經』を説き、長者の子 (śreṣṭhiputra) 寶積 (Ratnākara) 等の宝蓋 (*ratnacchattra*) を献ぜし處なり。其の東に窣塔波有り。舎利子等此に於いて無學の果を證せり。舎利子證果の東南に窣塔波有り… 傍らに石柱有り … 石柱の南に池有り … 。

伽藍の東北三里 [獼猴池の畔] に窣塔波有り。是れ毘摩羅詰の故宅の基趾にして、多く霊異有り。此を去ること遠からずして一神舎有り。其の状は甎を壘ねたり。伝に云う石を積むと。即ち無垢稱長者の疾を現じて法を説きし處なり。此を去ること遠からずして窣塔波有り。長者の子寶積の故宅なり。此を去ること遠からずして窣塔波有り。是れ菴没羅女 (Āmrapālī) の故宅なり … 。

伽藍の北三、四里に窣塔波有り。是れ如来の将に拘尸那國へ往きて般涅槃に入らんとせしに … 次いで西北に遠からずして窣塔波有り。是れ佛の此に於いて最後に吠舎釐を観し

---

[1] 参照：James Legge, *A Record of Buddhistic Kingdoms*, Oxford, 1886, Chapter XXV, p.72.

[2] 参照：Luciano Petech, *Northern India according to the Shui-ching-chu*, Roma, 1950, p.28~30.

ところなり。] 其の南遠からずして精舎（vihāra）有り。前に窣塔波を建つ。是れ菴没羅女園、持して以って佛に施せしところなり[3]。]

玄奘のこの記述は記録に残っている伝承とはかなり違っている。『維摩経』(I-1, 7）によると、釈迦牟尼が説法し、ラトナーカラとその仲間たちから傘蓋の捧げ物を受け取ったのは菴羅樹園だった。玄奘はこれら2つの場面の舞台をもっと北の、宮城から遠くない場所だとしている。さらに『維摩経』(II-7, IV-3）では、維摩が病いを装っていたのは自宅だったが、玄奘はその2つの場所が別々のところだったと考えている。

4. 玄奘の20年余り後に、唐の使節、王玄策が毘舎離に来て、その書字板（笏）で維摩の故宅の廃墟を測ったところ1丈（10フィート）平方あった。この事実は、668年（唐高宗總章元年）に道世が編集した『法苑珠林』(T2122、巻29、大正53·501c10~13）に載っている。

大唐の顕慶年中（656~660年)、勅使の衛長吏、王玄策、因りてインドに向かい、浄名(Vimalakīrti)の宅を過ぎる。笏を以て基を量るに止(＝只)十笏有り。故に方丈の室と号するなり。

P・ペリオ[4]は『法苑珠林』のいう656～660年の年代を認めているが、S・レヴィ[5]によると、王玄策の測定はそれより何年か前のことだったという。事実、650年（唐高宗永徽元年）に出た道宣の『釈迦方志』(T2088、巻1、大正51·960c17~21）には、この測定について「最近」行なわれたと記されており、宋の志磐（1269～1271年）による『仏祖統記』(T2035、巻39、大正49·365c10~12）はこの出来事を貞観17年（643年）のこととしている。

【訳注】『釈迦方志』の該当個所に、「是淨名故宅基尚多靈神。其舍疊甎。傳云積石。即說法現疾處也。近使者王玄策以笏量之止有一丈。故方丈之名因而生焉」(960c18~21）とある。

5. その詳細はどうであれ、中国では「方丈」なる表現で維摩の家を指すのが伝統になった。例えば、義浄（635～713年）の『大唐西域求法高僧伝』(T2066、巻2、大正51·8b8)、湛然（711～782年）の『維摩経略疏』(T1778、巻7、大正38·669c13~14)、慧琳（737～820年）の『一切経音義』(T2128、巻6、大正54·342b11)、道原（1004年頃）の『景徳伝燈録』(T2076、巻6、大正51·251a8~9）などを参照。

サンスクリット語には「方丈」に相当する言葉はない。現代中国語では、「方丈」は寺院の住持（住職）の呼称として今も使われている。

---

3 T. Watters, *On Yuan Chwang's Travels*, II, London, 1905, p.63, 66~67.

4 P. Pelliot, *Autour d'une traduction sanscrite du Tao-tö king*, T'oung Pao, XII, 1912, p.380, 脚注 2.

5 S. Lévi, *Les Missions de Wang Hiuan-ts'e dans l'Inde*, Journal Asiatique, 1900, 抜き刷り p.19~20.

第8章　インドの伝承における維摩

菩薩（*bodhisattva*）とは、定義によれば、覚りの存在（*bodhi-sattva*）である。その生涯は2つの契機によって区切られる。第1は、覚りの思い（*bodhicitta*:菩提心）を起こすこと（*bodhicittotpāda*）、すなわちすべての衆生が利益と幸福を得られるように十分かつ完全に覚った仏陀になろうとする堅い決意（*adhyāśaya*：深心）をもつこと。第2に、仏陀の特性であるこの上ない完全な覚り（*anuttarāsamyaksaṃbodhiḥ*:無上正等覚）に到達すること。

したがって、偉大な菩薩たちをテーマにしている「方広大経」（Vaipulyasūtra）の役割は、その偉大な菩薩が「どこで、いつ、どの仏陀の前で菩提心を発し、誓願（*praṇidhāna*）を立て、自分の未来の仏国土（*buddhakṣetra*）を飾るための特性を決めたか、また、その同じ菩薩がどこで、いつ無上正等覚に到達するか」を我々に伝えることである。したがって、『阿弥陀経』（Sukhāvatīvyūha）は阿弥陀仏（Amitābha）の生涯におけるそれら2つの重要な契機について我々に伝えており、文殊菩薩（Manjuśrī）に関しては『妙吉祥佛土功徳荘厳経』（Mañjuśrībhuddhakṣetraguṇavyūha）においてそうした事柄が詳しく述べられている[1]。

これに対して、インドの伝承はヴィマラキールティ（Vimalakīrti：維摩）の発心（*cittotpāda*）や成正等覚（*abhisaṃbodhi*）に関して黙して語らない。この沈黙は、この菩薩が大乗の聖者伝のなかで比較的目立たない地位を占めていることで説明されるかもしれない。しかしまた、維摩の思想が急進的であることによっても説明できる。彼にとって、「覚りは既にあらゆる衆生によって獲得されている」（III-51）というのである。もし覚りが生来的で普遍的な特性だとすれば、覚りに達するという問題は起こってこない。

『維摩経』自体、その主人公に関しては極めて曖昧な説明しか与えていない。釈迦牟尼仏陀の時代、維摩は毘舎離に住む在家の菩薩だった。彼は結婚しており、一家の父親であり、莫大な財産を所有していた（II-2；VII-6）。しかし、維摩が人間世界に示したのは、衆生を仏陀の法と大乗の教えに導くための巧みな方便（*upāya*）のみであった。理論的には、彼は衆生も事物も［その存在を］信じていないが、実践においてはあらゆる生類の利益と幸福のために働く。智慧（*prajñā*）と大悲（*mahākaruṇā*）の両方に属する矛盾した行為のために、彼はあるときは懐疑論者のように、またあるときは信奉者のようにもみえる（II-3~6；III-3, 16~18；IV-20；VII-1；IX-18）。

彼は無敵の弁才（*apratihatapratibhāna*）に恵まれ、不可思議な神通力（*ṛddhyabhijñā*）も具えており、その居室を思いのままに大きくしたり小さくしたりすることができ（IV-3；V-7）、天魔（Māra）を下し（III-63）、瓔珞を楼閣に変え（III-75）、化身菩薩を作り出して遠い世界へ即座に派遣し（IX-4, 7）、世界を縮小して一つの世界を別の世界の中に閉じ込める（XI-5~6）等々のこともできた。

衆生の生と死を否定する維摩は、自らの出自を舎利弗に教えようとしなかった。しかし、

---

[1] *Mañjuśrī*, T'oung Pao, XLVIII, 1960, p.17~23を参照。

釈迦牟尼仏陀の説明によると、維摩は娑婆世界に示現する前、阿閦仏（Akṣobhya）の統治する妙喜（Abhirati）世界に住んでいたという（XI･2~3）。それ以上のことはわからない。奇妙なことに、『維摩経』の最後の部分（XII･7~15）で釈迦牟尼が語る長い本生物語にも維摩は登場しない*。

*【英訳者 Sara Boin-Webb の注】しかしこの点に関しては、『首楞厳三昧経』(Śūraṃgamasamādhisūtra) のラモット教授の仏訳 *La Concentration de la Marche Héroïque*, Brussels, 1965, p.191~192, §78, 脚注 181 を参照。(【訳注】『仏訳首楞厳三昧経』は Sara Boin-Webb により英訳された。*The Concentration of Heroic Progress*（Delhi, 1998）である。)

*

『維摩経』以外でも、維摩はいくつかの大乗の経典および論書に登場する。すべてではないが、以下にいくつか参考例を挙げる。

1)『大方等大集経』(T397) — 本書第 4 章末尾 (p. 67) で述べたように、この膨大な集成（Mahāsaṃnipāta : 大集経）に収められた経本の一部は 3 世紀初め、あるいはさらに早い 2 世紀に既に翻訳されていたが、維摩が登場する箇所はこれらの最古の部分には入らない。

①T397、巻 31、大正 13･216*b*~217*c*:「爾時世尊爲頻婆娑羅王説是法已。東方有國名曰無量（Apramāṇa)、彼中有佛名五功徳（Pañcaguṇa)、常説妙法教化衆生、有一菩薩名曰日密（Sūryaguhya)、至心聽法仰瞻虚空。見有無量無辺菩薩從東方來、趣向西方、即白佛言：世尊、我見東方無量菩薩趣向西方、以何因縁捨淨妙國趣向穢土。[五功徳佛答言：] 善男子、西方過此無量無辺恆河沙等諸佛世界、彼有世界名曰娑婆（Sahā)、五滓具足弊悪衆生充滿其土、釋迦如來於中宣説三乘之法、爲欲增長佛正法故、爲不斷絶三寶種故 … 善男子、… 若欲護法可從定起、詣娑婆世界。… 善男子、汝今頗能爲我作使至彼國不。我欲與欲令彼如來善説法要、所言欲者、謂眞陀羅尼（*dhāraṇī*）… 善男子、汝持是咒至彼國土、向彼四衆具足宣説 … 爾時、日密菩薩摩訶薩白佛言：世尊、我能向彼宣説咒、但於彼土生怖畏想、何以故。如來向者爲我宣説、彼土衆生多諸弊悪 …。佛言：善男子、汝今不爲現利後利、當爲饒益一切衆生、但往宣説勿生疑慮。善男子、汝非彼土維摩詰（Vimalakīrti）耶。何故生怖。日密菩薩黙然不對。(五功徳佛言) 善男子、何故黙然。日密言：世尊、彼維摩詰即我身也。世尊、我於彼土現白衣像（*avadātavasana*)、爲諸衆生宣説法要。或時示現婆羅門像（brāhmaṇa)、或刹利像（kṣatriya)、或毘舍像（vaiśya)、或首陀像（śūdra)、自在天像（Īśvaradeva)、或帝釋像（Śakra devendra)、或梵天像（Brāhmā deva)、或龍王像（Nāgarāja)、阿修羅像（Asurarāja)、迦樓羅王像（Garuḍarāja)、緊那羅王像（Kiṃnararāja)、辟支佛像（pratyekabuddha)、声聞像（śrāvaka)、長者像（śreṣṭhin)、女人像（strī)、童男像（kumāraka)、童女像（kumārikā)、畜生像（tiryagyoni)、餓鬼像（preta)、地獄像（nāraka)、爲調衆生故。是時衆中有菩薩其數八萬 … 如是大衆皆共同心欲往彼界」。

最後に、日密菩薩（Sūryaguhya)、別名ヴィマラキールティがそのダーラニー（*dhāraṇī*）を具足して釈迦牟尼（Śākyamuni）のもとへ趣く。

②T397、巻 35、大正 13･239*a*9~13（チベット訳本は「北京版西蔵大蔵経」第 36 冊、p.181、114 葉表 5 行目以下）:「爾時、世尊共頻婆娑羅王説是法時、東方過無量無辺恆河沙等諸佛國土、

有佛世界名無尽德（Yoṅ su gduṅ ba med pa＝Niṣparidāha）、佛号瞻波迦華色（Tsam pa kaḥi mdog＝Campakavarṇa）、如來、応供、正遍知、明行足、善逝、世間解、無上士、調御丈夫、天人師、佛、世尊、於今現在常説妙法教化衆生。彼有菩薩名曰行蔵（Ñi maḥi śugs kyi sñiṅ po＝Sūryakośagarbha）、仰觀虚空、見有無量無辺阿僧祇菩薩摩訶薩衆從東方往趣西方 …（以下は上掲と同文）」

③T397、巻 48、大正 13･310*c*10 ~312*b*17：「爾時、佛告彌勒（Maitreya）菩薩摩訶薩言：於過去世第三十一劫（kalpa）有佛世興、号毘舎浮（Viśvabhū）如來、応（供）、正遍知、明行足、善逝、世間解、無上士、調御丈夫、天人師、佛、世尊、彼佛常爲四衆説法。爾時、有一大婆羅門名弗沙耶若（Puṣyayajña）… 深信具足、帰依三寶、受持五戒離諸放逸。時弗沙耶若有弟（子）八人：一名弗沙金剛（Puṣyavajra）、二名弗沙那毘（Puṣyanābhika）、三名弗沙闍利（Puṣyajālika）、四名弗沙跋摩（Puṣyavarman）、五名弗沙車帝（Puṣyakṣatriya）、六名弗沙樹（Puṣyavṛkṣa）、七名弗沙毘離（Puṣyavīrya）、八名弗沙那提（Puṣyanandika）。時弗沙耶若婆羅門勧諸弟言：汝等賢首、今可帰依佛法僧寶、受持五戒離諸放逸、發阿耨多羅三藐三菩提心。時彼諸弟悉不肯帰依三寶、乃至不肯發菩提心（*cittotpāda*）。時弗沙耶若數勧諸弟經於多年、復問諸弟：汝等何故皆悉不肯帰依三寶、乃至不肯發菩提心。竟有何意何所願求。時彼八弟即作是言：兄能千年修二威儀（*īryāpatha*）、惟行惟住。不坐不臥、經七日夜限食一揣、修此難行足滿千年、然後我當帰依三寶受持五戒離諸放逸、發於無上菩提之心。彌勒、時弗沙耶若聞是語已、一心喜悦、即爲八弟而立誓言：… 我今必當千年之中不坐不臥、七日七夜限食一揣、…

彌勒、彼弗沙耶若（Puṣyayajña）婆羅門豈異人乎。莫作異觀、我身是也。我於爾時爲欲成熟彼八弟故、於千年中不坐不臥 … 爾時弗沙金剛（Puṣyavajra）者、今羅睺羅阿修羅王（Rāhula Asurarāja）是；弗沙那毘（Puṣyanābhika）者、今毘摩質多羅阿修羅王（Vemacitra Asurarāja）是；弗沙闍利（Puṣyajālika）者、今波羅陀阿修羅王（Prahārāda Asurarāja）是；弗沙跋摩（Puṣyavarman）者、今婆稚毘盧遮那阿修羅王（Bali Vairocana）是；弗沙車帝（Puṣyakṣatriya）者、今魔王波旬（Mārarāja Pāpīyān）是；弗沙樹（Puṣyavṛkṣa）是今汝彌勒（Maitreya）是、以是因縁得無礙智、一生補處安住大乗；弗沙毘離（Puṣyavīrya）者、今毘摩羅詰（Vimalakīrti）是也；弗沙難提（Puṣyanandika）者、今提婆達多（Devadatta）是 …」

2)『維摩経』に続く初期経典に「頂王経」と呼ばれる諸経、すなわち『仏説大方等頂王経』（T477、大正 14･595*c*14）、『大乗頂王経』（T478、大正 14･604*a*2, 6）、『善子童子経』（T479、巻 2、大正 14･613*c*6）がある。サンスクリットでは Mūrdhābhiṣiktarājasūtra（頂なる灌頂を受けた王の経典）という。*Tables du Taishō Issaikyō*（仏文「大正一切経目録」）では T477～479 に誤って Vimalakīrtinirdeśa（維摩詰経）のタイトルが付けられている。

（【訳注】この目録は『法宝義林』の付冊。1978 年に改訂増補新版が出ており、この誤りは既に訂正されている。）

現存する漢訳本から判断すると、この経典には非常に異なった 3 種類の版があったものと考えられる。

a.『仏説大方等頂王経』（T477）、一巻、西晋の竺法護が 265～313 年に長安にて翻訳。支敏度の経録（326～342 年編纂）および道安の経録（374 年、東晋孝武帝寧康 2 年編纂）に記述がある。「大方等頂王経」(Mahāvaipulya Mūrdhābhiṣiktarājasūtra)、「維摩詰子問経」(Vimalakīrtiputraparipṛcchāsūtra)、「善思童子経」(Sucintakumārasūtra) は本経の別名である。そのうち本経が最初に翻訳されている。詳細は、『出三蔵記集』(T2145、大正 55･8*a*15)、『衆経目録(甲)』(T2146、大正 55･118*a*3)、『歴代三宝紀』(T2034、大正 49･63*a*2)、『大唐内典録』(T2149、大正 55･241*a*12)、『古今訳経図紀』(T2151、大正 55･353*b*23)、『開元釈教録』(T2154、大正 55･494*a*17) を参照。

ヴァイシャーリー (Vaiśālī : 毘舎離) のアームラパーリーヴァナ (菴羅樹園) にとどまっておられた仏陀が、ヴィマラキールティ (維摩詰) の家に托鉢に趣く。維摩には善思 (Bhadracinta または Sucinta) という名前の息子があり、彼は妻とともに楼閣の上から遊びに興ずる女たちを見ていた。そのとき仏陀がおいでになるのを見て、妻に向かって詩偈を以って仏陀の徳を讃えた。仏陀は善思童子の家の前で立ち止まられた。主として真実際 (*bhūtakoṭi*) に関する偈頌 (*gāthā*) のやりとりがある。童子が仏陀に一本の蓮華を捧げる。シャーリプトラ (舎利弗) が童子に真実際についての考えを示してほしいと頼む … 。プールナマイトラーヤニープトラ (富樓那) が続いて偈頌を以って童子に語り、それに童子がさらなる偈頌を以って答える。富樓那が童子を称賛する。仏陀がそれを承認し、童子を菩薩として扱い、彼に問い返す。童子は再び真実際について答える。アーナンダ (阿難) も散文と偈頌で讃える。童子は偈頌を以って答える。仏陀が [童子は] 無畏であるかどうか等について尋ねる。仏陀による散文と偈頌の長い教えがある。空性 (*śūnyatā*) の様式、古風な中国語 … 童子は無生法忍 (*anutpattikadharmakṣānti*) を獲得し、大いに喜び空中に飛び上がる。仏陀は微笑み、この童子は無垢光 (Vimalaprabha) という名の仏陀になるだろうと阿難に予言する。舎利弗が経典の名前を尋ねる。「頂王経」と名づけるといわれる。この経題の説明と経典の委嘱 (*parīndanā*) がなされる[2]。

b. 『大乗頂王経』(T478)、一巻、東魏優禅尼国王子月婆首那 (Upaśūnya または Ūrdhvaśūnya) が 546 年 (梁武帝中大同元年) 頃、金陵において翻訳。本経は「維摩児経」(Vimalakīrtiputrasūtra) とも称され、第 2 あるいは第 3 番目の訳本と考えられる。諸経録はいずれも、この訳本は竺法護訳と非常によく似ているとしている。詳細は、『衆経目録(甲)』(T2146、大正 55･118*a*4)、『歴代三宝紀』(T2034、大正 49･98*c*17)、『大唐内典録』(T2149、大正 55･266*a*18)、『古今訳経図紀』(T2151、大正 55･365*b*27)、『続高僧伝』(T2060、巻 1、大正 50･430*c*21~23)、『開元釈教録』(T2154、大正 55･538*a*18) を参照。

この訳本において、童子は善思惟 (Bhadracinta または Sucinta) と呼ばれる。維摩詰の息子とはっきりとはいわれておらず、「維摩詰の近所の」童子である。仏陀が偶然やって来たとき、彼は妻とともに楼閣の上にはおらず、乳母の腕に抱かれていた。

童子は手にした蓮華の花で遊んでいた。彼は乳母に仏陀のところへ連れて行ってほしいと偈頌 (*gāthā*) を以って願う。仰天する乳母。仏陀と童子との間での偈頌のやりとり (*bhūtakoṭi* 等について)。童子が蓮華の花を仏陀に捧げ、仏陀の法について解説するようにと求める (凡夫や声聞はいない)。舎利弗が童子に彼の法について尋ねる。童子は偈頌を以って答える。富樓那

---

2 ここに挙げた経文は、P. Demiéville 教授がご恵贈くださった『頂王経』(Mūrdhābhiṣiktarājasūtra) および『月上女経』(Candrottaradārikāparipṛcchā) の要約であり、心から感謝の意を表したい。

などによって中断される。阿難の賞賛。仏陀が童子に無畏かどうかと尋ねる。この後は『頂王経』（T477）とほとんど同じだが、文体がより明晰であり、術語がより古い。童子は浄月（Vimalacandra）という名の仏陀になると予言される。経題の説明と経の委嘱（*parīndanā*）。

c.『善思童子経』（T479）、二巻、隋朝天竺三蔵闍那崛多（Jinagupta）が大興（長安の近く）において訳出。文武開皇 11 年第 7 の月（591 年 7~8 月）に翻訳を開始し、およそ 2ヵ月後に訳了。優婆塞の費長房が筆受し、沙門の彦琮が序文を書いている。『開元釈教録』（T2154、大正 55･548*b*24）によると、本経は第 4 番目の訳本である。ほかに、『歴代三宝紀』（T2034、大正 49･103*c* 9）、『大唐内典録』（T2149、大正 55･276*a*17）、『古今訳経図紀』（T2151、大正 55･366*a* 9~10）を参照。

本経では、童子はリッチャヴィのヴィマラキールティの家族の一員である。『大乗頂王経』（T478）と同じ場面設定で、乳母とともにあり … 。以下は T478 とほぼ同様の展開だが、文体はさらに古い。

3)『仏説乳光仏経』（T809）は『仏説犢子経』（T808）の増広本とされる。訳者は竺法護で、維摩詰と阿難の出会いが語られているが（T809、大正 17･754*c*23~755*a*20）、おそらく『維摩経』から取っているのであろう（参照：III-42、脚注 77）。

《III-42、脚注 77：英訳書 p.80~81》

古い注釈書では、例えば慧遠の『維摩義記』（T1776、巻 2、大正 38･459*c*19 以下）、宋智圓の『維摩経略疏垂裕記』（T1779、巻 7、大正 38･797*b*1 以下）、および隨吉蔵の『維摩経義疏』（T1781、巻 3、大正 38･947*c*）によると、『維摩経』の阿難と維摩のやりとりは蔵外経典『犢子経』からの引用であり、それには支謙（222〜253 年頃）の短い版『仏説犢子経』（T808）と、竺法護（265~313 年頃）の長い版『仏説乳光仏経』（T809）がある。参照：『出三蔵記集』（T2145、巻 2、大正 55･8*b*19）；『衆経目録（甲）』（T2146、巻 1、大正 55･118*b*1~2）；『衆経目録（乙）』（T2147、巻 2、大正 55･157*c* 27~28）；『衆経目録（丙）』（T2148、巻 2、大正 55･192*c*11~12）；『歴代三宝紀』（T2034、巻 6、大正 49･63*a*24）；『大唐内典録』（T2149、巻 2、大正 55･234*a*2）；『古今訳経図紀』（T2151、巻 2、大正 55･353*c*13）；『開元釈教録』（T2154、巻 2、大正 55･488*a*9, 494*b*18）。

『仏説犢子経』（T808）によると、仏陀は舎衛城（Śrāvastī）の祇洹（Jetavana）の給孤独園（Anāthapiṇḍadārāma）にとどまっておられた。そのとき「風患」に罹られ、近くの婆羅門の家に牛乳をもらいに阿難を遣った。その婆羅門の牛小屋には、誰も近づけない凶暴な雌牛がいた。婆羅門は阿難に、行ってその雌牛から乳を搾るように言った。帝釈天が婆羅門に姿を変え、代わってやろうかと言った。もし乳をくれるなら大きな福徳を得るだろうと言われた雌牛は、いくらかは取っていいが、あとは子牛のために残してほしいと頼んだ。しかし、これを聞いた子牛は、自分の分の乳も仏陀に供養し、自分は草を食べて水を飲めば十分だと言った。阿難が仏陀のもとに帰り、乳を供養する。そこで、仏陀は本生譚（jātaka）を語られた。「その昔、その雌牛と子牛（犢子）は仏の教えを信じていなかったため畜生道に堕ち、16 劫を経た。今日、彼らはわかって仏陀の名前を聞き、善心を抱き、自分たちの乳を与えた。未来世では、彼らは弥勒仏の沙門弟子となり、大阿羅漢となるであろう。また、子牛は死んで後、仏陀に絹の幢幡を捧げ、散華し、香を撒き、経典と戒律を受持し、20 劫を経て成仏し、乳光如来（Tathāgata Kṣīraprabha）と名づけられ、一切衆生を済度するだろう」。

『維摩経』では、この経典を阿難のくだりの初めに引用している。『維摩経』によると、阿難は仏陀のために牛乳を求めて婆羅門の家に乞食に行ったところで、維摩詰菩薩に出会う。すると維摩は阿難に対し、仏陀の病気に関して、それはあり得ないことで純然たる方便だと長々と説教する。

後代、『仏説犢子経』（T808）には変更が加えられ、これを増広して『仏説乳光仏経』（T809）になった。この『仏説乳光仏経』には『維摩経』にみられる維摩の説教の言葉がそっくりそのまま見出される（大正 17･754*c*23~755*a*12）。ただ、経典の背景が若干異なる。例えば、『維摩経』では維摩詰菩薩は毘舎離に住んでいるのに対して、『仏説犢子経』では舎衛国となっている。すなわち、「一時佛在舎衛國祇洹阿那邠遲阿藍精舎」（大正 17･754*a*4）。これが『仏説乳光仏経』では、「一時佛遊維耶離（Vaiśālī）梵志（brahmacārin）摩訶（Mahādeva?）音楽樹下」（大正 17･754*b*19）と変化している。

『維摩経』の成立は年代的に、短い版の『仏説犢子経』と長い版の『仏説乳光仏経』の間と思われる。

4)『月上女経』（Candrottaradārikāparipṛcchā）は寂天（Śāntideva）が Śikṣāsamuccaya, p.78,*19*（漢訳『大乗菩薩学論』）にこの経題で引用している。隋の闍那崛多（Jinagupta）が翻訳したのが『仏説月上女経』（T480）である。『歴代三宝紀』（T2034、巻 12、大正 49･103*c*8）によると、本経は闍那崛多が隋文帝開皇 11 年 4 月（591 年 4～5 月）に翻訳を開始し、2 ヵ月後に訳了、優婆塞の劉憑が筆受、沙門の彦琮が序文を書いている。9 世紀初めに勝友（Jinamitra）等によって訳出されたチベット訳本（OKC、No. 858）によると、経題は Candrottaradārikāvyākaraṇa（『童女最上月授記経』）である（【訳注】『東北大学西蔵大蔵経総目録』No.191）。

月上女（Candrottaradārikā）は維摩詰（Vimalakīrti）の娘であり、妻は無垢（Vimalā）。月上女は生まれたばかりで 8 歳児の大きさ。各方面から妻にと求められる。父親は、娘は 7 日以内に四辻で鐘を鳴らして自分で夫を選ぶと宣布する。6 日目に月上女の手に蓮華の花が生え出て、そこに化身（*nirmāṇa*）の仏が現われ、仏に献身するようにと彼女に勧める。7 日目に月上女は求婚者たちを避けるため、空を飛んで仏陀に会いに行く。途中で舎利弗と話す。仏陀のもとに着くと、迦葉、阿難、文殊等と論戦を交わす。その後、彼女は出家者となるために、その身を男性に変えた。一見したところ、この経典は『維摩経』と教理的な関連はまったくないように思われる。

5)『大乗本生心地観経』（T159）は漢訳が遅かった経典。カシミールの三蔵般若（Prājña）が唐徳宗貞元六年（790 年）に長安の醴泉寺で翻訳し、徳宗皇帝が序を書いた（『貞元新定釈教目録』T2157、巻 17、大正 55･891*c*2）。

『大乗本生心地観経』（T159、巻 1、大正 3･291*b*18）：維摩詰菩薩は、王舎城（Rājagṛha）の耆闍崛山（Gṛdhrakūṭaparvata）でこの経典が説かれたときの衆会の一員となっている。

グプタ期および後グプタ期に、八大塔廟を讃嘆する讃頌（Stotra）が流布した。その中の *Aṣṭamahāsthānacaityastotra* に、チベット訳が 2 本あり（Bstod, I, No.24, 25）（【訳注】『東北大学西蔵大蔵経総目録』No.1133, 1134）、そのうちの 1 本は龍樹作とされるが、偽託か後出の龍樹かであろう。また、漢訳本『仏説八大霊塔名号経』（T1685）は 10 世紀末、法賢（すなわち法天）の翻訳である。最後に、*Aṣṭamahāsthānacaityavandanastava*（『八大聖地制多礼拝讃』）にはチベット訳本（Bstod, I, No.57）（【訳注】『東北大学西蔵大蔵経総目録』No.1168）、および法顕による中文音写本（『八大霊塔梵讃』T1684）が伝わっている[3]。中文音写本によると、この讃は戒日王（King Harṣa Śīlāditya）の作とされる。チベット語訳本は、カシミールの Harṣadeva 王を作者と伝えている。誰の作であるかについてのこれらの説はあまり意味がない。

八大塔廟（霊塔、ストゥーパ）は仏陀の八つの奇跡的な出来事を記念するものである。

1. 誕生の地：カピラヴァストゥ（Kapilavastu）のルンビニー園（Lumbinī）
2. 成正等覚：ガヤー（Gayā）の尼連禅河のほとり
3. 初転法輪：ヴァーラーナシー（Vārāṇasī）
4. 外道を折伏：シュラーヴァスティー（Śrāvastī）
5. 忉利天から下降：サーンカーシュヤ（Sāṃkāśya）、カンヤークブジャ（Kanyākubja）近く
6. 声聞の分別を化度：ラージャグリハ（Rājagṛha）
7. 入滅宣布：ヴァイシャーリー（Vaiśālī）
8. 入滅：クシナガラ（Kuśinagara）

『大乗本生心地観経』（T159）にも関連した記述がみられる。「… 一切相貌、悉皆頓現於此金色大光明中、又此光中影現如来不可思議八大宝塔」（大正 3・294*a*22~24）。ただし、同経では、八大宝塔の場所が伝統的な説と違っている。例えば、上記 6、7 については以下のごとくである。

T159、巻 1、大正 3・294*b*1~4：6. 摩竭陀国（Magadha）、王舎城（Rājagṛha）の近く、耆闍崛山（Gṛdhrakūṭaparvata）に宝塔があり、そこで仏陀は『大般若』（Mahāprajñā）、『法華』（Saddharmapuṇḍarīka）、『一乗心地経』（Ekayānacittabhūmisūtra）などの大乗経を説かれた。7. 毘舎離国（Vaiśālī）の菴羅衞林（Āmrapālīvana）、不可思議なる維摩長者が病いを現じたとされるところに宝塔（ratnastūpa）がある。

仏陀の宴（衆会）に維摩が紹介されていることから、当時、維摩がどれほど尊重されていたかがうかがえる。

T159、巻 4、大正 3・306*b*26~*c*12：佛大慈悲、於一時中、在毘舎離城（Vaiśālī）為無垢稱（Vimalakīrti）說甚深法。汝無垢稱以清淨心爲善業根、以不善心爲悪業根。心清浄故世界清浄、

---

[3] 『霊塔頌』（caityastotras, 支提頌）に関しては以下の論文を参照。S. Lévi, *Une poésie inconnue du roi Harṣa Śīlāditya*, Actes du Xᵉ Congrès international des Orientalistes, II, 1, 1897, p.189~203（この論文は後に *Mémorial Sylvain Lévi*, Paris, 1937, p.244~256 に収められた）；P.C. Bagchi, *The Eight Great Caityas and their Cult*, IHQ, XVII, 1941, p.223~235.

心雜穢故世界雜穢（*Cittasaṃkleśāt saṃkliśyante, cittavyavadānād viśudhyante*）（本書、第3章第3節における記述、p.38~39を参照）。我佛法中以心爲主、一切諸法無不由心。汝今在家（*gṛhastha*）、有大福德、衆寶瓔珞無不充足、男女眷屬安穩快樂。成就正見（*samyagdṛṣṭi*）、不謗三寶（*triratna*）。以孝養心恭敬尊親、起大慈（*maitrī*）悲（*karuṇā*）、給施孤獨。乃至螻蟻尚不加害、忍辱（*kṣānti*）爲衣、慈悲爲室。尊敬有德、心無憍慢、憐愍一切猶如赤子。不貪財利、常修喜（*muditā*）捨（*upekṣā*）供養三寶（*triratna*）、心無厭足。爲法捨身而無悋惜。如是白衣（*avadātavasana*）、雖不出家已具無量無辺功德。汝於來世、萬行圓滿、超過三界、證大菩提。汝所修心即眞沙門（*śramaṇa*）亦婆羅門（*brāhmaṇa*）、是眞比丘（*bhikṣu*）、是眞出家（*pravrajita*）。如是之人、此則名爲在家出家（*gṛhasthapravrajita*）。

6)『如来不思議境界経』（Tathāgatācintyaviṣayasūtra）。提雲般若（Devaprajña）が691年（武則天天授2年）に訳出、経題は『大方広華厳経不思議仏境界分』（T300）。また、実叉難陀（Sikṣānanda）が700年頃に訳出、経題は『大方広如来不思議境界経』（T301）。経中で菩薩衆の一人として維摩が登場する（大正 10·905*b*18＝無垢称菩薩；909*a*20＝維摩詰菩薩）。（【訳注】若干情報を加え、整理して訳した。）

7)『大方広菩薩蔵文殊師利根本儀軌経』（T1191）巻1および巻5で、維摩詰はやはり衆会の一員として登場する（大正 20·838*a*13＝無垢称菩薩；855*a*7＝無垢称菩薩）。本経は宋代の980～1000年に天息災が訳出。

以上からわかるように、インドの伝承における維摩詰の記録はわずかなものである。しかしながら、6世紀には中国において維摩詰の家族、父、母、妻、息子に関する伝説が数多く流布している。吉蔵（549～623年）は『維摩経』の注釈書、『浄名玄論』（T1780）、『維摩経義疏』（T1781）で、それらについて述べている。しかし、それは筆者の守備範囲を超えるのでここでは取り上げない。

第9章　インドの論書に引用された『維摩経』

ここでまた、『維摩経』が引用されているインドの仏教典籍に注目したい。原本に残っているものも漢訳本に残っているものも挙げた。

1）『雑譬喩経』（T205）：後漢（25～220年）、訳者不詳。

「故維摩言：是身如聚末、澡浴強忍[1]」（巻2、大正4·509*b*8）

『維摩経』の相当個所：II-9；III-34；VI-1；X-9など。

2）『大智度論』（T1509）：鳩摩羅什が402～404年（姚秦弘始4～6年）に訳出。

（【訳注】原訳本には大正蔵経の箇所のみ示されているが、該当箇所の経文も掲げた。）

巻9、大正25·122*a*22~*b*14＝III-42~43

「如毘摩羅詰經中說。佛在毘耶離國。是時佛語阿難。我身中熱風氣發。當用牛乳。汝持我鉢乞牛乳來。阿難持佛鉢。晨朝入毘耶離。至一居士門立。是時毘摩羅詰在是中行。見阿難持鉢而立。問阿難。汝何以晨朝持鉢立此。阿難答言。佛身小疾當用牛乳。故我到此。毘摩羅詰言。止止阿難。勿謗如來。佛爲世尊已過一切諸不善法。當有何疾。勿使外道聞此麁語。彼當輕佛便言。佛自疾不能救安能救人。阿難言。此非我意。面受佛勅當須牛乳。毘摩羅詰言。此雖佛勅是爲方便。以今五惡之世故。以是像度脱一切。若未來世有諸病比丘。當從白衣求諸湯藥。白衣言。汝自疾不能救。安能救餘人。諸比丘言。我等大師。猶尚有病。況我等身如艸芥能不病耶。以是事故諸白衣等。以諸湯藥供給比丘。使得安隱坐禪行道。有外道仙人。能以藥艸呪術除他人病。何況如來一切智德。自身有病而不能除。汝且默然持鉢取乳。勿令餘人異學得聞知也。以是故知佛爲方便非實病也」

巻15、大正25·168*b*14~15＝VIII概要

「法相常清淨故。如眞際法性相故。不二入故。雖無二亦不一。如是觀諸法心信不轉。是名法忍。如毘摩羅經中」

巻17、大正25·188*a*1~3＝III-3

「如毘摩羅詰經中。爲舍利弗說宴坐法。不依身不依心不依三界。於三界中不得身心。是爲宴坐」

巻28、大正25·267*c*7~10＝III概要

「又如毘摩羅詰經中說。舍利弗等諸聲聞皆自說言。我不任詣彼問疾。各各自說。昔爲毘摩羅詰所呵」

巻30、大正25·278*b*14~16＝I-17~18

「如毘摩羅詰經說。佛以足指案地。即時國土七寶莊嚴。我佛國如是。爲多怒害者現佛國異」

巻30、大正25·284*a*1~3＝V-13

「如毘摩羅詰經所說。以七夜爲劫壽。以是因縁故。菩薩乘神通力。能速疾超越十方世界」

巻85、大正25·657*b*7~8＝I-16

[1] この科白はおそらく後世の書き入れであろう。

「如毘摩羅詰佛國品中説衆生淨故世界清淨。爲善根所護故終不離善知識」

巻88、大正25·682*b*4~9＝X-5；IX-11

「如毘摩羅詰經説。服食香飯七日得道者有不得者。非以噉肉故得度。以起發慈心故得免畜生。生善處値佛得度。有菩薩於無量阿僧祇劫深行慈心。外物給施衆生意猶不滿。并自以身布施。爾乃足滿」

巻92、大正25·709*a*4~5＝I-13末

「如毘摩羅詰經中説。不殺生故人皆長壽如是等」

巻95、大正25·727*a*19~21＝VIII全般

「問曰。餘處説二法是凡夫法不二法是賢聖法。如毘摩羅詰經不二入法門中説。答曰不二入是眞實聖法」

巻98、大正25·744*b*15＝VII-3末

「如毘摩羅詰經中説。愛慢等諸煩惱皆是佛道根本。是故女人見是事已生愛樂心」

3)『弥勒菩薩所問経論』(T1525)：『大宝積経』(T310) の第41「弥勒菩薩問八法会」に対する注釈書。北魏の菩提流支 (Bodhiruci) が508～534年に訳出。

「問曰：如『毘摩羅詰利致所説経』説、菩薩摩訶薩修無量行、有無量心、此深心者、為起何行。答曰：此深心者悉能発起求佛菩提。一切諸行是名深心。何以故。以此深心 … 」(T1525、巻3、大正26·245*a*10＝I-14)

4)『宝髻経四法憂波提舎』(T1526)：『大宝積経』の第47「宝髻菩薩会」に対する世親 (Vasubandhu) の註釈書。541年10月6日 (東魏孝靖帝興和3年9月1日)、毘目智仙 (Vimokṣasena) が金華寺で訳出。参照：『開元釈教録』(T2154、巻6、大正55·543*a*24)。

「如『無垢稱修多羅』説、菩薩欲得淨佛世界、当淨其心、随其心淨、佛世界淨。爾時慧命舎利弗承佛威神作其疑念：若菩薩心淨佛世界淨者、今我世尊釈迦牟尼、行菩薩時、意豈不淨而佛世界不淨若此。爾時世尊以知慧命舎利弗、而問之言：舎利弗、於意云何。汝舎利弗勿作是念、日月豈不淨耶。而盲者不見。慧命舎利弗言：不也、世尊、是盲者過、非日月咎。… 若有能於一切衆生心皆平等深心清淨、則見此佛世界清淨。… 佛言：舎利弗、我佛世界清淨如是、下劣衆生見不淨耳。舎利弗、譬如諸天共寶器食、随其業力、飯則不同。如是舎利弗、衆生共生一佛世界、若心淨者、則見世尊世界清淨、我今以此修多羅量、故説清淨」(T1526、大正26·277*a*8~*b*15＝I-14~18)

5)『入大乗論』(T1634)：堅意あるいは堅慧(Sāramati)[2]の作と伝えられる。北涼の道泰が

---

[2] 堅意は『入大乗論』(Mahāyānāvatāraśāstra: T1634) の作者で、仏滅後600年の初めに龍樹の『法華論』(Saddharmapuṇḍarīkaśāstra)の注解を著わした(参照:『法華傳記』T2068、巻1、大正51·52*c*27~28)。彼はまた世親の『十地論』(Daśabhūmikaśāstra)への簡略な注解も著わした(参照:『華厳経傳記』T2073、巻1、大正51·156*c*12)。

唐朝法蔵の『大乗法界無差別論疏并序』(T1838、巻1、大正44·63*c*5~21) によると、堅慧のサンスクリット名Sāramatiは沙羅末底と表記されているが、非常に勝れた菩薩であった。仏陀入滅後700年に中央インドのクシャトリヤの家に生まれ … Mahāyānaottara Ratnagotraśāstra＝Ratnagotravibhāga Mahāyānottaratantraśāstra (『究竟一乗宝性論』T1611) と [Mahāyāna] dharmadhātunirviśeṣaśāstra (『大乗法界無差別論』T1626およびT1627) を著わした。

『究竟一乗宝性論』(略称『宝性論』) の梵文原典がR. Sāṃkṛtyāyanaによってチベットで発見され、E.H. Johnstonが校訂出版 (Patna, 1950)、高崎直道がそれを英訳し *A Study on the Ratnagotravibhāga*

437〜439年に訳出。参照：『歴代三宝紀』（T2034、巻9、大正49・85*a*23）および『開元釈教録』（T2154、巻4、大正55・522*a*11）。

「如『維摩詰経』中所説：十方世界作魔王者、多是住不可思議解脱菩薩、能乞手足頭目髄脳。如是言者、皆是住不可思議解脱菩薩、何以故。若非菩薩、未堪斯事。譬如香象蹴踏、非驢所及、唯諸菩薩乃能行耳、如彼広説」（巻2、大正32・45*b*5~10＝V-20の要約）

6）『大阿羅漢難提蜜多羅所説法住記』（T2030）：玄奘が654年（唐高宗永徽5年）に訳出。小乗および大乗の多数の経典が列挙される中に『維摩経』も含まれている（大正49・14*a*26）。

7）『成唯識論』（T1585）：玄奘が659〜660年（唐高宗顯慶4〜5年）に編訳。『維摩経』が数回にわたって暗示的に引用されている。参照：L.de la Vallée Poussin, *Siddhi*, p.110, 214, 421,425, 427, 531, 697.

8）Madhyamakavṛtti（p.333, *6~8*）：龍樹の詩頌（Kārikā）に対する註釈書であるが、その中で月称（Candrakīrti：7世紀）は『維摩経』の第9章と思われる箇所を引用している。ただし、チベット訳本ではこの引用が落ちている。（【訳注】梵本と蔵本との対照は「『維摩經』『智光明荘厳經』解説」『梵蔵漢対照「維摩經」「智光明荘厳經」（三分冊）』第一部（大正大学綜合佛教研究所

（Serie Orientale Roma, XXXIII）として出版（Rome, 1966）。チベット訳本はMaitreya（弥勒）・Asaṅga（無著）の作とされるが、経題は*Theg pa chen poḥi rgyud bla maḥi bstan bcos*（Mahāyānottara-tantraśāstra）で、E. Obermillerによって英訳されている。書名は*The Sublime Science of the Great Vehicle to Salvation, being a Manual of Buddhist Monism, the Work of Arya Maitreya with a commentary by Aryasanga*（Acta Orientalia, IX, 1931, p.81~306）。この『宝性論』については多くの日本人学者の研究がある。

①月輪賢隆「究竟一乗寶性論について」（『日本仏教学協会年報』第7期、1934年）
②服部正明「仏性論の一考察」（『仏教史学』第4巻、3~4期、1950年）
③宇井伯壽『寶性論研究』（岩波書店、1959年）
④高崎直道「無上依経の結構」（『印度學佛教學研究』Vol.8-2、1960年）

堅慧はこの著作の中で、仏教は一元論の色合いが濃厚であり、「無垢清浄心」（*amalaṃ prabhāsvaraṃ cittam*）は絶対者的存在に位置づけられると明言している。こうした考えについては、E. Frauwallnerの*Die Philosophie des Buddhismus*（1956, p.255~264）における説明が精彩を放っている。

『法界無差別論』（Dharmadhātunirviśeṣaśāstra）については、24偈頌から成る短い著作であり、提雲691年（唐武后天授2年）に般若（Devaprajña）が訳注している。T1626の版本ではいくつかの偈頌のまとまりの後に注解が挿入されているのに対して、T1627の版本では偈頌全体に対して注解が加えられている。本論を堅慧に帰するとする考えが定着したのは、唐朝法蔵（643~712年）が編纂した本論への細疏『大乗法界無差別論疏并序』（T1838）による。

現代の注釈家は一様に二人の堅慧が存在したと想定している。第1の堅慧は『究竟一乗宝性論』および『法界無差別論』の作者であり、第2の堅慧は『入大乗論』の作者である。このような見方はN. Périが早くも1911年に発表している（*A propos de la date de Vasubandhu*, BEFEO, 1911, 抜き刷りp.10~17）。宇井伯壽も同様の見解を示している（『印度哲学研究』第5巻、1929年、p.138;『寶性論研究』、岩波書店、1959年）。

しかしながら、服部正明氏の1962年3月27日付の筆者への書信によると、堅慧1と堅慧2は同一人物の可能性があり、龍樹と無著–世親の間の時代に生存したと考えられるという。筆者は服部氏の論証に深く感銘を受け、氏がお考えを発表される日を待ち望んでいる。

いずれにしても、Sāramati（堅慧）はSthiramati（安慧あるいは悉恥羅末底）より時代的に先である。安慧は南インド（グジャラートの中部あるいは南部）のラータ（Lāṭa）の生まれであり、徳慧（Guṇamati）の弟子で、Maitraka Guhasena（556~567年）から僧院の寄進を受けた。安慧は6世紀に、『三十頌』（Triṃśikā）のインド十大論師の一人とされた（参照：窺基『成唯識論述記』T1830、巻1、大正43・231*c*19~23）。また彼はValabhīの唯識派（Vijñānavādin）の指導者であり、彼の好敵手であったのがナーランダー（Nālandā）を代表する法護（Dharmapāla）であった。安慧の思想は真諦（Paramārtha；500~569年）によって中国に広められたと考えられる。

梵語佛典研究会，2006 年)、p.23 を参照。)

9) 寂天 (Śāntideva : 7 世紀) の『学処集論』(Śikṣāsamuccaya) : 梵文原典は C. Bendall (B 梵本と略す) が校訂。漢訳本『大乗集菩薩学論』(T1636) は 11 世紀前半に汴梁で、宋の法護 (Dharmarakṣa) によって訳出された。(【訳注】以下は『維摩経』が引用されている梵本と漢訳経典の箇所、および『維摩経』の該当箇所を示したものである。ラモットは漢訳経典の文章を挙げていないが補った。詳細な対照は前掲「『維摩經』『智光明荘厳經』解説」、p.23~37 を参照。)

① B 梵本 p.6, *10~11*＝T1636、巻 1、大正 32・76*b*14~16＝VII-3
「如『維摩詰所説経』云：雖起身見如須弥山、猶能発起大菩提心生佛法矣。」

② B 梵本 p.145, *11~15*＝T1636、巻 9、大正 32・103*b*19~24＝VI-4
「如『維摩詰所説経』云：問曰：維摩詰生死有畏、当何所依。答曰：文殊師利。菩薩生死畏中、当依如来功徳之力。問曰：欲依如来功徳之力者、当依何住。答曰：欲依如来功徳之力者、当依一切衆生而住」

③ B 梵本 p.153, *20~22*＝T1636、巻 10、大正 32・105*b*23~24＝該当箇所なし
「又如『維摩詰所説経』云：若楽説世間清淨無難故、則随所化調伏一切有情、来生淨佛国土」

④ B 梵本 p.264, *6~9*＝T1636、巻 19、大正 32・126*b*15~19＝VI-6
「如『無垢稱経』説、文殊師利問維摩詰曰：虚妄分別以何為本。曰：顛倒想為本。又曰：顛倒想孰為本。曰：無住為本。又問：無住孰為本。曰：無住則無本。文殊師利従無住本則能建立一切諸法」

⑤ B 梵本 p.269, *11~12*＝漢訳本該当箇所なし＝VI-13

⑥ B 梵本 p.269, *13*~270, *3*＝漢訳本該当箇所なし＝IX-13

⑦ B 梵本 p.270, *4~7*＝漢訳本該当箇所なし＝X-6

⑧ B 梵本 p.273, *6~7*＝漢訳本該当箇所なし＝IV-20

⑨ B 梵本 p.324, *11*~327, *4*＝T1636、巻 23、大正 32・136*c*21~137*b*10[3]＝VII-6, 16 偈、18~41 偈
如『無垢称経』偈云。
或示老病死、成就諸群生、了知如幻化、通達無有礙。
或現劫焼盡、天地皆洞然、衆人有常想、照令知無常。
無数億衆生、倶来請菩薩、一時到其舎、化令向佛道。
経書禁咒術、工巧諸伎芸、尽現行此事、饒益諸群生。
世間衆道法、悉於中出家、因以解人惑、而不堕邪見。
或作日月天、梵王世界主、或時作地水、或復作風火。
劫中有疾疫、現作諸薬草、若有服之者、除病消衆毒。
劫中有飢饉、現身作飲食、先救彼飢渴、卻以法語人。
劫中有刀兵、為之起慈悲、化彼諸衆生、令住無諍地。
若有大戦陣、立之以等力、菩薩現威勢、降伏使和安。
一切国土中、諸有地獄処、輒住到于彼、免済其苦悩。
一切国土中、畜生相食噉、皆現生於彼、為之作利益。

---

3 宋の法護は偈頌の翻訳に際して、鳩摩羅什の『維摩詰所説経』(T475) をそのまま用いている。

示受於五欲、亦復現行禅、令魔心憒乱、不能得其便。
火中生蓮花、是可謂希有、在欲而行禅、希有亦如是。
或現作淫女、引諸好色者、先以欲鉤牽、後令入佛智。
或為邑中主、或作商人導、国師及大臣、以祐利衆生。
諸有貧窮者、現作無尽蔵、因以勧導之、令発菩提心。
我心憍慢者、為現大力士、消伏諸貢高、令住無上道。
其有恐懼衆、居前而安慰、先以施無畏、後令発道心。
或現離淫欲、為五通仙人、開導諸群生、令住戒忍慈。
見須供事者、現為作僮僕、既悦可其意、乃発意道心。
随彼之所須、得入於佛道、以善方便力、皆能給足之。
如是道無量、所行無有涯、智恵無辺際、度脱無数衆。
仮令一切佛、於無数億劫、讃歎其功徳、猶尚不能尽。

10)『大乗宝要義論』(T1635):宋の法称(Dharmakīrti:別名 Śāntideva)の作。11世紀前半(趙宋景徳元年～嘉祐 3 年)に法護が惟淨の助訳により訳出。チベット訳本(Cordier, III, p.323)によれば、これは龍樹の作である[4]。

①『大乗宝要義論』巻 8、大正 32･69c10~14＝IV･14

「『維摩詰経』云:何為病本。謂有攀縁即為病本、若有攀縁即有其病。何所攀縁。謂之三界、若無攀縁彼何所表、若攀縁不可得即無所得。云何無所得。謂二見無所得。何謂二見。謂内見外見、彼無所得」

②『大乗宝要義論』巻 8、大正 32･69c14~17＝VIII･17

「此経又云:愛見菩薩言:色空為二。色即是空、非色滅空、色性自空。如是乃至識即是空、非識滅空、識性自空。此等五蘊若解了者、是為入不二法門」

③『大乗宝要義論』巻 9、大正 32･72c16~25＝V･20

「『維摩詰経』云:維摩詰言:大迦葉、所有十方世界現作魔王者、皆是住不可思議解脱菩薩、以善方便成熟有情、故現魔相。又十方世界或有菩薩従其求乞手足耳鼻血肉筋骨頭目身分、妻子奴婢人民国邑象馬車乗、凡如是等或来求者、皆悉給施。菩薩以如是相故行逼迫、此等皆是住不可思議解脱菩薩。迦葉、譬如龍象蹴踏、非驢所堪。凡夫亦復如是不能如是逼迫菩薩、而菩薩者乃能如是逼迫菩薩」

---

4 寂天(Śāntideva)は『入菩提行論』(Bodhicaryāvatāra)の第 5 章 105~106 頌において、『学処集論』(Śikṣāsamuccaya)と『経典集要』(Sūtrasamuccaya)を読むことを勧めている。しかし、彼が『経典集要』を自らの作としているのか、龍樹の作としているのか、まったくわからない。そのため、現代の学者の間でも意見が分かれている。①C. Bendall, *Śikṣāsamuccaya*, Introduction, p.IV ②L. de la Vallée Poussin, *Indroduction à la pratique des futures Bouddhas*, Paris, 1907, p.48, note 1. ③A. Banerjee, *Sūtrasamuccaya*, Indian Historical Quarterly, XVII, 1941, p.121~126. しかしながら、この問題は最近、J. Filliozat 教授が *Śikṣāsamuccaya et Sūtrasamuccaya*(Journal Asiatique, 1964, p.473~478)で示された以下の結論によって解決をみた。「寂天は自作の *Śikṣāsamuccaya* とは別に *Sūtrasamuccaya* を作ってはいない。*Śikṣāsamuccaya* の中で、彼は諸経典からの多くの引用によって自らの見解を説明している。*Sūtrasamuccaya* のような著作が存在した痕跡はない。逆に、彼はそれを龍樹の作としており、チベット訳では龍樹の作として実際に存在する」。

11) ラサの法諍（792～794年）において、『維摩経』は論拠としてしばしば引用された。
① 摩訶衍（Mahāyāna）和尚による弁論の中国語の記録（tr. P. Demiéville, *Le Concile de Lhasa*, Paris, 1952）に、以下のような引用が見られる。p.80＝III-52；p.113~114＝VIII-33；p.126＝VIII-6；p.152＝I-10, 10偈

【訳注】P. Demiévilleの上掲書の該当個所の中国語訳が中文訳者により示されている。それを借用して、『維摩経』の中で対応すると思われる個所（梵文和訳）と比較対照してみた。参照：饒宗頤訳『王錫頓悟大乗政（正）理決序説并校記』、『現代佛教学術叢刊』（張曼濤編）第79冊、p.307~367。

1.「故『淨名経』中説：不観是菩提」（D＝p.80；饒＝p.341）
Ⅲ-52：「菩提とは、普く見られるものでなく、（如性にも住しないものである）」
2.「若尋文究源、還同説薬而求愈疾、是知居士、黙語吉祥、称揚心契、相応名何有」（D＝p.113~114；饒＝p.346）
Ⅷ-33：「『私たちはおのおのの説を述べました。あなたも不二の法［門］に入る教えをどうぞお語りください』そのとき、リッチャヴィのヴィマラキールティは沈黙していた。そこで、マンジュシュリー童真はリッチャヴィのヴィマラキールティを称賛した」
3.「『維摩経』云分別具説、此「二」、言一要、一不要、無有如此分別」（D＝p.126；饒＝p.350）
Ⅷ-6：「取ることと取らないことが二です。取らないということ、それは認識しないということで、そこでは認めることも否定することもしません」
4.「佛以一音演説、法界衆生随類各得解」（D＝p.152；饒＝p.355）
I-10, 10偈：「あなたは一語を放たれましたが、集会はさまざまな語音と理解します。

② インド側の対論者カマラシーラ（Kamalaśīla）のBhāvanākrama（『修習次第』）でも『維摩経』が引かれている。
1. Bhāvanākrama I（G. Tucci校訂, *Minor BuddhistTexts*, II, Rome, 1958）p.194, *8~11*＝IV-16
2. Bhāvanākrama III（G. Tucci校訂, *Minor BuddhistTexts*, III, Rome, 1971）p.13, *7~9*＝II-12主旨；p.22, *10~14*＝IV-16

以上列挙した『維摩経』の引用は前後6世紀にわたり、また、『維摩経』のほぼ全章から引かれている。このことから、『維摩経』は相当に安定した経典であったことが理解できる。さらに、『維摩経』を引用している作者の大半は中観論者である。既に述べたように、『維摩経』は純粋な中観経典であり、インドの学者たちによってもそのように見なされていた。

付　録

注解Ｉ　仏国土

（参照：I-11）

Ｉ．宇宙の体系　―　初期の経典における関心は概ね、転生（輪廻）の世界すなわち三層の世界（*traidhātuka*：三界）とそれを収める器（*bhājanaloka*：器世間）に限られていた。器世間は四つの大陸（*caturdvīpako lokadhātuḥ*：四洲）から成り、その周囲は鉄の山すなわちチャクラヴァーダ（Cakravāḍa：鉄囲山）で囲まれている。この世界については、W.Kirfelの名著 *Die Kosmographie der Inder*（Bonn, 1920）、p.178~207 に詳しく説明されている。

しかし、この世界と同時に、仏教徒は壮大な宇宙体系を構築した。それは既に小乗の経典に見られるが、その重要度が増したのは大乗の経典になってからである。参照：『長阿含経』T1、巻 18、大正 1・114*b*~*c*；『大樓炭経』T23、巻 1、大正 1・227*a*；『起世経』T24、巻 1、大正 1・310*b*；『起世因本経』T25、巻 1、大正 1・365*c*；『中阿含経』T26、巻 59、大正 1・799*c*；『雑阿含経』T99、巻 16、No.424~426、大正 2・111*c*~112*a*；Aṅguttara, I, p.227；Cullaniddesa, p.135；Lalitavistara, p.150；Kośa, Ⅲ, p.170；Mahāvyutpatti, No.3042~ 3044；『大智度論』T1509、巻 7、大正 25・113*c* ~114*a*（Nāgārjuna, *Traité*, p.447~449）；Pañjikā, p.52.

この宇宙の体系には 3 種類の複合的世界がある。

1. 小千世界（*sāhasracūḍiko lokadhātuḥ*）：四洲が千集まった世界。
2. 中千世界（*dvisāhasro madhyamo lokadhātuḥ*）：小千世界が千集まった世界。
3. 大千世界（*trisāhasramahāsāhasro lokadhātuḥ*）：中千世界が千集まった世界。すなわち、四洲が十億集まった世界。

「ガンジス川の砂の粒と同じほど数え切れない」（*gaṅgānadīvālukopama*）大千世界が 10 の領域（*daśadiś*：十方）、すなわち宇宙の 10 の方向（東、南、西、北、北東、南東、南西、北西、天と地）全体に散らばっている。

Ⅱ．仏国土（*buddhakṣetra*）　―　大千世界のなかには仏陀のいないところ、もしくは Mahāvastu, I, p.122, *3* の記述によると、最良の人々がいないところ（*śūnyakāni puruṣapravarehi*：人中尊不在）もある。しかし一般には、大千世界あるいは大千世界の集まりには同じ数だけの仏陀の国土（*buddhakṣetra*：仏国土）があって、そこでは「如来、聖者、完全に目覚めた方が見出され、暮らしておられ、住しておられ、法を説いておられる。多くの生類の利益と幸福のために、世界への慈しみの故に、生類と人と神々から成る大きな集まりの利得と利益そして幸福のために」（*tathāgato 'rhan samyaksaṃbuddhas* *tiṣṭhati dhriyate yāpayati dharmaṃ ca deśayati bahujanahitāya bahujanasukhāya lokānukampāyai mahato janakāyasyārthāya hitāya sukhāya devānāṃ ca manuṣyāṇāṃ ca*)。

我々のサハー（Sahā：娑婆）世界は南の地域に位置し、シャークヤムニ（Śākyamuni：釈迦牟尼）仏陀の仏国土である、あるいはあった。しかし、仏国土は複数の大千世界でできているものも珍しくない。

Mahāvastu, I, p.121,*11*：*buddhakṣetra*（仏国土）は 61 の大千世界に相当し、*upakṣetra* は［仏国土の］4 倍に相当する。（【訳注】*upakṣetra* については、Edgerton, Dictionary, p.134 によっても、他に詳しい説明はないとある。）

『大智度論』(T1509、巻 92、大正 25・708*b*23)：百万（訂正：十億）の月と太陽、百万のスメール山（Sumeru）と百万の天球、四大王天（Cāturmahārājika）などが *trisāhasra-mahāsāhasralokadhātu*（大千世界）を形成し、そしてそれらが数え切れない無限の数を以て、一つの仏国土を形成する。

同上（巻 50、大正 25・418*c*)：*trisāhasramahāsāhasralokadhātu* が一つの *lokadhātu*（世界、国土）を構成する。その *lokadhātu* が十方にガンジス川の砂の数ほど存在して、*buddhalokadhātu*（仏世界）を形成する。その *buddhalokadhātu* が十方にガンジス川の砂の数ほど存在して、*buddhalokadhātu* の海（*samudra*）を形成する。そのような海が十方にガンジス川の砂の数ほど存在して、*buddhalokadhātusamudra*（仏世界の海）の種子（*bīja*）を形成する。そのような種子がガンジス川の砂の数ほど存在して、一つの *buddhakṣetra*（仏国土）を形成する。

仏国土は仏陀の大悲（*mahākaruṇā*）の果であり、仏陀は定められた領域において、仏陀の行為（*buddhakārya*：仏行）を為す。仏行とは、衆生が「成熟する」（*paripācana*：熟、令熟）ように、彼らの中に 3 つの「善き根」（*kuśalamūla*：善根）を開発することである。3 つの善根とは、欲が無いこと（*alobha*：無欲）、怒りが無いこと（*adveṣa*：無瞋）、惑乱が無いこと（*amoha*：無癡）、つまり 3 つの根源的な煩悩である貪欲（*rāga*：貪欲）、怒り（*dveṣa*：瞋恚）、愚痴（*moha*：愚癡）の逆である。

『大智度論』(T1509、巻 92、大正 25・708*b*25)：一つの仏国土を成す無量無数の大千世界において、仏陀は仏行を為す。日中に 3 度、夜に 3 度（*trī rātres trir divasya*）、仏陀は仏眼で衆生をじっと見つめ（*buddhacakṣuṣā sattvān vyavalokayati*）、自らに言われる。「私は誰の中に、未だ植えられていない善根を植えられるだろうか（*kasyānavaropitāni kuśalamūlāny avaropayāmi*）。私は誰の中に、既に植えられた善根を成長させられるだろうか（*kasyāvaropitāni vivardhayāmi*）。私は誰を、解脱の果の中に定着させることができるだろうか（*kaṃ mokṣaphale pratiṣṭhāpayāmi*）」と。衆生たちについてこのように考察し、仏陀は超自然の力（*ṛddhibala*：神通力）を用いて、既に見たことに従って、衆生たちを成熟させる（*sattvān paripācayati*）。

このことを為すために、仏陀は説法から完全な沈黙に至る極めて多様な手段を用いる。『維摩経』(X-8~9) は、仏陀が用いるさまざまな手段を列挙している。

Ⅲ．仏国土の種類 — 仏陀の数と同じだけ、すなわち無量の仏国土がある。しかし、それは3種に分けられる。すなわち、清浄（*viśuddha*）、不浄（*aviśuddha*）、雑多（*miśraka*）の3種[1]である。参照：『大智度論』（T1509、巻32、大正25・302*b*15；巻93、711*c*18）；『瑜伽師地論』（T1579、巻79、736*c*21）。

1. 仏国土は不浄であり、滞在するのが不快である。

『解深密経』（T676、巻5、大正16・711*b*）：不浄な仏国土では、よく出会うもの（*sulabha*）が8つ、めったに出会わないもの（*durlabha*）が2つある。8つのよく出会うものとは、①異端者＝外道（*tīrthika*）、②苦しむ衆生（*duḥkhitasattva*）、③種族の相違など、④行いの悪い人々（*duścaritacārin*）、⑤徳性を欠いた人々（*vipannaśīla*）、⑥悪い境涯（*durgati*）、⑦小乗の人々（*hīnayāna*）、⑧こころざし（意欲）も実践も劣った菩薩（*hīnāśayaprayoga*）。— 反対に、めったに出会わないものは、①こころざしも実践も最高に勝れた菩薩（*āśayaprayogāvaropeta*）、②諸仏の出現（*tathāgataprādurbhāva*）。

我々が属するサハー世界は不浄な世界の好例である。シャークヤムニ仏陀が無上正等覚に到達されたのはこの世界であった（Pañcaviṃśati, p.13,*4*；Sad. puṇḍarīka, p.185,*3*）。いずれの資料も、それを危険で悲惨な世界として示している。

Pañcaviṃśati, p.13,*20* では、ラトナーカラ（Ratnākara）がサマンタラシュミ（Samantaraśmi）をサハー世界に派遣するが、彼に対して「その世界を旅するときは、大いに気をつけなさい」と忠告している。

Sad. puṇḍarīka, p.425,*9*：あの世界は場所によって高下があり、泥でできていて、カーラパルヴァタ（Kālaparvata：黒山）が隆起しており、汚物に満ちている（*sā lokadhātur utkūlanikūlā mṛnmayī kālaparvatākīrṇā gūthoḍillaparipūrṇā*）。

『大智度論』（T1509、巻10、大正25・130*a*）：サハー世界では、幸福の因はめったにない。そこには3つの悪い定め（*durgati*）、老（*jarā*）、病い（*vyādhi*）、死（*maraṇa*）があり、また土地の開拓が困難である。そこの住人はその世界に対する嫌悪感（*nirveda*）で満ちている。老いや病いや死を目にして、人々の思いは嫌悪感で満ちている。貧しい人々を見るとき、その貧困は過去の生（*pūrvajanman*）における結果であるということを知って、彼らの思いは嫌悪感で満ちている。そのために、住人たちに智慧（*prajñā*）と鋭い機根（*tīkṣṇendriya*）が生じる … サハー世界では、菩薩たちは方便（*upāya*）の手腕を増強させる。彼らが近づき難いのはそのためである。

『維摩経』では、シャーリプトラ（Śāriputra）が恐る恐るサハー世界の不浄を究明しており（I-15）、またヴィマラキールティ自身は、この邪悪な仏国土に納得して定住する菩薩たちの勇気を讃えている（IX-16）。

---

[1] この3種は、仏陀が成道後に梵天の勧請を受けた場面で、世の中には善良な衆生、邪悪な衆生、どちらでもない衆生があると観察された（あるいは梵天に解説された）という記述が思い出される。（【訳注】「付録」における脚注はすべて訳者による。）

2. 仏国土は清浄であり、滞在するのが快適で楽しい。Saṃdhinirmocana のある版（チベット訳 OKC No.774；玄奘訳『解深密経』（T676、巻 1、大正 16･688*b*~*c*）、Saṃgraha, p.317-322、および『仏地経論』（T1530、巻 1、大正 27･292*b*）は、清浄な仏国土における 18 の美点（*sampad*）を列挙している。すなわち、①色（*varṇa*）、②形（*saṃsthāna*）、③大きさ（*pramāṇa*）、④領域（*deśa*）、⑤因（*hetu*）、⑥果（*phala*）、⑦統治者（*adhipati*）、⑧援助者（*pakṣa*）、⑨側近者（*parivāra*）、⑩守護（*adhiṣṭhāna*）、⑪活動（*karman*）、⑫善行（*upakāra*）、⑬無畏（*nirbhaya*）、⑭美しさ（*āspada*）、⑮道（*mārga*）、⑯乗り物（*yāna*）、⑰入り口（*mukha*）、⑱土台（*ādhāra*）。

Sad. puṇḍarīka（法華経）では、清浄な世界を表現する慣用句がすべて揃っている。

p. 8,*7*：美しく、非常に美しく、如来が主宰し導いている（*darśanīyaḥ paramadarśanīyas tathāgatapūrvaṃgamas tathāgatapariṇāyakaḥ*）。p. 202,*2*；405,*2*：掌のように平らで滑らかで、七宝でできている（*samaḥ pāṇitalajātaḥ saptaratnamayaḥ*）。p. 65,*9*；144,*9*；148,*11*；151,*8*：平らで、心地よく、優雅で、見るに美しく、まったく浄らかで、繁栄しており、豊かで、健康的で肥沃である。緑柱石や他の高価な材質でできた土台の上にある。石や砂利、凹凸、急流、断崖、汚れや傷はない。貴重な木々で飾られており、市松模様に積み上げられた囲いと、花を散らした金の綱で守られている。

極楽、すなわちアミターバ仏陀（Amitābha Buddha：阿弥陀仏）の西方の楽園は清浄な仏国土の最もよい例である。Sukhāvatīvyūha, p.58~98 には、その膨大な美徳、光明、集会、樹木、蓮華、川、食べ物、楽の音、宮殿、風などが描かれている。

この極楽は我々の宇宙の諸天界よりはるかに優れており、弥勒（Maitreya）の宮殿であるトゥシタ天（Tuṣita：兜率天）も及ばない（参照：P. Demiéville, *La Yogacārabhūmi de Saṃgharakṣa*, BEFEO, XLIV, 1954, p.389, n.4）。

Ⅳ. 仏国土に共通する特徴 — 清浄であっても不浄であっても、仏国土はすべて「仏陀の国土」である。それ故、完全に清浄である。清浄な場所と不浄な場所の区別はまったく主観的なものである。

1. 諸仏は思いのままに不浄な国土を清浄な国土に変えたり、またその逆もする。『般若経』（Pañcaviṃśati, p.5~17； Śatasāha, p.7~55）では、シャークヤムニがサハー世界で般若経典を広めることを願って *samādhirājasamādhi*（三昧王三昧）に入り光線を発すると、それが進んで行って十方の世界を照らし、衆生を回心させる。彼は「肌のあらゆる毛穴によって」微笑む。すると、新しい光線が天空の果てまで達する。彼が両手をいっぱいに広げていつもの輝きを示すと、すべての衆生が歓喜する。彼は大千世界を舌で覆い、そしてさらなる回心を引き起こす。彼が *siṃhavikrīḍitasamādhi*（獅子遊戯三昧）に入ると、大千世界は六度の地震で揺れる。それから仏陀は自らの光明、自らの輝き、自らの色彩、そして自らの勝れた姿を現わす。そして、依然として疑いをもっている人々のために、通常の身体を、第一次（三十二相）および第二次（八十種好）の身体的特徴で飾って見せる。このように驚異的なことの起こる世界には、もはや不浄な世界のものがなに一つないことはいうまでもない。

Sad. puṇḍarīka でもこのような幻影が展開する。p.244~245：十方世界の諸如来と諸菩薩がプラブータラトナ（Prabhūtaratna：多宝）の仏塔を礼拝するためにサハー世界にやって来ると、不浄と思われたサハー世界が自然に浄らかな国土に変わる。それは緑柱石の土台の上に出現し、ダイヤモンドの木々や、黄金と貴重な宝石でできた花綱で覆われ、芳香で香りづけられ、花が撒き散らされ、花環で飾られ、市松模様の形の囲いで囲われ、村も町もなく、山々や荒涼たる地表もなく、海洋は河川もない。地獄も死の世界も除去されている。 p.297：シャークヤムニがそこにかかわると、サハー世界はあらゆる方向に裂け、その裂け目の真ん中から、無量百千の菩薩が出現する。

2. 菩薩が不浄な国土に清浄な国土のオアシスを作ることは、常に許されている。それ故、サハー世界の真っ只中で、ヴィマラキールティの家は清浄な仏国土の驚異的なことのすべてを享受している[2](参照：VI-13)。

3. 最後に最も重要なのは、一つの同じ仏国土が、それを見ている人の善良さまたは邪悪さによって、同時に清浄にも不浄にも見えることである。例えば、I-15~18で、シャーリプトラには、サハー世界は「高低があり、茨・断崖・絶壁・深淵があって、すべて汚れで満ちている」と見えるのに対し、ブラフマー・シキン（Brahmā Śikhin：結髪梵天）には、「壮麗さにおいてパラニルミタヴァシャヴァルティン（Paranirmitavaśavartin：他化自在天）の神々の宮殿にも匹敵する」と見える。シャークヤムニが地面に足の親指を触れた途端、サハー世界は「無限の功徳の尊い輝き」と呼ばれる世界とまったく同じ姿となり、シャークヤムニは「サハー世界は常にこのように清浄である」と説く。

V．仏国土の空性 ―『維摩経』では何度も繰り返して（IV-8；IV-20末；VII-6；IX-8；X-12を参照）、仏国土の完全な空性を主張している。仏国土は自性を欠き（*svabhāvaśūnya*）、寂静であり（*śānta*）、非現実であり（*asiddha*）、不変であり（*avikāra*）、虚空と等しいもの（*ākāśasama*）である。仏陀があらゆる種類の仏国土を現出させるのはひとえに衆生を成熟させるためであって、いかなる仏国土も本質的には清浄であり区別できない。仏国土を歩む菩薩たちは、それが空っぽの空間と同じだと考える。『大宝積経』（T310、巻86、大正11･493*b*~*c*）[3] の慣用句によると、「あらゆる仏陀はただ一人の仏陀であり、あらゆる仏国土はただ一つの仏国土である」。

---

[2] 例えば、維摩の家ではいつでも八つの不思議が現われる。①間断なく金色の光がある。②家に入るやいなや、煩悩に煩わされることがなくなる。③いつもインドラ神、護世神、一切の仏国土から集まった菩薩がいる。④常に法の声(六波羅蜜と不退転の法輪の説法)が聞かれる。⑤いつも鼓や歌や音楽が神々や人々によって奏せられている。⑥あらゆる宝で充満した四つの無尽の蔵がある。⑦シャークヤムニをはじめとする十方の無量の如来が訪れ、如来の秘密という法門を説いて帰る。⑧あらゆる神々の宮殿の光輝と、仏国土の功徳のあらゆる光輝が顕われる。

[3] 『大宝積経』「大神変会」（菩提流志訳）。この箇所の漢訳は「一切諸仏唯是一仏。… 一切仏土唯一仏土」（大正11･493*b*）である。

仏国土に関する理論は、世界の空性と絶対的不二という枠組みで捉えられる。仏国土を統治する如来たちはなにかあるものとしてではなく、「見るべきものはなにもないかの如く」見られなければならない（XI-1）。また、その仏国土で「成熟する」衆生たちも同じように非存在である（VI-1）。最後に、それら仏国土を建設するために用いることができる材料はなに一つない。なぜなら、一切諸法は虚空と等しく（*ākāśasama*）、虚空を以てしてはなにも建てられないからである（I-12）。

そうすると、仏国土とは、回心させられるべき衆生の心に打ち立てられる純粋に精神的な建造物にすぎない。

『大智度論』（T1509、巻 92、大正 25・708*c*）は、仏国土を思考に、外界を心に結びつける緊密な関係を強調している。「思考は外界の対象に付き従う。なにか期待どおりのものと対面したとき、怒り（*dveṣa*）は生じない。不浄で（*aśuddha*）、移り変わる（*anitya*）などといったものと直面したとき、渇望（*lobha*）は生じない。非存在で（*anupalabdha*）、空である（*śūnya*）ものと直面したとき、妄想（*moha*）は生じない。そこで菩薩たちは、衆生が容易に回心できるように仏国土を飾る。仏国土では、それは難しくない。なぜなら、自己という考えを奪われるので、衆生は嫉妬（*mātsarya*）・渇望（*rāga*）・敵意（*vyāpāda*）などのいかなる煩悩（*kleṣa*）も経験しないからである。仏国土のなかには、すべての樹木が真実の法の音（*dharmaśabda*）— 不生（*ajāta*）・不滅（*anirodha*）・不起（*anutpāda*）・不作（*anabhisaṃskāra*）など — を止むことなく発しているところがある。衆生はそのすばらしい音だけを聞き、それ以外の音は聞かない。鋭い機根（*tīkṣṇendriya*：利根）の衆生は、諸法の真の特質を捉える。仏国土のこのような壮麗さ（*vyūha*）が、清浄な仏国土と呼ばれる。例えば、阿弥陀仏の経典にいわれている如くである（参照：Sukhāvatīvyūha, p.82,*3*）。… さらに、内なる諸法と外なる諸法の間には、善かれ悪しかれ、因果関係がはたらいている。もし口の悪行（*akuśalavākkarman*）が多ければ、その土地には茨の藪が生じる。もし偽善（*śāṭhya*）や幻想（*māyā*）が多ければ、高地（*utkūla*）や低地（*nikūla*）など凸凹が生じる。もし嫉妬（*mātsarya*）や欲望（*lobha*）が多ければ、水が蒸発して流れが淀み、土地には砂や小石が生じる。逆に、これまで述べた悪行が行なわれなければ、国土は平坦（*sama*）で、高価な宝石を大量に産み出す。マイトレーヤ仏陀が出現するときには、人間は十の善業の道（*kuśalakarmapatha*）を守り、国土は多くの宝石を産み出すだろう」。

VI. 仏国土の浄化 — 空であること（*śunyatā*：空性）、相がないこと（*ānimitta*：無相）、願いがないこと（*apraṇihita*：無願）という 3 つの *vimokṣamukha*（三解脱門）を行じる菩薩はいかなる仏国土も感受しない。しかし、彼の智慧は大いなる慈しみ（*mahākaruṇā*：大悲）と救済の手立ての巧みさ（*upāyakauśalya*）によって完成しているので、「自分の身体を第一次および第二次の特徴で飾り、自分の仏国土を飾り、そして衆生を成熟させる」（IV-17）。したがって、この節で（I-11）、ラトナーカラと彼の仲間の菩薩たちが仏国土の浄化（*pariśodhana*）について仏陀に質問するのももっともなことである。この質問は般若経典で既に提示され、そして解決されている。

『放光般若経』T221、巻 19、大正 8･136*a*12；『摩訶般若波羅蜜経』T223、巻 26、大正 8･408*b*21；『大般若波羅蜜多経』T220、巻 476、大正 5･411*c*14；同前、巻 535、749*c*20：スブーティが仏陀に尋ねる。「菩薩はどのようにして仏国土を浄化するのでしょうか」。仏陀が答える。「菩薩は、初めて菩提の心を発した（*bodhicittotpāda*）ときから、自分の身体（*kāya*）、言葉（*vāc*）、心（*citta*）の邪悪な行為（*duṣṭhulakarman*）を除去し、それによって、他の人々の同様の行為を浄めるのである。それら邪悪な行為とは、生命を奪うこと（*prāṇātipāta*：殺生）から誤った見解（*mithyādṛṣṭi*：邪見）に至る十の悪業の道（*akuśalakarmapatha*）である」。

したがって、仏国土を浄めるとは自らの心を浄め、そして翻って他の人の心も浄めることにほかならない。この結果を獲得するために、菩薩は菩薩のあらゆる功徳（*guṇa*）を集めるだけでなく、大いなる誓願（*mahāpraṇidhāna*）を立てなければならない。また、菩薩はその誓願によって無量の仏国土を獲得する（*apramāṇabuddhakṣetrapraṇidhānaparigṛhīta*）ともいわれる。

誓願の重要さが『大智度論』（T1509、巻 7、大正 25･108*b*）で強調されている。仏国土の荘厳は重要な問題である。菩薩の功徳（*guṇa*）の実践だけではそれを実現できない。誓願の力（*praṇidhānabala*：願力）も必要である。例えば、牡牛に荷車を引く力が十分あったとしても、目的地に着くためには御者も必要である。清浄な世界と誓願の関係もそれと同様である。福徳（*puṇya*）は牡牛に、誓願（*praṇidhāna*）は御者に相当する。

仏国土の浄化は長くまた厳しい仕事であり、菩薩の修行階梯の全行程にわたって続くが、それは少なくとも 3 つの段階から成る。

1. 第 1 段階すなわち *Pramuditā*（歓喜地）から、菩薩は 10 の誓願を立てるが、その 7 番目がまさしく *buddhakṣetrapariśodhana*（仏国土の浄化）に関するものである。参照：Daśabhūmika, p.15,*18~23*; Bodh. bhūmi, p.275,*22*; 328,*19*. ― 例えば、Sukhāvatīvyūha, p.24~44 で、阿弥陀仏（Amitābha）の前身である法蔵（Dharmākara）が発心（*cittotpāda*）したときに立てた誓願。

2. 第 3 段階すなわち *Prabhākarī*（発光地）では、菩薩は自らの善根のすべてを仏国土の清浄のために振り向ける（*sarvakuśalamūlānāṃ buddhakṣetrapariśodhanāya pariṇāmanā*）。参照：Pañcaviṃśati, p.219,*16*; Śatasāh., p.1462,*4*; Āloka, p.100,*10*.

『瑜伽師地論』（T1579、巻 79、大正 30･736*c*24）によると、菩薩が自らの誓願の力によって清浄な仏国土への誕生を獲得するのはこの第 3 段階からである。

『維摩経』は IX･18 で、清浄な国土に到るために成就しなければならない条件について説明している。

3. 最後に、第 8 段階すなわち *Acalā*（不動地）では、Madhyāntavibhāga, p.105,*21* の記述によると、菩薩は国土の清浄の主権（*kṣetraviśuddhivaśitā*：浄土自在）を享受する。

実際、この段階では、智慧はあらゆる束縛から解放され、もはやいかなる特徴も捉えることなく、努力せずに自然に機能する。これが *anābhoganirnimittavihāra*（無功用無相住）である（Bodh. bhūmi, p.350,*12*；Siddhi, p.617）。第8段階では、菩薩は *anutpattikadharmakṣāntiprāpta*（得無生法忍）すなわち諸法は無生であるとの確信を得た者となる（Daśabhūmika, p.64,*5*；Bodh. bhūmi, p.350,*27*）。彼は最終的な勝利について確定的な予言（*vyākaraṇa*：授記）を受ける（Lalitavistara, p.35,*21*；Sūtrālaṃkāra, p.20,*15*；141,*27*；166,*12*）。そして、最上で完全な覚りに達することを保証される（*niyata, niyatipatita*：決定、入決定）（Bodh. bhūmi, p.367,*12*）。彼は *avaivartika* すなわち決して退転しない菩薩となり（Bodh. bhūmi, p.235,*18*）、決して後戻りしないこと（*avinivartanīyatā, avinivartanīyadharmatā*：Śikṣāsam., p.313,*20*）を保証される。最後に最も重要なのは、彼は自分の肉体（*māṃsakāya*）、すなわち繋ぐもの（腱）と行為（*bandhanakarmaja*）から生まれ、誕生と死（*cyutyupapatti*）の支配を受ける体を捨てて、絶対性から生まれる体（*dharmadhātujakāya*）、すなわち三界の存在から解放された体を獲得することである（『大智度論』T1509、巻12、大正25・146*a*28；巻28、264*b*4~7；巻30、283*a*29~b3；284*a*27；巻34、309*b*8；巻38、340*a*2；巻74、580*a*14~16）。

Pañcaviṃśati, p.217,*3* および 223,*21* と Śatasāh., p.1458,*1* および 1469,*21* は、第8段階の特徴のなかに、仏国土の構想とその構想に適った国土の荘厳（*buddhakṣetradarśanaṃ teṣāṃ ca buddhakṣetrāṇāṃ yathādṛṣṭiṃ svakṣetraniṣpādanatā*）を入れている。同じ出典で次のように説明されている — *yad svakṣetra eva sthitvāparimāṇāni buddhakṣetrāni paśyati na cāsya buddhakṣetrasaṃjñā bhavati. īśvaracakravartibhūmau sthitas trisāhasramahāsāhasralokadhātūn saṃkrāmati svakṣetraṃ ca niṣpādayati.*「菩薩は自分自身の国土にとどまったままで、無量の仏国土を見る。しかし、もはや仏国土という考えはもっていない。統治する世界の王という位を保って、大千世界を往き巡り、やがて自らの国土を建設するのである」。

この一節について、『大智度論』（T1509、巻50、大正25・418*a*26）は次のように解釈している — ある菩薩たちは、自らの超自然的知識の力（*ṛddhyabhijñā*：神通力）によって十方世界を飛翔して行き巡り、諸々の清浄な世界をじっと観察して、自らの仏国土を飾るために、それら諸国の特質を把握する（*nimittāny udgṛhṇanti*）。また、ある菩薩たちは、仏陀に案内されて、十方世界の清浄なる仏国土を見せてもらう。彼らは、それら清浄なる世界の特質を捉えて、次のような誓願を立てる。「世自在王仏（Lokeśvararāja：Sukhāvatīvyūha, p.14,*18* に登場）のように、私は十方に行き、法を新たに定め、比丘を一堂に集めて、国土清浄に取り組もう」と。最後に、ある菩薩たちは、自分のもともとの国土にとどまって、仏眼を用いて十方世界の清浄な国土を見る。彼らはまず、清浄な特質を捉えるが、そののち心の脱離（*asaṅgacittatā*：不著心）を獲得して、中立（捨）に転じる。

諸々の仏国土については、Hōbōgirin s.v. *Butsudo*, p.198~203 も参照。

注解Ⅱ　発心・深心・直心

（参照：I-13）

菩薩の修行階梯は *bodhicittotpāda*（*bodhi* すなわち覚りの心が生じること）から始まり、*anuttarāyāṃ samyaksaṃbodhāv abhisaṃbodhiḥ*（無上で完全な菩提に到達すること）、すなわちまさしく諸仏のものである全知（*sarvajñatā*：一切智性）で終結する。

I. *cittotpāda*（発心）のとき、菩薩はある日、すべての衆生の利益と幸福に身を捧げるために無上で完全な菩提に到達しようという誓いを立てる。

Bodhisattvaprātimokṣasūtra, IHQ, Ⅶ, 1931, p.274 ; Bodh. bhūmi, p.12 : *bodhisattvasya prathamaś cittotpādaḥ sarvabodhisattvasamyakpraṇidhānānām ādyaṃ tadanyasamyakpraṇidhānasaṃgrahakam ... sa khalu bodhisattvo bodhāya cittaṃ praṇidadhad evaṃ cittam abhisaṃskaroti vācaṃ ca bhāṣate : aho batāham anuttarāṃ samyaksaṃbodhim abhisaṃbuddhyeyaṃ sarvasattvānāṃ cārthakaraḥ syām, atyantaniṣṭhe nirvāṇe pratiṣṭhāpayeyaṃ tathāgatajñāne ca. sa evam ātmanaś ca bodhiṃ sattvārthaṃ ca prārthayamānaś cittam utpādayati ... tasmāt sa cittotpādo bodhyālambanaḥ sattvālambanaś ca.*

菩薩の修行階梯において、*cittotpāda*（発心）は無量の善法、とりわけ高いこころざし（*adhyāśaya*：深心）および善への性向（*āśaya, kalyāṇāśaya*：直心、善意楽）と結びついているかぎり、不断に発展し続ける。

Akṣayamatisūtra (Sūtrālaṃkāra, p.16, *17* に引用)：菩薩にとって、最初の *cittotpāda*（発心）は大地（*pṛthivī*）に喩えられる。なぜなら、それは仏陀のあらゆる特質と、それらにかかわる資糧（*saṃbhāra*）が成長すべき土壌（*pratiṣṭhā*）だからである。善への性向（*āśaya*）と結びついたら、*cittotpāda* は純金（*kalyāṇasuvarṇa*）の如くである。なぜなら、それは衆生の利益と幸福に関する高いこころざし（*adhyāśaya*）のいかなる変更をも阻むからである。努力（*prayoga*）と結びついたら、*cittotpāda* は明るい 15 日目の新月（*śuklapakṣa-navacandra*）の如くである。なぜなら、それはついには善法（*kuśaladharma*）の増大に達するからである。高いこころざし（*adhyāśaya*）と結びついたら、*cittotpāda* は火（*vahni*）の如くである。なぜなら、特別の燃焼力に恵まれた火のように、常により高い優越的地位（*uttarottaraviśeṣa*）に上るからである。

Sūtrālaṃkārā, p.14, 7 によれば、菩薩の修行階梯における 4 つの地点との関連で、*cittotpāda* の 4 つの主たる類型を挙げることができる。

1. 堅固な信の実践段階（*adhimukticaryābhūmi*：勝解行地）と呼ばれる準備段階における堅固な信（*ādhimokṣika*：勝解）にかかわる *cittotpāda*。

2. 最初の 7 段階における清浄で高いこころざし（*śuddhādhyāśayika*：清浄増上意楽）にかかわる *cittotpāda*。

3. 第 8 および第 9 段階における成熟者（*vaipākika*：淳熟者）の *cittotpāda*。

4. 第 10 段階における障礙なき者（*anāvaraṇika*：無所著者）の *cittotpāda*。

II. *adhyāśaya*（高いこころざし：深心）は、実際には *cittotpāda*（発心）と同義語であり、両者は不可分の概念である。『維摩経』の諸訳を見ると、*adhyāśaya* は *lhag paḥi bsam pa*（チベット）、深心（羅什）、上意楽あるいは増上意楽（玄奘）と訳されている。

般若経典（Pañcaviṃśati, p.214,*13*; 217,*20*; Śatasāh., p.1454,*12*; 1458,*22*）は、*adhyāśaya* を第１段階 ― 後に *pramuditā*（歓喜地）または *śuddhādhyāśayabhūmi*（浄心地）と呼ばれる（参照：Bodh. bhūmi., p.367,*8*）― の 10 種の準備（*parikarman*：修行、浄業）の先頭に置き、それを以下のように定義している：*sarvākārajñatāpratisaṃyuktair manasikāraiḥ sarvakuśalamūlasamudānayatā*「あらゆる方面の智慧について熟考することによって、あらゆる善根を獲得すること」。換言すると、最終的には諸仏に相応する全知（一切智）に達する善根を獲得するということ。

Bodh. bhūmi., p.313,*4* も非常によく似た定義を示している：*tatra śraddhāpūrvo dharmavicayapūrvakaś ca buddhadharmeṣu yo 'dhimokṣaḥ pratyavagamo niścayo bodhisattvasya so 'dhyāśaya ity ucyate*：「高いこころざしとは、信仰が先行し、法の分析が先行し、そして仏陀の特質に向かう堅持、理解、決意である」。

これらの定義は仏陀の特質にのみ着目したものであり、*adhyāśaya* の利他的な特徴を十分に示していない嫌いがある。仏陀の特質には大悲と大慈が確かに含まれているという事実を見落としてはならない。

そこで、Madhyāntavibhāga, p.85,*1* は、非常に的確に *sarvasattvahitasukhādhyāśaya* すなわち「一切衆生の利益と幸福をもたらそうとする高いこころざし」を述べている。

Bodh. bhūmi., p.18,*17* によると、「利益（*hita*）をもたらそう」という高いこころざしは、衆生をよい場所に置きたい（*kuśale sthāne pratiṣṭhāpanakāmatā*）、すなわち衆生を涅槃に定着させたいという願いである。「幸福（*sukha*）をもたらそう」という高いこころざしは、不幸な人々に資糧を供給したいという願い（*vastūpasaṃharaṇakāmatā*）である。

cittotpāda と同様、*adhyāśaya* も菩薩の修行階梯が進むにつれて増大し、多様化する。『大方広仏華厳経』（T278、巻 24、大正 9・551*a*26）ではそれらを 10 種に、Bodh. bhūmi., p.313,7 では 15 種に分類している。これらはスコラ的な定義であってほとんど意味がない。

Sūtrālaṃkāra, p.176,*21* によると、*adhyāśaya* は、まだその段階に達していない菩薩にとっては不浄（*aśuddha*）であり、既にその段階に入っている菩薩にとっては清浄（*viśuddha*）であり、不退転の段階（*avinivartanīyabhūmi*）すなわち第八地に達した菩薩にとっては非常に清浄（*suviśuddha*）である。

III. *āśaya* または *kalyāṇāśaya*、すなわち善の性向は、それを成長させるための *cittotpāda* と結びついた一群の善への指針の全体を指す。『維摩経』の諸訳では、*āśaya* は *bsam pa*（チベット）、直心（羅什）、純意楽（玄奘）と訳されている。

Bodh. bhūmi. は 7 種の *kalyāṇāśaya*（p.312,*5*）と 10 種の *āśayaśuddhi*（p.333,*4*）を挙げている。

より一般的には、*āśaya* は異なった様相（*ākāra*）をとって、完成の修行（*pāramitābhāvanā*）を助ける。異なった様相とは、数にして 6 つあり ― 飽くことを知らない（*atṛpta*：無厭）、持続する（*vipula*：広博）、喜びがある（*mudita*：歓喜）、利益をもたらす（*upakāra*：恩恵）、汚れがない（*nirlepa*：無垢）、徳がある（*kalyāṇa*：賢善）という素質 ― 、これらについては Sūtrālaṃkāra, p.102,*13* および Saṃgraha, p.188 以下に詳しく説明されている。

注解Ⅲ　無我・不生・無生法忍

（参照：Ⅲ-19）

I. *Nairātmya*（無我） — 1. 小乗は個我あり（*pudgalagrāha*：人取）とする信念を退け、個我の非存在（*pudgalanairātmya*：人無我）を主張する。

Bodh. bhūmi., p.280,*21*：*tatredaṃ pudgalanairātmyaṃ yan naiva te vidyamānā dharmāḥ pudgalāḥ, nāpi vidyamānadharmavinirmukto 'nyaḥ pudgalo vidyate*：「個我の非存在とは、存在するいかなる法も個我ではなく、存在する法のほかにいかなる個我もない、ということにほかならない」

そのかわり、小乗は存在の心理物理的現象（*skandha*：五蘊）、事物（*dharma*：諸法）が特性（*svabhāva*：自性）および特徴（*lakṣaṇa*：相）をもつことを認める。現象だけの存在を肯定するのである（*skandhamātravāda*）。

2. 大乗は個我あり（*pudgalagrāha*）とする信念と、事物あり（*dharmagrāha*）とする信念の両方を退け、個我の非存在（*pudgalanairātmya*：人無我）と事物の非存在（*dharmanairātmya*：法無我）を同時に主張する。

a. *pudgalanairātmya* に関して、飽くことなく繰り返される何千という決まり文句のなかから、ここにいくつか挙げてみよう。

Pañcaviṃśati, p.39,*3*：*na cātmā upalabhyate na sattvo na jīvo na poṣo na puruṣo na pudgalo na manujo 'py upalabhyante.*

同書, p.99,*17*：*evam ātmasattvajīvapoṣapuruṣapudgalamanujamānavakārakavedakajānakapaśyakāḥ sarva ete prajñaptidharmāḥ sarva ete anutpādā anirodhā yāvad eva nāmamātreṇa vyavahriyante.*

b. Bodh. bhūmi., p.280,*23*：*tatredaṃ dharmanairātmyaṃ yat sarveṣv abhilāpyeṣu vastuṣu sarvābhilāpasvabhāvo dharmo na vidyate*：「*dharmanairātmya*（法の非存在）とは、名づけられるすべての事物のなかで単なる名称ではない法は存在しない、ということ」

Pañcaviṃśati., p.146, *9*：*bodhisattvo mahāsattva ātmānaṃ nopalabhate yāvat sattvajīvapoṣapuruṣapudgalamanujamānavakārakavedakajānakapaśyakān nopalabhate atyantaviśuddhitām upādāya yāvad vyastasamastān skandhadhātvāyatanapratītyasamutpādān nopalabhate atyantaviśuddhitām upādāya*：「絶対的な清浄に立脚して、菩薩は自己も、衆生、生類、養育者、人間、個我、人類、人種、作者、受者、知者、見者も感知しない。絶対的な清浄に立脚して、菩薩は個々のものも集合したものも、あるいは集合体も要素も、あるいは認識の基盤も感知しない」

II. *Anutpāda*（不生） — 大乗はその冗長な諸経典の中で、自分たちに特有の命題を特に強調している。それは *dharmanairātmya* すなわち諸法（事物）の非存在、不生（*anutpāda*）である。

これは、龍樹の有名な *kārikā*（Madh. vṛtti, p.12,*13*）のなかで説かれている。

na svato nāpi parato na dvābhyāṃ nāpy ahetutaḥ,
utpannā jātu vidyante bhāvāḥ kvacana kecana.

「それ自身によっても、その他のものによっても、［自他の］両者によっても、諸々の原因と無関係にも、事物は生起しない。いかなるところにも（*kva cana*）、いかなる時にも（*jātu*）、いかなるものも（*ke cana*）」

1. 事物がそれ自体から生起することはない。参照：Madh. vṛtti, p.13,*7*：

tasmād dhi tasya bhavane na guṇo 'sti kaścij
jātasya janma punar eva ca naiva yuktam.

「これから生まれたこのものにはなんの徳もない。一度生まれたものが再び生まれることは容認できない」

換言すると、それ自体の本質から生まれたあるものに、［たとえば］芽から生じた芽には、なんらの利点もない。なぜなら、それは既に存在するから。既に生まれたものがもう一度生まれることは容認できない。なぜなら、もし種子が種子として再生するとしたら、芽や幹や枝は決して生じないことになるから。

2. 事物が他のものから生起することはない。参照：Madh. vṛtti, p.36,*4*：

na hi svabhāvo bhāvānāṃ pratyayādiṣu vidyate,
avidyamāne svabhāve parabhāvo na vidyate.
anyat pratītya yadi nāma paro 'bhaviṣyaj
jāyeta tarhi bahulaḥ śikhino 'ndhakāraḥ,
sarvasya janma ca bhavet khalu sarvataś ca
tulyaṃ paratvam akhile 'janake 'pi yasmāt.

「事物は他のものから生じない。実際、事物の自性はその［生成の］条件等には存在しない。事物の自性が存在しないなら、どうして条件が［その結果の性質と］異なる性質をもつことがあり得るだろうか」

換言すると、結果が生じないかぎり、その自性は存在しない。それ故、それを生じさせる条件がその結果と異なった性質であるはずがない。その結果がまだ存在しないのだから。

「もし、他のものが他の原因から生じるとしたら、明らかに厚い闇が炎から生じ得ることになる。あらゆるものがあらゆるものから生じる。なぜなら、［結果とは］別のものであるという性質は［原因においても］同じだから。また、発生源でないすべてのものにおいても同様である」

換言すると、もし発生原因になるためには、結果以外のものでありさえすればよいということであるなら、どんなものもどんなものからでも生じることになるだろう。炎から闇が生じ、大麦が米の芽を出すこともあり得る。実際、結果以外のものである性質は、原因それ自身にも、また原因ではないもののすべてにも当てはまることになるだろう。

3. 事物はそれ自身からと他のものからと同時に生起することはない。参照 : Madh. vṛtti, p.38,*1* および 233,*4* : *dvābhyām api nopajāyante bhāvāḥ, ubhayapakṣābhihitadoṣaprasaṅgāt, pratyekam utpādāsāmarthyāc ca. yakṣyati hi:*

syād ubhābhyāṃ kṛtaṃ duḥkhaṃ syād ekaikakṛtam yadi. yadi hy ekaikena duḥkhasya karaṇaṃ syāt, syāt tadānīm ubhābhyāṃ kṛtaṃ duḥkham. na caikaikakṛtaṃ taduktadoṣāt. na caikaikena prāṇātipāte 'kṛte dvābhyāṃ kṛta iti vyapadeśo dṛṣṭaḥ.

「事物はそれ自身からと他のものからと同時には生じない。なぜなら、前述の二つの命題で既に指摘した誤りに陥る結果になるからである。また、別々にみても、[それ自身と他のものは] [結果を] 生むことができないからである。こういってもよいだろう。『もし苦の [世界] が両者によって別々に作られることもあり得るとしたら、それは両者によって同時に作り出されることもあり得る』と。もし苦の世界が [それ自身あるいは他のものの] それぞれによって別々に作り出されるとしたら、両者によって同時に作られることもあり得るだろう。しかし、[それ自身あるいは他のものの] それぞれによって別々に作り出されることはない。それが不可能なことは上述したとおり。もし殺人が別個の二人の人間によって行なわれたのでなければ、共に犯したとして彼らを糾弾することはできない」

4. 最後に、事物は原因がなければ生起しない。参照 : Madh. vṛtti, p.38,*4* :

ahetuto 'pi notpadyante,

hetāv asati kāryaṃ ca kāraṇaṃ ca na vidyate

iti vakṣyamāṇadoṣaprasaṅgāt.

gṛhyeta naiva ca jagad yadi hetuśūnyaṃ

syād yadvad eva gaganotpalavarṇagandhau

ityādidoṣaprasaṅgāt.

「事物は原因がなくても生じない。なぜなら、『因果関係がなければ、結果も原因も存在しない』といって指摘する間違いをもたらすことになるから。また、『もし世界が原因を欠いているとしたら、世界は知覚されないだろう。ちょうど空中の蓮華(空華)の色・香が知覚されないのと同様に』という別の間違いをもたらすだろう」

したがって、それ自身からも、他のものからも、あるいはその両者からも、あるいはまったく原因がなくても、事物の生起はないのだから、事物には自性 (*svabhāva*) はない。Ratnameghasūtra (Madh. vṛtti, p.225,*9* に引用) の一文が結論となろう。

ādiśāntā hy anutpannāḥ prakṛtyaiva ca nirvṛtāḥ

dharmās te vivṛtā nātha dharmacakrapravartane.

「法輪を転じることによって、おお、世尊よ、あなたは、諸法は本性から寂静であり、不生であり、自性として涅槃に入っているとお説きになりました」

Ⅲ. *Anutpattikadharmakṣānti* (無生法忍) — これまで述べてきたように、諸法の不生が大乗仏教の礎石となっている。しかし、菩薩がその確信に至るには段階を踏まなければならない。これは *anutpattikadharmakṣānti*「諸法は生じることがないという確信（あるいは信念）」（無生法忍）と呼ばれる。この複合語の分析ははっきりしている。

Lalitavistara, p.36,*9* : *anutpattikeṣu dharmeṣu kṣāntiḥ.*

Vajracchedikā, p.58,*9* : *nirātmakeṣv anutpattikeṣu dharmeṣu kṣāntiḥ.*

Sūtrālaṃkāra, p.163,*20* : *anutpattikadharmeṣu kṣāntiḥ.*

一般的には、*kṣānti*（パーリ語では *khanti*）は「忍耐、耐え忍ぶ」という意味であるが、ここで取り上げた表現では、「知的な感受性」（*intellectual receptivity* : Edgerton）で、承認（admission）、信念（conviction）、確信（certainty）といった意味をもつ。

忍耐という意味の *kṣānti* は、語根√*kṣam*（耐える、忍ぶ）から来ているが、承認という意味の *kṣānti* は、語根√*kam*（～を好む、～する傾向がある）からきている。後者の場合、パーリ語 *khanti* の誤ったサンスクリット語化であろう（参照：G.H.Sasaki, *khanti, kānti, kṣānti,* Journ. of Indian and Buddhist Studies, Ⅶ, No.1, 1958, p.359)。

サンスクリット文献では、*kṣānti* は、菩薩の 6 種または 10 種の大いなる完成（*pāramitā* : 六波羅蜜または十波羅蜜）の 3 番目である。一般に *kṣānti* は 3 種に分けられる。すなわち、1. *parāpakāramarṣaṇakṣānti* 他者の誤った行為を耐え忍ぶ忍耐；2. *duḥkādhivāsana-kṣānti* 苦しみを受け入れる忍耐；3. *dharmanidhyānādhimuktikṣānti* 甚深な法を熟考し遵守するときの忍耐（Sūtrālaṃkāra, p.108,*20* ; Saṃgraha, p.191 ; Bodh. bhūmi, p.195 ; 参照：Nāgārjuna, *Traité,* p.865-926)。*anutpattikadharmakṣānti* はこの 3 番目の種類に入る。

これは、*cittotpāda*（発心）や *adhyāśaya*（直心）と同様に（注解Ⅱを参照)、*kṣānti*（忍耐）も菩薩の修行階梯において発達するものである。すなわち、言葉の上だけでの（*ghoṣānugā*）確信、準備的な（*anulomikī*）確信、また最終的に決定的に獲得した（*pratilabdhā*）確信である。

このことは Sukhāvatīvyūha, p.112,*12* で説明されている：*bodhisattvās tisraḥ kṣāntīḥ pratilabhante yad idaṃ ghoṣānugām anulomikīm anutpattikadharmakṣāntiṃ ca* — また、多少の違いはあるが、『大方広仏華厳経』（T279、巻 44、大正 10･232*b*6~26）;『仏説仁王般若波羅蜜経』（T245、巻 1、大正 8･826*b*23~24）;『坐禅三昧経』（T614、巻 2、大正 8･285*a*~*b*）; Samādhirāja, I, p.76 も参照。

1. 始めに、最初の 5 段階において、菩薩は事物の不生という考えを承認するが、それは *adhimukti* すなわち固守、是認、言語での表明（*ghoṣānuga*）に依るにすぎない。菩薩はその確信を決定的に獲得しているのではない。参照：Aṣṭasāh., p.856,*25* ; *bodhisattvāḥ prajñāpāramitāyāṃ carantaḥ sarvadharmā anutpattikā ity adhimuñcanti na ca tāvad anutpattikadharmakṣāntipratilabdhā bhavanti.*

2. 第 6 段階、*Abhimukhī*（現前地）では、諸法の空性をあらゆる面から考察し、菩薩たちは極めて強固な準備的確信（*anulomikī kṣāntiḥ*）を獲得するが、まだ本当の *anutpattika-dharmakṣānti*（無生法忍）に入るには到っていない。参照：Daśabhūmika, p.47,*17* ; *sa*

evaṃsvabhāvān sarvadharmān pratyavekṣamāṇo 'nusṛjann anulomayann avilomayan śraddadhann abhiyan pratiyann avikalpayann anusaran vyavalokayan pratipadyamānaḥ, ṣaṣṭhīm abhimukhīṃ bodhisattvabhūmim anuprāpnoti tīkṣṇayānulomikyā kṣāntyā. na ca tāvad anutpattikadharmakṣāntimukham anuprāpnoti.

3. 最終的に、菩薩は *anutpattikadharmakṣānti* を「獲得する」(*pratilabhante* : Sad. puṇḍarīka, p.136,*9-10* ; 419,*6* 参照)。これが *kṣānti* の決定的な獲得（*pratilābha, pratilambha, pratilambhatā*）と呼ばれる（Sad. puṇḍarīka, p.226,*1* ; 437,*1* ; Lalitavistara, p.36,*9* ; 440,*21*)。

経典の多くが認めるところによると、この獲得は第 8 段階、*Acalā*（不動地）で生じる。参照 : Daśabhūmika, p.64,*5* ; Sūtrālaṃkāra, p.122,*2* ; 131,*17* ; Bodh. bhūmi., p.350,*27* ; Madhyāntavibhāga, p.105,*11*.

kṣānti の獲得には菩薩の最終的な勝利（成覚）に関する予言（*vyākaraṇa* : 授記）が伴う。参照 : Lalita, p.35,*21*; Sūtrālaṃkāra, p.20,*15*; 141,*27*; 166,*12*. このことは Sad. puṇḍarīka, p.226,*1~2* の一節に明示されており、そこでは 3 千人の衆生に *anutpattikakṣānti* と *vyākaraṇa* の両方の獲得が承認されている : *trayāṇāṃ prāṇisahasrāṇām anutpattika-dharmakṣāntipratilābho 'bhūt, trayāṇāṃ ca prāṇisahasrāṇāṃ anuttarāyāṃ samyaksaṃ-bodhau vyākaraṇapratilābho 'bhūt.*

[当然ながら、ここで我々が取り上げているのは大いなる *vyākaraṇa*、すなわち決定的な予言である。諸経典には何種類かの *vyākaraṇa* が定義されている。参照 : P. Demiéville, *Le Concile de Lhasa*, Paris, 1952, p.141 の注記。本書、Ⅲ-50、脚注 89 を参照。]

最終的に、菩薩は不退転の確信を獲得する（*avaivartikakṣāntipratilabdha* : Sad. puṇḍarīka, p.259,*13*)。そのため、それを獲得する第 8 段階は「不退転地」(*avaivartyabhūmi*, Daśabhūmika, p.71,*12* ; *avaivartikabhūmi*, Bodh. bhūmi, p.235,*18*）とも呼ばれる。

《Ⅲ-50、脚注 89、英訳書 p.86》

予言（*vyākaraṇa*）はパーリ三蔵の後期の作品、およびサンスクリット文献において重要な役割を果たしている。仏陀はもはや、非常に高度で専門的で長い経典において延々と論じることはなく、聴衆に対して彼らの過去の行為を明らかにし、彼らの未来の再生を知らせるためにしばしば中断する。こうした予言は一定の儀式に従ってなされ、その典型は Avadānaśataka,I, p.4~7 ; 10~12 ; 19~22 など ; Divyāvadāna, p.67~69 ; 138~140 ; 265~267 ; 366~368 ; 568~570、および『根本説一切有部毘那耶』(T1442、巻 46、大正 23･879a~c) ;『根本説一切有部毘奈耶薬事』(T1448、巻 8、大正 24･36a~b) に見られる。

仏陀が微笑む。仏陀が微笑まれると、そこで両唇から青・黄・赤・白の光線が生じ、そのあるものは下方に、あるものは上方にというのが定型である。下方に向かうものは地獄にまで達し、地獄に繋がれた者たちを一新し、あるいは温め、彼らを神々に変身させる。上方に向かう光は三十三天を貫き、その神々は称賛のあまり互いに叫び合う。

「始めよ、おのおのの住まいから出よ。自らを仏陀の法に捧げよ。死の軍を打ちのめせ、象が葦の小屋を打ち倒すように」

「この法の規則に従って揺らぐことなく歩いて行く者は、誕生とこの世の輪廻を避け、苦悩に終りをもたらすだろう」

すると、光線は三千大千世界を包み込んで、再び背後から世尊の元に戻る。もし世尊が過去において成就した行為を説明したいとしたら、光線は世尊の背後に消える。世尊が予言したいのが未来の行為である場合には、光線は世尊の胸に消える。彼の予言する誕生が地獄か、畜生か、餓鬼か、人か、力輪王か、転輪王か、あるいは諸天かによって、光線はそれぞれ世尊の足の裏、踵、足の甲、膝、左の掌、右の掌に消え、そして最後には臍へと消える。もし世尊が誰かに対して、声聞の菩提（*bodhi*）を得るであろうと予言したい場合は、光線は口に消える。独覚の菩提の場合は両耳に、無上正等覚（*anuttarā samyaksaṃbodhiḥ*）の場合は頭頂部（肉髻）に消える。

つづいて、アーナンダ（阿難）が世尊に微笑みの理由と光線が戻ってきた理由を尋ねる。

「いや、それには理由はない。勝者、すなわち敵を打ち破り、悦楽から離れ、毀誉褒貶を捨て、この世の幸福の因である者が、蓮華の黄色い繊維のような微笑を現わすことに …（理由はない）」

仏陀がアーナンダに答えて言う。彼の微笑みに理由がないということ、また何某は抱いた思いあるいは捧げた供養の故に、某所に生まれたり、あるいはこの世において、完全に十号を具えた仏陀になることさえあるということを。

大乗仏教の経典、例えば『首楞厳三昧経』（T642、巻2、大正15・638c~639b：Lamotteの仏訳, *La Concentration de la Marche Héroïqu*, Brussels, 1965, p.202, §100~213, §108；また、P. Demiéville, *Le Concile de Lhasa*, p.141~142も参照）およびSūtrālaṃkāra, p.166,*9*；Bodh. bhūmi, p.290,*6~7.*などでは、4種の予言を定義している。

1. まだ菩提の心を起こしていない*gotrastha*（住種姓）に授けられる予言（*anutpādacitta-vyākaraṇa*）。
2. 菩提の心を起こしたばかりの者に授けられる予言（*utpāditacittavyākaraṇa*）。
3. 衆会にはわかるが、本人には秘密で授けられる予言（*asamakṣavyākaraṇa*）。
4. 本人の面前で、公けに授けられる予言（*saṃmukhapudgalavyākaraṇa*）。

最高の予言、授記（*vyākaraṇa*）は第八地すなわち不動（*acāla*）、不退転の位（*avaivartikā bḥūmi*）の無生法忍（*anutpattikadharmakṣānti*）を獲得した菩薩に授けられるものである。

しかしながら、予言（*vyākaraṇa*）は暫定的な価値にすぎず、決して人無我（*pudgala-nairātmya*）と同等のものではない。

『大智度論』（T1509、巻38、p.336*b*24~*c*3）：「菩薩とは名前にすぎない（*nāmamātra*）… しかし、仏陀の法においては、真実には2種類ある。1. 体験上の真実（*saṃvṛtisatya*）と、2. 本当の真実（*paramārthasatya*）である。衆生（*sattva*）は存在するというとき、それは体験上の真実である。本当の真実では、衆生は存在しないという。人には2種類ある。名前の特徴（*nāmalakṣaṇa*）を理解する人と、それを理解しない人である。例えば、軍隊が暗号を決めるとき、ある人々はそれを知っていて、他の人々はそれを知らないようなものである」。

すべての経典が示す見解は、衆生が非存在ならば、それに関する予言は意味がないということである。

Aṣṭasāh., p.800,*12~17*: *nāhaṃ bhagavaṃs taṃ dharmaṃ samanupaśyāmi yo dharmo vyākṛto vyākariṣyate vyākariyate vānuttarāyāṃ samyaksaṃbodhau. tam apy ahaṃ bhagavan dharmaṃ na paśyāmi yo dharmo 'bhisaṃbudhyate yo dharmo 'bhisaṃboddhavyo yena vā dharmeṇābhisaṃbudhyate.*「私は、無上にして完全な覚りへと、既に予言されている、［将来］予言されるであろう、あるいは［いま］予言されている、いかなる法も見ない。私は、覚りに到っている、［将来］覚りに到ることになっている、あるいは［いま］それによって覚りに到る、いかなる法も見ない」。

Pañcaviṃśati, p.58,*20*~59,*14*: 菩薩が取り組んでいる努力の中で、智慧の真実に捧げられた努力は最善（*agra*）とされる … それはなぜか？ なぜなら、最高の努力とは、智慧の完成のために、空（*śūnyatā*）のために、特徴のないこと（*ānimitta*：無相）のために、願いのないこと（*apraṇihita*：無願）のために捧げられる努力だからである。このように励んでいる菩薩は予言（*vyākṛta*）の対象であり予言に近い者（*āsannībhūto vyākaraṇasya*）として捉えられるべきである。このように努力して、彼は無数にして無限の衆生を利益し、それでも決して考えない。「世尊は私に予言を与えるだろう」とか「私は予言に近い」とか「私は仏国土を浄めよう」とか「私は衆生を成熟させよう」とか、あるいは「最上にして完全な覚りを得たら、私は法輪を転じよう」などとは。それはなぜか。なぜなら、彼は法の要素を分割することがない（*dharmadhātuṃ na viviktīkaroti*）からであり、また智慧の完成を修習できる、あるいは世尊が最上にして完全な覚りを予言できるような法とは別のいかなる法も見ないからである。それはなぜか。菩薩が智慧の完成を修習するとき、彼には衆生という考え（*sattvasaṃjñā*：衆生想）が生じないからである。事実、衆生は絶対に生じず（*atyantatayā sattvo notpadyate*）、絶対に滅しない（*na nirudhyate*）。なぜなら、衆生はその法として不生であり不滅だから（*anutpādānirodhadharmatvāt*）。生じることも滅することもないものが、どうして智慧の完成の修習ができるだろうか。

『大宝積経』（T310、巻28、大正11・154*c*8）において、仏陀は明言している。「良家の子よ、私が声聞に対して最高で完全な覚りを獲得するだろうと予言するとき、それは正確ではない」と。

同じ見方がここで維摩によって採られている。世尊が「弥勒（Maitreya）は最後の誕生の後に覚りを獲得するだろう」と予言したといわれている。しかし、断言すればするほど、意味がなくなる。

1. 未来の存在についての予言。しかし、過去・現在・未来の違いは有効ではない。時間の 3 つの面についての論駁に関しては、Madh.vṛtti, p.382~389 ; tr. J. de Jong, *Cinq chapitres de la Prasannapadā*, Leiden, 1949, p.37~43 を参照。

2. 予言の対象である弥勒は生まれず、宇宙的な真如と同じである。その真如とは不生（*anutpāda*）であり不滅（*anirodha*）である。したがって、彼に対していかなる予言もできない。

もし弥勒が、この真如の徳によって、もともと覚っていて、涅槃にいるとしたら、すべての衆生もまた同時に彼と同じである。弥勒にはなんらの特典もないことになる。

3. 弥勒に予言された菩提はまったく存在せず、完全に否定的な内容の考えである。したがって、それはだれにも獲得できない。

注解Ⅳ　大小乗における戒律

（参照：Ⅲ-34）

大乗と小乗の違いが最もはっきり現われるのが、戒律の面である。ヴィマラキールティがウパーリに長々と弁じた説教は、両者を隔てる溝を端的に示している（Ⅲ-34~35）。この問題に関しては、L. De La Vallée Poussin, *Le Vinaya et la pureté d'intention*, Notes buddhiques, Ⅶ, Brussels, 1929；P. Demiéville, *Bosatsukai*, Hōbōgirin, p.142~146；Nāgārjuna, *Traité*, p.770~864 などを参照。

I. 小乗の戒律 ― これは、仏教を規則の網の目のような組織の中に収めたスコラ哲学的で精細な体系である。

1. 戒律とは、一般には、身体と言葉と心（身・口・意）の罪科を避けるためのものであり、罪科とは基本的には思いの行為で、意志的で道徳的な結果をもたらすものである。避けるべき十の罪科は、①生命を奪うこと（*prāṇātipāta*：殺生）、②与えられていないものを奪うこと（*adattādāna*：偸盗）、③不適切な性行為（*kāmamithyācāra*：邪淫）、④虚言（*mṛṣāvāda*：妄語）、⑤誹謗（*paiśunyavāda*：両舌）、⑥辛辣な言葉（*pāruṣyavāda*：悪口）、⑦無益な話（*saṃbhinnapralāpa*：綺語）、⑧強欲（*abhidhyā*：慳貪）、⑨憎悪（*vyāpāda*：瞋恚）、⑩誤った見解（*mithyādṛṣṭi*：邪見）である。

Karmavibhaṅga（業分別）は、戒律を守った場合あるいは破った場合の、良い運命（善果）と悪い運命（悪果）について詳細に論じている。

一般的な意味での戒律、すなわち純粋に生まれつきの正直さ（*prakṛtikauśalya*）と並んで、守るべき戒律（*saṃvaraśīla*）があり、それが仏教徒の道の第一の基本となる。その他に集中（*samādhi*：禅定）と智慧（*prajñā*：般若）という 2 つの基本がある。仏教徒はそれぞれの立場によって、一定の数の修行上の規則（*śikṣāpada*：学処）を遵守するという誓いによって身を律する。

在家の仏教者（*upāsaka*：優婆塞）は普通、5 項目の戒律（*pañcaśīla*：五戒）を守ることを約束し、5 つのことを避ける。すなわち、①生命を奪うこと（殺生）、②与えられていないものを奪うこと（偸盗）、③不適切な性行為（邪淫）、④虚偽の言葉（妄語）、⑤酔うこと（*surāmaireyamadyapāna*：飲酒）である。しかし、1 ヵ月に 4 日間あるいは 6 日間は、8 項目の戒律（*aṣṭāṅgaśīla*：八戒）を守ることもある。その期間は、一日一食のみ取るという断食戒（*upavāsa*：斎戒）を守って昼夜を過ごし、補足された 8 つの禁止項目を守る。すなわち、①生命を奪うこと、②与えられていないものを奪うこと、③性的行為（*abrahmacarya*：非梵行）、④虚偽の言葉、⑤酔うこと、⑥非時の食事（*vikālabhojana*：非食）、⑦舞踊・歌唱・音曲・娯楽場に行くこと（*nṛtyagītavādyavisūkadarśana*）ならびに香水・花飾り・塗香・化粧品の使用（*gandhmālyavilepanavarṇakadhāraṇa*）、⑧高く大きな床机（*uccaśayanammahāśayana*）。

新参者（*śrāmaṇera*：沙弥）は出家後、既に修行上の10の規則（*daśa śikṣāpada*：十学処）を守っており、以下の10項目が常に禁じられている。①生命を奪うこと、②与えられていないものを奪うこと、③性行為、④虚偽の言葉、⑤酔うこと、⑥非時の食事、⑦舞踊、歌唱、音曲、娯楽場に行くこと、⑧香水、花飾り、塗香、および化粧品の使用、⑨高く大きな床机、⑩金や銀を受けること（*jātarūparajatapratigrahaṇa*）。

出家生活における修行上のこれら10の規則は、比丘や比丘尼の僧院での戒律（*prātimokṣa*：波羅提木叉）の基盤になっているが、どのように守るべきかは個々に決定する。大雑把にいえば、比丘の戒律（*bhikṣuprātimokṣa*）は250項目、比丘尼（*bhikṣuṇīprātimokṣa*）は500項目から成る。この波羅提木叉は8つの章に分かれている。①僧団追放となる罪（*pārājika*：波羅夷）、②僧団から一時的に追放となる罪（*saṃghāvaśeṣa*：僧伽婆夷沙）、③不確定の（*aniyata*：不定）罪、④不正に獲得した物を剥奪される罪（*niḥsargika* または *naiḥsargika pātayantika*：捨罪）、⑤償いを求められる罪（*pātayantika*：波逸提）、⑥公表される罪（*pratideśanīya*：波羅底提舎尼、悔過）、⑦適正な行為のための指導（*śaikṣa*：有学）、⑧争いごとを収めるための手続き（*adhikaraṇaśamatha*：滅諍）。

仏教においては、戒律の遵守は厳しく管理されていた。すなわち、①2週間に1度、*uposatha*（布薩）の儀礼の期間に、比丘たちは波羅提木叉を犯した行為を公けに発表しなければならなかった。②違反（*atyaya*：過）してしまった比丘と在家者は、その都度、然るべき人の前で、定められた仕方で罪科を認めて、それを許してもらうことができた（本書Ⅲ-33、脚注63を参照）。（【訳注】この脚注63は参考として本項の末尾に掲げる。）

Ⅱ．大乗の戒律 — 大乗は古い仏教徒（小乗）の戒律を、神秘的かつ哲学的な理由から、弱体化させた。

1．声聞（śrāvaka）の戒（*śīla*）は菩薩の高度な戒律（*adhiśīla*：増上戒）に替えられた。衆生への奉仕を戒律とする菩薩は場合によっては規則を免除される。菩薩は、声聞たちが戒律違反（*pratikṣepasāvadya*：違逆罪）と考えることも行ない、身体・言葉・心のいかなる行為も行なうことができた。ただし、それが衆生の益になるものであり、彼が申し分ない菩薩である限りにおいてである。他の人々を助けるという目的があれば、巧みな方便として、いかなる自然の行為（*prakṛtisāvadya*：自性罪）も、例えば、生命を奪うことや、盗みや性的行為や虚言さえも行ない得る（参照：Saṃgraha, p.212~217；Bodh. bhūmi, p.165~166；Hōbōgirin s.v. *Bosatsukai*, p.143~146）。

2．哲学的な理由によると、戒律の完成は罪科およびその反対物の非存在に自己を置くことによって達成されるべきであると理解される（*śīlapāramitā pūrayitavyā āpattyanāpattyanadhyāpattitām upādāya*；Pañcaviṃśati, p.18,*10*；Śatasāh., p.56,*4*） —『大智度論』（T1509、巻14、大正25・163*c*）は述べている。「もし戒律が、悪を避け善を行うことを内容とするとしたら、どうして罪科とその反対を非存在というのか。それらを非存在というのは誤った見解（*mithyādṛṣṭi*：邪見）でも、愚かな考え（*sthūlacitta*：麁心）でもない。

もし諸法の特徴を深く洞察し、空性に関する集中（*śunyatāsamādhi*：空三昧）が実践されるなら、智慧の眼（*prajñācakṣus*：慧眼）によって、過失は存在しないということが見える。もし罪科とその反対が存在しないなら、無罪（*anāpatti*：不犯）も存在しない。さらに、衆生（*sattva*）も存在せず、殺人という罪（*atipātāpatti*）も存在しない。罪科がまったく存在しないなら、それを禁ずる戒（*śīla*）ももはや存在しない。それはなぜか。殺人を禁ずる戒が存在するためには、殺人の罪がなければならない。しかし、殺人の罪がないのだから、それに対する禁戒も存在しない」。

言い換えると、人と法の無我（*pudgaladharmanairātmya*）は戒のいかなる基盤も取り去る。それが、ヴィマラキールティの見解である（Ⅲ-34~35；Ⅷ-8~10, 25）。

《Ⅲ-33、脚注 63：英訳書 p.70~71》

2 週ごとに、*uposatha*（布薩）の間に、出家僧は *prātimokṣa*（波羅提木叉）の条項について自らの違背を認めなければならなかった。この公的な集まりのほかに、仏教徒は一種の個人的な懺悔をしなければならなかった。違反行為に気づいた違反者は自ら仏陀あるいは勝れた弟子の前に出て、その足元にひれ伏して次のように言うことになっていた。「世尊よ、私は戒に反する過ち（*atyaya*）を犯しました。私の愚かさの故に、心が定まらず、悪い行いをしました。私はこれこれのことをしました。世尊よ、将来、私がまたそれを犯すことがないように、どうぞこの過ちを過ちとして認めてくださいますように（*atyayam atyayataḥ pratigṛhṇātu*）」。懺悔者は次のように言って過ちを認める。「あなたが過ちを過ちとして認めてくださり、また法に遵ってそれを改めてくださいますので、私はそれを受け入れます。過ちを過ちと認め、それを法に遵って改め、将来、その過ちから離れているなら、それは尊いお方の訓練における進歩です」。

このような個人的な懺悔は、パーリ仏典でもサンスクリット仏典でもしばしば述べられている。参照：Vinaya, Ⅱ, p.126, 192；Ⅳ, p.18；Dīgha, I, p.85；Ⅲ, p.55；Majjhima, I, p.438；Ⅲ, p.246~247；Saṃyutta, I, p.24；Ⅱ, p.127, 205；Aṅguttara, I, p.238；Ⅱ, p.146；Ⅳ, p.377；Vin. of the Mūlasarv. in *Gilgit Manuscripts*, Ⅲ, part 4, p.222~223；Divyāvadāna, p.617；Lalitavistara, p.379；Suvarṇabhāsa, p.30；Gaṇḍavyūha, p.122；Sad. puṇḍarīka, p.210.

言い回しはパーリとサンスクリットで完全に一致するわけではない。比較のために、以下に 2 つの例を挙げてみよう。

Vinaya, Ⅱ, p.126：*atha kho Vaḍḍho licchavi ... yena Bhagavā ten' upasaṃkami, upasaṃkamitvā Bhagavato pādesu sirasā nipatitvā Bhagavantaṃ etad avoca : accayo maṃ bhante accagamā yathā bālaṃ yathā mūḷhaṃ yathā akusalaṃ yo 'haṃ ayyaṃ Dabbaṃ Mallaputtaṃ amūlikāya sīlavipattiyā anuddhaṃsesiṃ, tassa me bhante Bhagavā accayaṃ accayato paṭigaṇhātu āyatiṃ saṃvarāyā ti. taggha tvaṃ āvuso Vaḍḍha accayo accagamā ... yato ca kho tvaṃ āvuso Vaḍḍha accayaṃ accayato disvā yathādhammaṃ paṭikarosi tan te mayaṃ paṭigaṇhāma, vuḍḍhi h' esā āvuso Vaḍḍha ariyassa vinaye yo accayaṃ accayato disvā yathādhammaṃ paṭikaroti āyatiṃ saṃvaraṃ āpajjatīti.*

Gilgit Manuscripts, Ⅲ, part 4, p.222~223 : *atha rājā māgadho 'jātaśatrur Vaidehīputraś cīvarakarṇikenāśrūṇy utsṛjya Bhagavataḥ pādayor nipatya Bhagavantam idam avocat : atyayo Bhagavann atyayaḥ Sugata yathā bālo yathā mūḍho yathā avyakto yathā akuśalo yena mayā pāpamitrasahāyena pāpamitravaśaṃ gatena pāpamitropagūḍhakena pitā dhārmiko dharmarājo jīvitād vyaparopitaḥ. tasya mama bhadanta atyayaṃ jānato 'tyayaṃ paśyato 'tyayam atyayataḥ pratigṛhṇīṣvānukampām upādāya. tathyaṃ tvaṃ mahārāja atyayam atyayatas tadyathā bālo ... yena ... pitā ... jīvitād vyaparopitaḥ. yataś ca tvaṃ mahārāja atyayaṃ jānāsi atyayaṃ paśyasi ca dṛṣṭvādeśayasi, āyatyāṃ ca saṃvaram āpadyase vṛddhir eva te pratikāṅkṣitavyā kuśalānāṃ dharmāṇāṃ na hāniḥ.*

広く信じられていたところによると、個人的な懺悔は悪行を軽くし、あるいはまったく帳消しにすることさえできた。それ故、懺悔者に対しては次のような忠告が非常にしばしばなされた。***atyayam atyayato deśaya, apy evaitat karma tanutvaṃ parikṣayaṃ paryādānaṃ gaccheta.***「あなたの過ちを過ちとして懺悔しなさい。そうすれば、あなたの行為は軽くなり、見えなくなり、帳消しにされる」(参照:Divyāvadāna, p.5,*5*;55,*1*;567,*29*)。これは、「その行為はその行為の結果としての果がなくなったときに消えるのみ」という伝統的な論理の歪曲である。Dhammapada, 127偈にはこうある。「空の領域であれ、海の只中であれ、あるいは山の裂け目に入り込もうとも、悪行の果から逃れられる場所は、この地上のどこにも見出すことはできない」。

注解Ⅴ　仏陀の病いについて

（参照：Ⅲ-43）

原始仏典においても、またその後の経典でも、仏陀が耐えられた病いと苦しみがしばしば取り上げられている。①足の傷、②棘の刺し傷、③空の鉢で戻る、④スンダリー（Sundarī）の中傷、⑤チンチャー（Ciñcā）の中傷、⑥大麦を噛む、⑦6 年間の苦行、⑧赤痢、⑨頭痛と背中の痛み、など（Nāgārjuna, *Traité*, p.507~509 を参照）。

仏陀のように完璧な人がどうして苦しみを受けるのか。この疑問は大乗および小乗の学者の注目を集め、スコラ哲学的なさまざまな回答が示された。

I. 小 乗 — 1. 第一の説明は、行為の報い（*karmavipāka*：業報）という原則に厳密に従ったもので、仏陀はそうした苦痛や病いによって、前生からの過失を償っているというもの。Mūlasarvāstivādin（『根本説一切有部毘奈耶薬事』T1448、巻 18、大正 23･94~96；*Gilgit Manuscripts* Ⅲ, Part 1, p.211~218）の Vinaya, *Pubbakammapiloti*（Pāli Apadāna, I, p.299~301）、および『仏説興味起行経』T197、大正 4･164~172（西暦 194 年、康孟詳により漢訳）は、仏陀が過去の生で責めを負った 10 の悪行と、最後の生において問題になった 10 の苦しみを挙げている。これはなぜかというと、例えば Divya, p.416,*12* では、勝者といえども自らの行為に縛られている（*karmabhis te 'pi jinā na muktāḥ*）といっている。

2. やがて、カルマの法を仏陀の場合にそれほど厳密に当てはめるのはひど過ぎると思われるようになった。そこで現われた妥協案の一つが、たとえどのようなことが起ころうとも、仏陀は心地よい感覚のみ味わうというものである。参照：*Devadahasutta*（Majjhima, Ⅱ, p.227；『起世因本経』T25、No.19、巻 4、大正 1･444*c*16~17）：「もし衆生が過去の行為の故に快楽あるいは苦悩を経験するとしたら、僧たちよ、如来は現在、清らかで心地よい感覚を味わっておられるのだから、過ぎ去った日に善い行為をなさったのである」（*sace, bhikkhave, sattā pubbekatahetu sukkhadukkhaṃ paṭisaṃvedenti, addhā, bhikkhave, tathāgato pubbesukatakammakārī, yaṃ etarhi evarūpā anāsavā sukhā vedanā vedeti.*）。

3. 別の妥協案として注目されるのは、過去の行為の結果としての痛みや病いのほかに、単純に現在の身体的状態によるものもあるという点である。これは Saṃyutta, Ⅳ, p.230~231 において、仏陀が自らシーヴァカ（Sīvaka）に説明していることである（参照：『雑阿含経』T99、No.977、巻 35、大正 2･252*c*~253*a*；『雑阿含経』T100、No.211、巻 11, 大正 2･452*b*~*c*）。この経典は、はっきりいってはいないが、仏陀が不快を覚えるのは身体的な理由によるときだけだ、と示唆しているようである（参照：P. Demiéville, Hōbōgirin, *Byō*, p.234）。これはまた、Milinda, p.134-136 のテーマでもあり、そこでは仏陀の病い — 足の怪我と赤痢（Dīgha, Ⅱ, p.127）、身体的苦しみ（Vinaya, I, p.278~280）、風の病い（Saṃyutta, I, p.174） — に触れているだけであり、それは、世尊が感じている感覚はどれ一つとして行為の結果ではない（*natthi bhagavato kammavipākajā vedanā*）と直ちに主張するためである。

4. 小乗におけるキリスト仮現説信奉者[4]ともいえるマハーサンギカ（Mahāsāṃghika：大衆部）、ウッタラーパタカ（Uttarāpathaka：北方部）の人々は、彼らの拠り所として、経典の一節（Aṅguttara, Ⅱ, p.38,*30*;Saṃyutta, Ⅲ, p.140,*16*）を引用している：「蓮華は青、赤、あるいは白で、水中に生じ、水中で育ち、しかも水に汚されず水面上に伸びてくるように、如来も世間に生まれ、世間で育ち、しかも世間に汚されず、世間の勝者でありつづける」（*seyyathāpi uppalaṃ vā padumaṃ vā puṇḍarīkaṃ vā udake jātaṃ udake saṃvaddhaṃ udakā accuggamma ṭhāti anupalittaṃ udakena, evaṃ eva kho tathāgato loke jāto loke saṃvaddho lokaṃ abhibhuyya viharati anupalitto lokena.*）。これらの部派の人々はここ（Kathāvatthu, p.271,*5*）から、仏陀すなわち聖者にとっては、「すべての法は清浄」（*arahato sabbe dhammā anāsavā*）であって、獲得や損失などの8つの世間的な状態（*lokadharma*：世間法）が彼に付着することはない、という結論を下している。

5. ヴァイバーシカ（Vaibhāṣika：毘婆娑師）の人々はこれとは逆に、仏陀の誕生の体（*janmakāya*）はまったく不浄で（*sāsrava*）、無明に覆われ（*avidyānivṛta*）、欲望の束縛に繋がれていて（*tṛṣṇāsaṃyojana*）、他の人々の愛着の対象ともなると主張する。大衆部が前項で挙げた経典の一節を解釈するよう仕向けられて、毘婆娑師はその違いを強調した。彼らはいう。「この経典は法身（*dharmakāya*）についていっているのであって、論証にはならない。『如来は世間に生まれ、世間で成長し』というのは誕生の体（*janmakāya*）についていっている。『自らを世間の上方に保ち、世間の諸法に汚されない』というのは法身（*dharmakāya*）についていっている」と（『阿毘達磨大毘婆沙論』T1545、巻76、大正27・392*a*；tr. L. de La Vallée Poussin, MCB, I, 1931, p.112）。毘婆娑師は続けて、仏陀が8つの世間法（*lokadharma*）―①獲得（*lābha*）、②損失（*alābha*）、③名誉（*yaśas*）、④不名誉（*ayaśas*）、⑤非難（*nindā*）、⑥称賛（*praśaṃsā*）、⑦幸せ（*sukha*）、⑧苦しみ（*duḥkha*）― に出合うことがどのようにして起こったかを具体的な例を挙げて説明する。「このようにして、仏陀は頭・背・腹の病いに苦しんだ。足に傷を負って、血を流した」と。

Ⅱ. 大 乗 ―ここでは『維摩経』を代表とする大乗経典の一般的な傾向は、*dharmakāya*（法身）と名づけられる真実の身体と、十方世界（*daśadhātukāya*）に示現する仮想的身体（*nirmāṇakāya*：仮身）とを対比させることである。後者は仏陀の巧みな方便（*upāyakauśalya*：善巧方便）から生じた仮の姿にすぎない。前者は表現できない超自然的なものである。*skandha*（五蘊）ではなく、*dhātu*（界）でもなく、*āyatana*（感官）でもなく、色形でなく、目でなく、視覚的理解でもなく … 。

1.『大般涅槃経』T374、巻3、大正12・382*c*27（参照：Hōbōgirin, p.178）：そのとき世尊がカーシャパ（Kāśyapa）に言われた。「如来の身は永遠の身、不壊の身、金剛の身

---

[4] docesist すなわち docesism（キリストは肉体を有せず、その人性・苦難は仮現であったとする異端説）を信じる人々。

（*vajrakāya*）である。食べ物の混じった身体などのはずがない。それは *dharmakāya*（法身）である」— 菩薩カーシャパが仏陀に申し上げた。「世尊よ、あなたがおっしゃるような身体は私には見ることができません。私に見えるのは、永遠ではなくて、壊れるもので、極小で、食べ物の混じった、等々の身体です。なぜ、仏陀は涅槃に入らなければならないのでしょうか」と。仏陀が答えられた。「カーシャパよ、如来の身が世間の人々の身体のように脆くて、壊れるものだと言ってはならない。善男子よ、このことを知りなさい。如来の身は堅固であり、無量百万劫にわたって不壊である。それは人間あるいは天・神の身体ではなく、恐れに支配されず、食べ物の混じった身体などではない。決して身体ではない身であり、生じること（*utpāda*）と滅すること（*nirodha*）のいずれとも、また実践や修習とも無縁である。無限であり、永遠であって、跡を残さず、意識することがなく、色形がなく、絶対的に清浄で（*atyantaśuddha*）、不動で（*acala*）、知覚がなく、活動を促すものがなく、静止しているのでもなく活動しているのでもなく、味がなく、混じったものがなく、動かされたものでもない（*asaṃskṛta*：無為）。それは行為でもなく、結果でもなく、動かすものでもなく、消滅でもなく、心でもなく、数でもない。それは永遠に知覚できないもので … 」。カーシャパ菩薩が仏陀に申し上げた。「もし如来にそのような功徳があるとしたら、どうしてその身が病気や、苦しみや、無常や、破壊を受けなければならないのでしょうか。確かに、私はこれより後、如来の身は永遠なる *dharmakāya*（法身）、至福の身であると考えずにいられないでしょう。そして、他の人々にもそのように教えましょう。しかし、おお、世尊よ、もし如来の *dharmakāya* が金剛の如く不壊であるとしたら、私にはやはりその因がわかりません」。仏陀が仰せになった。「おお、カーシャパよ、私がこの金剛身を有するのは、善法の因と縁（*saddharmahetupratyaya*）を保持していることによるのである」。

2.『大宝積経』T310、巻 28、大正 11･154*c*：菩薩摩訶薩は如来の秘密語（*saṃdhāya-bhāṣita*）をいかにして理解するのか。菩薩摩訶薩は経典に隠された極めて深い秘密の意味を正確に理解することに熟達している。良家の子よ、私が声聞たちに対して彼らが最上にして完全なる覚りを獲得するだろうと予言するなら、それは正しくない。私がアーナンダに、私は背中が痛むというなら、それは正しくない。私が比丘たちに「私は年老いた、私に援助者（*upasthāyaka*：侍者、看病人）を付けるべきだ」というなら、それは正しくない。おお、良家の子よ、如来はさまざまの場所で外道とその思想を次から次へと打ち負かしたというのは正しくない。アカシアの棘（*khadirakaṇṭaka*）が如来の足を傷つけたというのは正しくない。如来が再びいわれる。「デーヴァダッタ（Devadatta）は私の代々の敵であり、彼は飽くことなく私にまとわりつき、私に取り入ろうとした」と。これは正しくない。如来がシュラーヴァスティー（Śrāvastī）に入って、バラモンの村シャーラー（Śālā）を乞食して回り、鉢が空のままで戻って来たというのは正しくない。また、チンチャーマーナヴィカー（Ciñcāmāṇavikā）とスンダリー（Sundarī）が［妊娠を装うために］木の皿を腹部に当てて如来を中傷したというのも正しくない。如来がかつてヴェーランジャー（Verañjā）

という地にとどまっていたとき、大麦だけを食べて *varṣa*（雨季）を過ごしたというのも正しくない。

3.『大智度論』T1509、巻 9、大正 25・121*c* ~122*b*（Nāgārjuna, *Traité*, p.507~516）はこの問題を専門的な立場から（*ex professo*）扱っている。同書は仏陀の「9 つの苦しみ」について精査したうえで、一連の見解を示している。無量の超自然の力を有する仏陀が暑さや寒さの苦しみを受けるはずがない。悪行の報いを受けるのは出生の身体（*janmakāya*）である。本質的な身（*dharmatākāya*）は、*saṃsāra*（輪廻）の法を免れている。仏陀の真の身はあらゆる善法の集まりであり、悪法の結果に影響されない。苦しみを受けていると見せかけるのは巧みな方便（*upāya*）によるのであり、衆生を回心させるためである。この論を支持するために、『維摩経』のここの一節を引用し、そのあと『大智度論』は結論としてこういっている。「仏陀の病いは方便による見せかけであって、本当の病いではない。病いの原因であると想定される悪行についても同様である」と。

注解Ⅵ　大小乗の見方による智慧と覚り

（参照：Ⅲ-52、脚注 96）

仏教のスコラ哲学では、*prajñā*（般若；智慧）と *bodhi*（菩提；覚り）について、涅槃への道との関係で詳しく論じてきた。小乗は、外道の知恵から無上にして完全な覚りに至るあらゆる知恵を区別している。大乗はあらゆる区別を排除し、*bodhi* は一切の精神的概念を空じたものとしている。

I. 外道（*tīrthika*）の知恵 — 我の見解（*ātmadṛṣṭi*：我見）によって汚されている。一見したところ、非常に勝れているように見えるが、長い目でみると有害であることがわかる。ロバの乳が牛の乳と違うように、それは仏陀の智慧とは異なる。どちらも色は同じだが、牛の乳は圧縮するとバターになるのに対して、ロバの乳は圧縮すると尿になる（『大智度論』T1509、巻 18、大正 25･191*b*~192*b*；*Traité* Ⅱ, p.447~449）。

Ⅱ. 非有学非無学（*naivaśaikṣanāśaiksā*）の知恵 — まだ有学（*śaikṣa*：学生）でもなく無学（*aśaikṣa*：師）でもない世間の人々（*pṛthagjana*：凡夫）の知恵。それは福徳を集める道（*saṃbhāramārga*：資糧道）と仏道に相応する準備の道（*prayogamārga*：加行道）という過程で行じられる。例えば、[前者（資糧道）は] 善根（*kuśalamūla*）の獲得、聖なる家系（*āryavaṃśa*）の獲得、不浄に関する瞑想（*aśubhabhāvanā*：不浄観）、呼吸に関する気づき（*ānāpānasmṛti*：入出息念）、気づきの適用（*smṛtyupasthāna*：[四] 念住）、そして最後に洞察力（*nirvedhabhāgīya*：決択分）をもたらす四つの善根の獲得、などである。後者（加行道）は最高の準備の道である。それらについては Kośa, VI, p.163 以下で考察されている。

Ⅲ. 有学（*śaikṣa*：学生）は真実を見る仏道（*darśanamārga*：見道）と瞑想（*bhāvanamārga*：修道）を修める。

1. *darśanamārga*（見道）は 16 の心、すなわち 8 つの忍（*kṣānti*：八忍）と 8 つの智慧（*jñāna*：八智）で構成されるが、それは仏教の 4 つの真実（四諦）を理解（*abhisamaya*：現観）すること（すなわち各真実の 4 つの位）に到達するためのものである。この道は、「見ることによって打ち破られるべき」煩悩（修惑）、すなわち自己の見解などを除去する（*dṛgheya*：見所断）。（参照：Kośa, VI, p.185~191；É. Lamotte, *Histoire*[5], p.680~682）。*darśanamārga*（見道）の最初の段階は、苦に関する智慧に関連する忍（*duḥkhe dharmajñānakṣāntiḥ*）である。この忍は熟達者を、かつてそうであった俗人（*pṛthagjana*：

[5] Étienne Lamotte, *Histoire du bouddhisme indien: des origines à l'ère Saka*（Louvain：Publications Universitaires, Institut Orientaliste , 1958）； *History of Indian Buddhism : from the origins to the Saka era* ; translated from the French by Sara Boin-Webb under the supervision of Jean Dantinne（Louvain-la-Neuve：Université catholique de Louvain, Institut orientaliste , 1988）

凡夫）から聖者（*ārya*）、絶対的善（*samyaktvaniyāmāvakrānta*：入正性離性）すなわち涅槃を獲得することが定められた人に変える。

2. *bhāvanāmārga*（修道）は、「瞑想によって断じられる（*bhāvanāheya*：修習道所断）必要がある」三界の煩悩を除滅するはたらきがある。三界には 9 つの領域がある。*kāmadhātu*（欲界）と、*rūpadhātu*（色界）の 4 つの禅定（*dhyāna*）、そして *arūpadhātu*（無色界）の 4 つの平静（*samāpatti*：正受）である。これらの領域のそれぞれが 9 種類の煩悩（修惑）から成る。つまり、全部で 81 の煩悩がある。これらの煩悩は、放棄の位（*prahāṇa* または *ānantaryamārga*：滅道または無間道）と解放の位（*vimuktimārga*：解脱道）によって除滅する必要がある。したがって、三界の煩悩を打ち滅ぼすためには、162 の位が必要とされる。

最初の位では、聖者（*ārya*）は修行（宗教的生活）の最初の果実（*śrāmaṇyaphala*：沙門果）を獲得して、*srotaāpanna*（預流者）となる。彼は「流れに入って」、最大 7 回の再生の後に涅槃を得るであろう。

第 12 番目の位では、苦行者は修行の第 2 の果実を獲得して *sakṛdāgāmin*（一来者）となる。彼は *kāmadhātu*（欲界）にあと 1 度だけ再世する。

第 18 番目の位では、苦行者は第 3 の果実を獲得して *anāgāmin*（不還者）となる。彼は *kāmadhātu*（欲界）に再び生まれることなく、*rūpadhātu*（色界）あるいは *ārūpyadhātu*（無色界）の神々のなかに再生するであろう。

第 161 番目の位では、苦行者は第 81 番目の煩悩、すなわち知覚することもなく知覚しないこともない領域（*naivasaṃjñānāsaṃjñāyatana*：非想非非想処）で、存在の最高峰（*bhavāgra*：有頂、極天）とも呼ばれる領域における最後の煩悩を放棄する。この放棄（*prahāṇamārga*：滅道）は金剛の如き集中（*vajropamasamādhi*：金剛喩定）と呼ばれる。この放棄の後に、162 番目の位、すなわち解放の位（*vimuktimārga*：解脱道）が続く。それが師の段階（*aśaikṣa*：無学位）の始まりとなる。

Ⅳ. 無学（*aśaikṣa*）の智慧。この智慧は修行の最後の果実であり、*arhat*（阿羅漢）「聖者、だれからも尊敬されるに価する人」、あるいは *aśaikṣa*（無学）「聖者、不浄の断滅に関してもはや学ぶこと（*śikṣ-*）がない人」の特性を示す。聖者は自分の中の邪悪さはすべて滅ぼされて、もはや二度と生まれないことを知っている。スコラ哲学的用語でいえば、彼は不浄を壊滅した智慧（*āsravakṣayajñāna*：漏尽智）を有し、それら［不浄］は不生であるという智慧（*anutpādajñāna*：無生智）を有する。参照：Kośa, VI, p.240.

この *aśaikṣa*（無学）の智慧は *bodhi*（覚り）に相当し、阿羅漢に達した *śrāvaka*（声聞）や *pratyekabuddha*（独覚）や、余すところなく完全に覚った仏陀（*samyaksaṃbuddha*：正等正覚、三藐三仏陀）のものである。

解放、解脱（*vimukti*）— 専門用語では煩悩の *pratisaṃkhyānirodha*（択滅、各各観察定）— が声聞・独覚・仏陀でまったく同じであることは、大小乗のどちらでも概ね認められている。仏陀はいくつかの場面で言明している。「これについて、私はある解脱と別の解脱の間にわずかでも違いがあるということは認めない」と（Majjhima, Ⅱ, p.129 ; Aṅguttara, Ⅲ, p.34 ; Saṃyutta, Ⅴ, p.410 ; *Ettha kho pan' esāhaṃ na kiñci nānākaraṇaṃ vadāmi yad idaṃ vimuttiyā vimuttiṃ*）。さらに、『阿毘達磨大毘婆沙論』T1545、巻 31、大正 27･162*b*~*c* ; Koṣa, Ⅵ, p.296 ; Sarvāstivādin（説一切有部）の Vasumitra、命題 37 および Mahīśāsaka（化地部）の 22, tr. J. Masuda[6], p.49, 62 ; Saṃdhinirmocana, X, §2 ; Sūtrālaṃkāra, XI, v.53 ; Saṃgraha, p.327~328 ;『仏地経論』T1530、巻 5、大正 26･312*b*7~15 なども参照。

しかし、声聞（および独覚）の *bodhi*（覚り）と仏陀の *anuttarā samyaksaṃbodhiḥ*（無上正等覚）とでは、その間に多くの違いがある。それらは以下のような経典で指摘されている。『阿毘達磨大毘婆娑論』T1545、巻 143、大正 28･735*b* ;『大智度論』T1509、巻 53、大正 25･436*b* ;『優婆塞戒経』T1488、巻 1、p.1038*a*~*c*（Hōbōgirin, p.87 で分析されている）。声聞は聞くことによって、独覚は瞑想によって *bodhi*（覚り）に達するが、彼らは真実の一部を理解しているにすぎない。仏陀は師をもたず、聞くことなく、瞑想することなく、修業の結果として、すべてを理解する。― 声聞と独覚は一般的な特徴（*sāmānyalakṣaṇa*：共相）を知るにすぎない。仏陀は特別な特徴（*bhinnalakṣaṇa*：不同相）を知り、仏陀のみ全知である。― 声聞と独覚は 4 つの真実（*satya*：四諦）は知るが、原因と条件（*hetupratyaya*：因縁）は知らない。仏陀は因縁を知る。*pratītyasamutpāda*（縁起）の流れをガンジス川の水に喩えるなら、声聞はその深さを理解せずに川の向こうに泳いで渡ろうとする野兎のようであり、独覚は川底に触れた瞬間に深さがわかる馬のようであり、仏陀はその深さを完全に把握する象のようである。― 声聞と独覚は煩悩（*kleśa*）は断滅しているが、習気（*vāsanā*）は断滅していない。仏陀はすべてを根こそぎ抜き去っている。

Bodh. bhūmi, p.88~94 は諸仏の *bodhi*（覚り）、すなわちあらゆる煩悩を捨て去った（*kleśāvaraṇaprahāṇa*：煩悩障断）汚れのない（*nirmala*）智、智に対する障害を除き去った（*jñeyāvaraṇaprahāṇa*：所知障断）妨げのない（*anāvaraṇa*：無障礙）智― のために見事な章を設けている。そして、この *bodhi* をあらゆる智のなかの最高（*sarvabodhīnāṃ paramā*：一切智の最妙）とする 7 つの最勝性（*paramatā*）を挙げている。

菩薩はまだ完全には煩悩を捨て去っていないので、*bodhi* を獲得してはいない。しかし、彼らを「*bodhi* に近づかせる」大いなる智慧（*prajñā*）をもっている。

pudgala-（人）と *dharma-*（法）の *-nairātmya*（無我）という二重の視点（人無我・法無我）から見ると、*bodhi* はゼロに逆戻りする。それが、Ⅲ-52 でヴィマラキールティが説明していることである。彼は、大乗の諸経典で既に展開済みの問題に立ち戻っているにすぎない。

Pañcaviṃśati, p.38,*19~21*：*Bodhisattvaḥ prajñāpāramitāyāṃ carann evam upaparīkṣate nāmamātram idaṃ yad idaṃ bodhisattva iti, nāmamātram idaṃ yad uta bodhir iti, nāmamātram idaṃ yad uta buddha iti*：「智慧の完成を実践する菩薩は、菩薩とは名前にす

[6] *Readings in Buddhism*, compiled by J. Masuda, T. Oshima and S. Hara (Taisho University, 1928).

ぎない、覚りとは名前にすぎない、そして仏陀とは名前にすぎないと考える」。

Pañcaviṃśati, p.46,*10*~47,7 : *Śūnyatā notpadyate na nirudhyate, na saṃkliśyate na vyavadāyate, na hīyate na vardhate, nātītā nāgatā na pratyutpannā. yā ca idṛśī na tatra rūpaṃ ... na mārgo na prāptir nābhisamayo na srotaāpanno na srotaāpattiphalaṃ, na sakṛdāgāmi na sakṛdāgāmiphalaṃ, nānāgāmī nānāgamiphalaṃ, nārhattvaṃ nārhattva-phalaṃ, na pratyekabuddho na pratyekabodhiḥ, na buddho na bodhiḥ* :「空は生じず、滅しない。汚れなく、清浄でもない。減ることなく、また増えもしない。過去でなく、未来でなく、現在でもない。そのような空のあるところには、色形はなく … 道もなく、獲得もなく、([4つの] 真実についての) 理解もない。預流 (srotaāpanna) もなく、預流果もない。一来 (sakṛdāgāmin) もなく、一来果もない。不還 (anāgāmin) もなく、不還果もない。阿羅漢 (arhat) もなく、阿羅漢果もない。独覚 (pratyekabuddha) もなく独覚の覚りもない。仏陀 (Buddha) もなく、覚りもない」。

Pañcaviṃśati, p.261,*8*~*13* : *asti prāptir asty abhisamayo na punar dvayam. api tu khalu punar lokavyavahāreṇa prāptiś cābhisamayaś ca prajñapyate lokavyavahāreṇa srota-āpanno vā sakṛdāgāmī vā anāgāmī vā arhan vā pratyekabuddho vā bodhisattvo vā buddho vā prajñapyate na punaḥ paramārthena prāptir nābhisamayo na srotaāpanno na sakṛdāgāmī nānāgāmī nārhan na pratyekabuddho na bodhisattvo na buddhaḥ* :「([4つの] 真実の) 獲得と理解はあるが、不二はない。また、真実の獲得や理解という問題が存在するのは、世俗の言説においてである。預流 (srotaāpanna)、一来 (sakṛdāgāmin)、不還 (anāgāmin)、阿羅漢 (arhat)、独覚 (pratyekabuddha)、菩薩 (bodhisattva)、仏陀が問題になるのは、世俗の言説においてである。真実の意味においては、そのような問題はまったく存在しない」。

『大宝積経』T310、巻 39、大正 11･227*a*14 :「覚り (*bodhi*) は身 (*kāya*) によっても、心 (*citta*) によっても実証できない。それはなぜか。身は本性としては知恵 (*jñāna*) がなく、活動 (*caritra*) がなく、草 (*tṛṇa*)、木片 (*kāṣṭha*)、壁 (*bhitti*)、研磨した石に映る像のようなものである。心もそれと同じで、幻 (*māyā*)、陽炎 (*marīci*)、水に映った月 (*udakacandra*) の如くである。身と心をこのように理解することが *bodhi* (覚り) と呼ばれる。*bodhi* が問題になるのは世俗の言語 (*lokavyavahāra*) においてだけであり、覚りの本性は表現できない (*anirvācya*)。それは身によってもあるいは心によっても、法 (*dharma*) によっても非法 (*adharma*) によっても、実在 (*bhūta*) によっても非実在 (*abhūta*) によっても、真実 (*satya*) によっても虚偽 (*mṛṣā*) によっても、捉えること (*prāpta*) はできない。それはなぜか。なぜなら *bodhi* は言説 (*vyavahāra*) を退け、あらゆる特徴 (*dharmalakṣaṇa*) を退けるからである。さらに、*bodhi* は形 (*saṃsthāna*) がなく、用途 (*prayojana*) がなく、また言説 (*vyavahāra*) がないからである。空間と同様 (*ākaśasama*) であって、形がなく、表現できない (*anirvāca*)。あらゆる法 (一切諸法) を正しく観察するとは、それらについてなにも言わないことである。それはなぜか。なぜなら法には言説がなく、言説には諸法がないからである。衆生は諸法の真の法則（*bhūtanaya*）を理解しない。如来は衆生に大悲（*mahākaruṇā*）を感じる。それ故、彼らが諸法の真の法則を明瞭に理解できるように、私はいま彼らに教えている。それこそが真実（*satya*）であり、真の意味（*bhūtārtha*）だからである」。

同書、大正 11･227*b*11：「覚り（*bodhi*：菩提）は空性（*śūnyatā*）と同義である。なぜなら空性は空であって、*bodhi* もまた空だからである。*bodhi* が空であるから、一切諸法もまた空である。如来はこの空性に従って、一切諸法を理解する。如来が諸法の空性を理解するのは、空性の理論によってではない。諸法の本質は空であるということを理解するのは、唯一の真の法則（*ekabhūtanaya*）を知ることによってである。空性と *bodhi* は 2 つの別々の性質ではない。そして、二元性は存在しないのだから、『これは *bodhi* である、あれは空性（*śūnyatā*）である』とはいえない。もし二元性があるとしたら、『これは *bodhi* で、あれは空性である』といえるだろう。しかし、諸法は二元性がなく、二元性の特徴がない。名前がなく、特徴もなく、活動もない。絶対的な不活動であり、目的（*samudācāra*：作意）がない。したがって、問題とされる空性はあらゆる考え（*grāha*：把捉）と執着（*abhiniveśa*：取著）を避ける。絶対的な真実においては（*paramārthasatyena*）、いかなる法も存在（*upalabhyate*：所得）しない。それは、諸法は自性として空（*svabhāvaśūnya*）であり、空っぽと呼ばれるからである」。

同様の説明のあとに、『文殊師利問菩提経』（T464、大正 14･482*a*8）は次のように結論づけている。「*bodhi* の特徴は三界を越え、因習（*saṃvṛti*：世俗）と言語の道（*vyavahāramārga*：施設道）を越える。*bodhi* の思いが生じるのは、あらゆる生起がなくなることによってである。*bodhi* の生起は非生起のことである」。

注解VII　gotra と tathāgatagotra

（参照：VII-2）

gotra（種姓、家系）は、人が涅槃を獲得できるようにする、先天的なあるいは後天的な、一定の心の性向を意味している。*gotrabhū*（種姓あるいは種性）（Majjhima, Ⅲ, p.256,*7*; Aṅguttara, IV, p.373,*7*; V, p.23,*7*）とは、涅槃が保証される聖者の位（阿羅漢）を獲得するであろう人に与えられる名である。*agotraka*（無種姓）とは、この特質をもっていない者である。

Aṅguttara, V, p.193~195 では、仏陀は 14 の秘密事項（*avyākṛtavastu* 無記事：Nāgārjuna, *Traité*, p.154~155 を参照）の中に、すべての衆生が涅槃に到達するかどうかを知るという問題を入れている。しかし、涅槃に到達する人はすべて「道」による。存在という町には出口が 1 ヵ所しかない。しかし、ナーガセーナ（Nāgasena）は同じ質問に否定で答えている：*na kho mahārāja sabbe va labhanti nibbānaṃ*（Milindapañha, p.69,*17*; P. Demiéville, *Les versions chinoises du Milindapañha*, p.151）。

初期の経典（Dīgha, Ⅲ, p.217）および Abhidarma（Dhammasaṅgaṇi, p.186; Kośa, Ⅲ, p.137）は 3 つの範疇（*rāśi*）に区別している：1. *samyaktvaniyatarāśi*（正定聚）：既に道に入っており、速やかに涅槃を得るであろう人々。2. *mithyātvaniyatarāśi*（邪定聚）：重い罪を犯して、悪い定めに陥ること必定で、また、それらの悪い定めを離れた時点で、第 3 の範疇に入るであろう人々。3. *aniyatarāśi*（不定聚）：第 1 ないし第 2 の範疇に分類されず、どちらかに入ることができる人々。

時間の経過と救済のさまざまな乗り物（Vehicle：乗）ができてくるなかで、*gotra*（種姓）の問題はさらに複雑になった。参照：Sūtrālaṃkāra, p.10~11; Bodh. bhūmi, p.3~11; Siddhi, p.103, 115, 562.

これらの経典による分類：1. *prakṛtiṣṭha* gotra（本性住種姓）すなわち「本来の」、生来の、始まりがなく、事物のまさに本性として具わったもの（*paraṃparāgato 'nādikāliko dharmatāpratilabdhaḥ*）。2. *samudānīta* gotra（修集種姓）は過去の善根の実践によって「獲得された」もの（*pūrvakuśalamūlābhyāsāt pratilabdhaḥ*）。

Siddhi の前掲箇所では、人間の 5 つの範疇を仮定している。1～3.「決定された家系」である 3 種の *niyatagotra*（決定種姓）、すなわち声聞種姓（Śrāvakagotra）、独覚種姓（Pratyekagotra）および如来種姓（Tathāgatagotra）。彼らは必ず涅槃を獲得する。第 1 の者は声聞乗によって、第 2 の者は独覚乗によって、第 3 の者は大乗によって。 4.「決定されていない家系」である *aniyatagotra*（不定種姓）。彼らは確実に涅槃を獲得するが、声聞乗か独覚乗のどちらかの種姓に入り、そこから、正しさ（*samyaktva*：正位）を獲得する前か後に、大乗に入ることができる。 5.「種姓がない」*agotraka*（無種姓）の人々には最初からまた永遠に、涅槃の胚芽が欠けている。これら最下位の人々は *icchantika*（一闡提）、チベット語では *'dod chen po*「大欲の人」とも呼ばれる。この範疇に入るのは、宿命で決定されて涅槃の根を欠くために永遠に輪廻にとどまることを運命づけられた人々、あるいは、衆生の利益のために決して仏陀にならず常に輪廻にとどまろうとする菩薩たちのいずれかである（Laṅkāvatāra, p.27,*5*；65,*17*；Mahāvyutpatti, No.2210, 2223；Siddhi, Appendice, p.724）。

そこでは（Bodh. bhūmi, p.4,*10~12*）、三乗はそれぞれ声聞菩提（Śrāvakabodhi）、独覚菩提（Pratyekabodhi）、無上正等菩提（Anuttarā samyaksaṃbodhi）に行き着くこと、また、前二者は煩悩の障礙（*kleśāvaraṇa*：煩悩障）を浄めるだけだが、3 番目は煩悩の障礙だけでなく知識の障礙（*jñeyāvaraṇa*：所知障）も克服していることが示唆されている。

しかし、三乗は本当に涅槃を保障するのかどうかという問題が生じてくる。

1. 偉大な論者たち［龍樹（Nāgārjuna）と無著（Asaṅga）］は、三乗によって涅槃に到達できることを認めているように思われる。

『大智度論』T1509、巻 74、大正 25･581*c* 24 以下：［最初の］二乗の人々の場合、彼らの心が清浄（*anāsrava*）ならば、彼らの煩悩（*kleśa*）は尽きている（*kṣīṇa*）。それ故、彼らにはもはや果はなく、もはや徳もなく … さらに、二乗の人々は真実（*bhūṭakoṭi*：真実際）に到達する。彼らが功徳（*guṇa*）を使い果たしているのはそのためである。

同書、巻 28、大正 25･266*c*3 以下：菩薩の知恵（*jñāna*）と声聞の知恵はただ一つで、同じ知恵である。しかし、後者には *upāya*（方便）がなく、*mahāpraṇidhāna*（大願）で飾られておらず、*mahāmaitrī*（大慈）も *mahākaruṇā*（大悲）ももっていない。また、一切法を知るために、一切の *buddhaguṇa*（仏徳）を求めることもなく、*sarvākārajñāna*（一切相智）を求めることもない。彼はただ *jāti*（生）、*jarā*（老）、*maraṇa*（死）を嫌悪し、渇愛の束縛（*tṛṣṇābandhana*）を切断する。彼はひたすら涅槃を目指す。それが違いである。

Sūtrālaṃkāra, p.68,*15*：無著は、三乗は一つであるという理論を示している。つまりいくつかの点で、特に法の要素（*dharmadhātu*）、無我（*nairātmya*）、そして解脱（*vimukti*）すなわち涅槃（*nirvāṇa*）に関して一致している。

Saṃgraha, p.256、注釈に、「声聞など、*nirupadhiśeṣanirvāṇadhātu*（無余依涅槃界）に住する者の場合、身体（*kāya*）と知恵（*jñāna*）は火が消えたランプの炎のように消滅している。逆に、菩薩が仏陀になった場合は、彼らが獲得した（*sākṣātkṛta*）法身（*dharmakāya*）は、消滅を経ずに、輪廻の循環（*āsaṃsārakoṭeḥ*）の果てに向かう」とある。ここで作者は、声聞の *nirupadhiśeṣanirvāṇa*（無余依涅槃界）に対する仏陀の *apratiṣṭhitanirvāṇa*（無住所涅槃）の優位性を示している。これは暗に、声聞乗は実際に涅槃に到達すると認めていることになる」。

同書、p.326、注釈に、「三乗は、煩悩の障礙から自由である（*kleśāvaraṇavimukti*：煩悩障解脱）という点で一致している。また、世尊は言われた。『解脱と解脱の間にはなんらの相違もない』と」とある。

Bandhuprabha（親光）の Buddhabhūmiśāstra、『仏地経論』T1530、巻 5、大正 26･312*b*2~4：「決定した家系（*niyatagotra*：決定種姓）の人々は、自らの乗に依って解脱

（*niḥsaraṇa*：出離）を得る。*aniyatagotra*（不定種姓）の人々は、ある者は大乗によって、またある者はその他の乗によって、解脱を得る。ここでいう解脱（*niḥsaraṇa*：出離）とは涅槃の意味である」。

Śiddhi, p.671~672 は、小乗と大乗の無学の人々は、*sopadhiśeṣa*（有余）および *nirupadhiśeṣa*（無余）の涅槃を得ると主張している。

2. しかし、いくつかの大乗経典はこれとまったく反対である。それらの経典によると、声聞や独覚は涅槃を得たと誤って考える。実際には、彼らは涅槃から程遠い。有効な乗は唯一つしかない。それは仏乗あるいは菩薩乗であり、大乗とも呼ばれる。声聞および独覚の乗は衆生を成熟させるために意図をもって（*saṃdhāya*）説かれてきたのである。これら二乗は、ある時点で、真の乗に入るために彼らの仮の乗を捨てることになる。

したがって、*ekayāna*（一乗）という言葉はいくつかの非常に異なった概念を含んでいる。上述の論者たちによると、三乗はいずれも同じ解脱（*vimukti*）すなわち涅槃に達するのだから、一つの乗である。我々がこれから引用する大乗経典によると、第 3 番目の乗すなわち大乗だけが有効なのだから、一つの乗である。

『大宝積経』T310、巻 119、大正 11･675*a*27：阿羅漢と独覚仏には依然として出生の法の残余があり、修行生活（*brahmacarya*：梵行）を究極まで行じておらず、為さねばならないことを為しておらず（*akṛtaṃ karaṇīyaṃ*：無作所応作）、断じなければならないこと（*prahātavya*：応断）を完成させていない。彼らは涅槃には程遠い。それはなぜかというと、如来、聖者のみが余すところなく完全に覚って、涅槃に到達しており（*sākṣātkurvanti*）、無量の不可思議な功徳（*apramāṇācintyaguṇa*）をすべて具えている。断滅しなければならないことは完全に断じられており、彼らは完全に清浄である。彼らはあらゆる衆生から尊敬されており、最初の 2 つの乗と菩薩の領域（*viṣaya*：境界）を越えている。しかし、阿羅漢はそうではない。彼らが涅槃を獲得するというのは、仏陀の側の勝れた方便（*upāya*）である。それゆえ、阿羅漢は涅槃から程遠い。

同書、巻 119、大正 11･676*b*6：声聞と独覚はすべて大乗に入り、この大乗は仏乗である。したがって、3 つの乗は 1 つの乗（*ekayāna*）である。この 1 つの乗を獲得することは、*anuttarā samyaksaṃbodhiḥ*（無上正等覚）を獲得することである。そして、*anuttarā samyaksaṃbodhiḥ* は涅槃である。涅槃は如来の浄らかな法身（*viśuddhadharmakāya*）である。この法身を獲得するものが一乗である。ほかの如来、あるいはほかの法身はない。如来は法身であるといわれる。絶対的法身（*atyantadharmakāya*）を獲得するものが絶対的一乗（*atyantaikayāna*）である。絶対的一乗は連続の断滅（*saṃtānoccheda*：相続断）である。

Saddharmapuṇḍ., 本書, Ⅵ-11, 脚注 32 を参照。（【訳注】参考として本項末尾に掲げる。）― 同経典、p.210,*1~4* では、500 人の阿羅漢が自分たちは涅槃を獲得しないことを認めている：*atyayaṃ vayaṃ bhagavan deśayāmo yair asmābhir bhagavann evaṃ satatasamitaṃ cittaṃ paribhāvitam idam asmākaṃ parinirvāṇaṃ parinirvṛtā vayam iti yathāpīdaṃ bhagavann avyaktā akuśalā avidhijñāḥ. tat kasya hetoḥ. yair nāmāsmābhir bhagavaṃs tathāgatajñāne 'bhisaṃboddhavya evaṃrūpeṇa parīttena jñānena paritoṣaṃ gatāḥ sma*：「おお、世尊よ、我々は自らの過ちを告白します。我々は、これは我々の涅槃であり、我々は完全な涅槃に到達したのだという考えを止むことなく育んできました。おお、世尊よ、我々はあるべきようには知らされておらず、習熟しておらず、教えられていないということです。それはなぜかというと、我々は如来の智慧において諸仏の覚りに到達すべきであったのに、自分たちのこの狭い知識で満足していたからです」。

3. ヴィマラキールティはこうした考えのすべてを非常に極端な形で捉えている。

a. 声聞の種姓と如来の種姓を区別するのは適切ではない。なぜなら、「菩薩の心も、声聞の心もないからである」（Ⅷ-5）、また *bodhi*（覚り）については、「誰もそれに近づくことも、それから遠ざかることもできない」（Ⅲ-52）。

b. 涅槃に向かう正しい道も誤った道もない（Ⅷ-30）。また、それを越える乗もない。なぜなら、「*bodhi* は既にすべての衆生によって獲得されており、既に完全な涅槃に入っていない人は一人もいない」（Ⅲ-51）からである。

c. 等しく空だから、輪廻も涅槃も同じである（Ⅷ-13, 29）。

d. したがって、輪廻の中にこそ、涅槃は求められるべきである。最高の善を確信し（*avakrāntaniyāma*：入正定）、真実（四諦）を見た（*dṛṣṭasatya*：見諦）聖者（*ārya*）は「*anuttarasamyaksaṃbodhi*（無上正等覚）を生じさせることができない」（Ⅶ-3）。

したがって、「*tathāgatagotra*（如来の種姓）は 62 種の誤った見解（*dṛṣṭigata*：謬見）、あらゆる煩悩（*kleśa*）、および［輪廻で優勢を誇る］あらゆる悪法の種姓である」（Ⅶ-2）。

《Ⅵ-11、脚注 32：英訳書 p.164~165》

鳩摩羅什はこの箇所を以下の如く訳している[7]。

「舎利弗問天。汝於三乗為何志求。天曰。以声聞法化衆生故我為声聞。以因縁法化衆生故我為辟支仏。以大悲法化衆生故我為大乗」（大正 14・548a22~25）（舎利弗が天女に問う。「あなたは三乗のいずれを追求しているのですか」と。天女が答える。「声聞（Śrāvaka）の教えによって衆生を回心させるので、私は声聞です。因果（*nidhānadharma*）の教えによって衆生を回心させるので、私は独覚（Pratyekabuddha）です。大悲（*mahākaruṇā*）の教えによって衆生を回心させるので、私は大乗（Mhāyānika）です」。）―― 読んでわかるように、羅什訳はチベット訳に近い。玄奘訳は非常に増広されている。

『維摩経』は他の大乗経典ほどはっきりとは一乗を説いていない。以下に、他経典の例をいくつか挙げる。

---

[7] この箇所のサンスクリット文は以下の如くである。*āha: kiṃ tvaṃ devate śrāvakayānikā pratyekabuddhayānikā / āha: śrāvakāyānikāsmi śrāvakayānasūcanatayā pratyekabuddhayānikāsmi pratītyadharmāvatāreṇa mahāyānikāsmi mahākaruṇān utsṛjanatayā //*（［シャーリプトラが］いった。「天女よ、あなたは声聞乗なのですか、独覚乗なのですか、それとも大乗なのですか」［天女が］いった。「声聞乗を説けば、私は声聞乗です。縁起の法に入れば、独覚乗です。大悲を捨てなければ、大乗です」）

1. Prajñāpāramitāstotra of Rāhulabhadra（いくつかの般若文典の冒頭で見られる）

Buddhaiḥ pratyekabuddhaiś ca śrāvakaiś ca nisevitā,

mārgas tvam eko mokṣasya, nāsty anya iti niścayaḥ.

「あなたは仏陀、独覚、声聞によって教化される。あなたは解脱への唯一の道である他にはない。これは確かである」

2. Saddharmapuṇḍ., p.40,*13~15* : *ekam evāhaṃ yānam ārabhya sattvānāṃ dharmaṃ deśayāmi yad idaṃ buddhayānam, na kiṃcid dvitīyaṃ va tṛtīyaṃ vā yānaṃ saṃvidyate.*

「私が衆生に説くのは唯一の乗のためである。第 2、第 3 は決して存在しない」

3. 同上、p.46, *11~14* :

Ekaṃ hi yānaṃ dvitiyaṃ na vidyate

tṛtiyaṃ hi naivāsti kadāci loke,

Anyatrupāyā puruṣottamānāṃ

yad yānanānātvupadarśayanti.

Bauddhasya jñānasya prakāśanārthaṃ

loke samutpadyati lokanāthaḥ.

Ekaṃ hi kāryaṃ dvitiyaṃ na vidyate

na hīnayānena nayanti buddhāḥ..

「ただ 1 つの乗があるのみで、第 2 は存在しない。第 3 もない。世界のどこにも、どんなものもない。ただ例外として、勝者が［自らの自由で］方便を使って、いくつかの乗があると教えることがある。それは、この世の指導者がこの世に生まれたという、諸仏の智慧を説明するためである。諸仏は実際、ただ 1 つの目的を持ち、第 2 はない。諸仏は、正しくない乗の[人々]を運ばない」(E. Burnouf に則って翻訳)

4. Sarvadharmavaipulyasaṃgraha (Sikṣāsamuccaya, p.95,*15* に引用) : *na mayā pṛthak kaścid dharmaḥ śrāvakayānasaṃprayuktaḥ pratyekabuddhayānasaṃprayukto mahāyāna-saṃprayukto deśitaḥ. tat te mohapuruṣā imaṃ mama dharmaṃ nānākariṣyanti. idaṃ śrāvakāṇāṃ deśitam idaṃ pratyekabuddhānām idaṃ bodhisattvānām iti. sa nānātvasaṃjñayā saddharmaṃ pratikṣipati.*

「私は決して、声聞乗に関する法、独覚乗に関する法、大乗に関する法を、別々に説いたことはない。しかし、愚かな人々は私の言葉にそのような区別をつけて、こう言う。『これは声聞に説かれた、あれは独覚に、そしてまたあれは菩薩に』と。そのような区別を考えることは善法に反する」

5. Laṅkāvatāra, p.135,*2~5*（参照：P. Demiéville, *Concile de Lhasa*, p.53, 132）

yānānāṃ nāsti vai niṣṭhā yāvac cittaṃ pravartate,

citte tu vai pravāvṛtte na yānaṃ na ca yāninaḥ.

yānavyavasthānaṃ naivāsti yānam ekaṃ vadāmy aham,

parikarṣaṇārthaṃ bālānāṃ yānabhedaṃ vadāmy aham.

「心が働いていれば、諸乗に関する決定的なものはなにもない。心が転向すると、乗もなく乗を用いる人もない。私が複数の乗を説くのは、愚かな者を導くためである」

維摩にとっても、一乗とはいかなる乗も存在しないことである。彼は、Ⅲ-22で、明らかに声聞を激しく攻撃し、彼らを生まれながらの盲者になぞらえている。しかし、Ⅷ-5および30では、彼は声聞の心と菩薩の心にも、解脱への善い道と悪い道にも、なんらの違いもないと主張する。

法を説くこと、乗を教示すること、「それは幻人が他の幻人に話すようなものである」。どのようなものについて、どのような教えがあるといえるだろうか。「語る者という言葉は不要な表現であり、聞く者という言葉もまた不要な表現である。不要な表現がひとつもないところには、教える人も、聞く人も、あるいは理解する人もいない」（Ⅲ-7）。

後のほうには、「既に完全な涅槃に入っていない人は誰もいない」（Ⅲ-51）とある。そうだとしたら、解脱のためのある特別の乗を説く必要があるだろうか。

注解Ⅷ　香り高い甘露と聖なる食事

（参照：Ⅸ-1、脚註 1）

第 9 章のタイトルはチベット語では *Sprul pas zal zas blaṅs pa* すなわち「仮身（菩薩）によって食事を得る」（*nirmitena bhojanādānam*）である。Ⅸ-1 におけるこの食事はギリシャ・ローマ神話の神々の食事 ambrosia（サンスクリットの *amṛta*、チベット語の *bdud-rtsi*、中国語の甘露）に当たる。

サンスクリットの *amṛta* には、実質的にみて 2 つの主要な意味がある。1. 不死、2. 神々の食べ物（食べ物あるいは不死の薬、解毒剤）。

仏典では主として第 1 の意味で使われ、涅槃と同義である。衆生の利益のために、仏陀は不死への扉を開いた（*apārutā tesaṃ amatassa dvārā* : Vinaya, I, p.7,*4* ; Dīgha, Ⅱ, p.39,*21* ; 217,*15* ; Majjhima, I, p.169,*24* ; Saṃyutta, I, p.138,*22*）。また、仏陀の弟子は誰でも不死すなわち涅槃を求める（*amataṃ nibbānaṃ pariyesati* : Aṅguttara, Ⅱ, p.247,*33* ; Apadāna, I, p.23,*27* ; Mahāniddesa, I, p.20,*10* など）。

神々の食事（ambrosia）という意味で *amṛta* を用いている経典はかなり稀である。Jātakamāla, p.221,*6* は、神々の食事の雨（*amṛtavarṣa* : 甘露の雨）について述べており、また Milindapañha は、世尊が世間に撒き散らした神々の食事（*amatena lokaṃ abhisiñci bhagavā* : Milinda, p.335,*29*）、および煩悩の病いを鎮める神々の治療薬（*amatosadha* : p.247,*22*）について述べている。同書（p.319,*9*）は、この不死の治療薬（*agado amataṃ*）を不死なる涅槃（*nibbānaṃ amataṃ*）に喩えている。

『維摩経』がここで意味しているのは聖なる食べ物だけでなく、不死のご馳走でもある。したがって、『維摩経』は仏教に新しい要素を導入していることになるが、その意味と、できればその起源を探らなければならない。

＊＊＊

Georges Dumézil 氏はその名著 *Le Festin d'Immortalité* (Paris, 1924) [8]の中で、「Amṛta のヒンドゥー伝説」について、他の同様の伝説との関連で詳しく論じている。彼は同書において（p.292）、ヒンドゥーの伝説を以下のように要約している。

I. デーヴァたち（Devas）が死を恐れる。彼らは不死すなわち *amṛta* の食物を準備する方法について考えを巡らす。ヴィシュヌ神（Viṣṇu）の助言で、彼らはその「器」の中で海を攪拌しようと決めた。それについて、彼らはアスラたち（Asras）と協力する。

実践の勝利：神々は、なにはさておき、水の神の元に行って、その取り組みのために海

[8] *Le Festin d'Immortalité*（不死の饗宴）はデュメジルの博士論文で、最初の著書。参照：『デュメジルとの対話：言語・神話・叙事詩』（ジョルジュ・デュメジル、ディディエ・エリボン著／松村一男訳、平凡社、1993）第一部「人生は遊戯」、第一章「不死の饗宴」、p.19~20。

を貸してくれるように頼む。

神々が海を攪拌する。他のさまざまな聖なるものたち（Lakṣmī 等々）とともに、*amṛta* が生じる。攪拌し過ぎたため、魚が生まれ、世界を脅かす。それはシヴァ神（Śiva）によって飲み込まれる。

Ⅲ. アスラたちが *amṛta* を持ってこっそり逃げ、女神ラクシュミーも自分たちのものだと主張する。（【訳注】ローマ数字の番号がⅢ, Ⅱの順になっているが、これは原著と英訳に従った。）

ヴィシュヌ神すなわちナーラーヤナ（Nārāyaṇa：那羅延）はラクシュミーの姿に変装して、ナラ王は女性に変装してその後に随い、アスラたちのところへ行く。アスラたちは、愛のために狂乱して、変装した女神に *amṛta* を渡し、女神はそれを神々に返す。

Ⅱ. 一堂に会した神々が *amṛta* を飲む。アスラのラーフ（Rāhu）は密かにその中に紛れ込む。彼はヴィシュヌに訴えられ、首を切られる。転落するとき、彼は大地を粉砕する。

Ⅳ. 全面紛争。アスラたちは主にヴィシュヌに打ち倒され、水の中あるいは地の下に投げ込まれる。神々は *amṛta* を永遠に自分たちのものとする。

Dumézil 氏は、ヒンドゥーの伝説を他の多くのインド・ヨーロッパの伝承、特にギリシャ神話の *ambrosia* と *Oceanides Ambrosia*、ボイオティア（Bœotia）伝説の *Prometheus* と *Pithos of Immortality* と比較している。

* * *

ヴィマラキールティによってもたらされた聖なる食事はヒンドゥーの伝説の不死の食べ物とそれほど共通するようには思われない。むしろ、仏典に登場する食事や奇跡の話と通じるところがある。

『維摩経』にみられる *amṛta* についてはいくつかの説明が必要である。

1. *amṛta* は上から来る。— それは海の底から生じるのではなく、スガンダクータ（Sugandhakūṭa：妙香積）という仏と、サルヴァガンダスガンダー（Sarvagandhasugandhā：一切香妙香）という世界に住む菩薩たちの日常的な食べ物であり、香りだけで出来ている。仏と菩薩たちが食する日中の食事は一人あるいは数人のガンダヴューハーハーラ（Gandhavyūhāhāra：香荘厳食事）と呼ばれる給仕によって供され、香りの食物から成る（Ⅸ-2）。

サルヴァガンダスガンダー世界は天頂の領域（*ūrdhvā diś*）に位置し、どん底に位置する我々のサハー世界とは対極にある。サルヴァガンダスガンダー世界で普通に食べられている食べ物が特別にサハー世界に降りてくるというのは、世界にいのちを与えるために天から降ってきたマナ[9]に似ているように思われる。

---

[9]「マナ」（manna）とは、エジプト脱出のイスラエルの民が、荒野における 40 年の漂泊中、これによって養われた食物の名称（『旧約聖書』の「出エジプト記」16 章 31-35 節、「民数記」11 章 6-9 節、「申命記」8 章 3, 16 節など）。参照：『新聖書大辞典』（キリスト新聞社、1984 年第 6 刷）、p.1310-1311。

2. *amṛta* は控え目に求めて、豊かに与えられる。— それはヒンドゥーの伝説におけるように、大量の材料を混ぜ合わせて作られるのではなく、また力や策略によって勝ち取られるのでもない。ヴィマラキールティが神通力によって菩薩を作り出し、スガンダクータ仏の元に送る。古代インドの儀礼の最も洗練された形に則った表現で、その化身の菩薩は、ヴィマラキールティの名によって、サルヴァガンダスガンダー世界で食されている香りの食事の残りをいただきたいと嘆願する。それがサハー世界では仏陀のはたらき（*buddhakārya*：仏行）をなし、低級な願望で動いている衆生を回心させる（Ⅸ-4~5）。そのように懇願された食べ物がまったく好意的に与えられる。スガンダクータ仏は自分の食事の残りを少し器、厳密には托鉢の鉢（*pātra*）に注ぎ、それを化身の菩薩に与える（Ⅸ-8の冒頭）。

『維摩経』はこの場面で交わされる礼儀作法を極めて意図的に省略のない形で再現している。ヴィマラキールティは神聖な贈り物のなんたるかを知っていて、それを受けるにふさわしい作法で求めなければならない。

注目すべきは、サハー世界と天上の世界の橋渡し役を務める菩薩が担っている仲介者の役割である。彼はヴィマラキールティによって作られ（*nirmita*：化身）、守られ（*adhiṣṭhita*：加持）、ヴィマラキールティの意志で話したり行動したりしており、まさしくヴィマラキールティの代理人なのである。この点については、Kośa, Ⅶ, p.118~120 を参照。

3. ふさわしくない客人。— *amṛta* が求められ、「低級な願望（*hīnādhimuktika*：劣解脱）をももった衆生が高邁な願望で元気づけられるように」、与えられる（Ⅸ-4）。神聖な食事のどの物語でも、ふさわしくない客、盗人や裏切り者さえ現われる。ヒンドゥーの伝説では、アスラたちが *amṛta* をもって逃げ、アスラのラーフが *amṛta* の分け前に与ろうとして、神々に紛れ込む。Mahāparinirvāṇasūtra（『大般涅槃経』）の版本のいくつかは、鍛冶屋のチュンダ（Cunda）の家での食事のときに、悪い僧が高価な金属でできた鉢を脇の下に隠して盗んだ（*lohakaroṭakaṃ kakṣeṇāpahṛtavān*）が、仏陀の全能の意力によって、世尊とチュンダにだけはその盗みが見えていた、という話を伝えている。参照：梵文 Mahāparinirvāṇa, p.258；『長阿含経』T1、巻 3、大正 1・18*b*7~8；『仏般泥洹経』T5、巻 1、大正 1・167*c*17~19；『般泥洹経』T6、巻 1、大正 1・183*b*5~6；『根本説一切有部毘那耶雑事』T1451、巻 37、大正 24・390*b*19-20；Suttanipāta Comm., I, p.159；E. Waldschmidt によって分析され翻訳されたテキスト、すなわち *Beiträge zur Textgeschichte des Mahāparinirvāṇasūtra*, Nachrichten v.d. Gesellschaft der Wissenschaften zu Göttingen, 1939, p.63~94。

ヴィマラキールティの不死の食事には盗人の邪魔は入らないが、低級で自分本位の願望によって行動する客人が登場する場面がいくつかある。

大弟子シャーリプトラ（Śāriputra）が最初につかまっている（Ⅸ-1）。午前中いっぱい中断することなく続いた貴重な論議を耐え抜いたところで、彼に次のような思いが浮かんだ。「正午になるのに、これらの偉大な菩薩たちはまだ立ち上がろうとしない。これでは、我々はいつ食べに行けるのだろう」と。凡庸ではあるが、まったく正当な欲求である。正午を過ぎたら、菩薩たちは食事を取れない。空腹の聴衆が全速力でヴァイシャーリー（Vaiśālī）まで行って、ヴィマラキールティの家から 5 里離れた町で食べ物を手に入れるためには、話し合いを即刻中断しなければならない。空腹のまま彼らを帰したら、弱って道端に倒れる恐れもある。

ヴィマラキールティはシャーリプトラの食い意地の張った考えを知って、彼に言った。「シャーリプトラよ、物質的なことに心を奪われて法を聞いてはならない。しかし、少し待てば、かつて味わったことがないような食べ物を食べられるだろう」と。これが彼に、人はパンのみで生きるのではないことを思い出させ、彼の祖先たちがかつて食べたことのない新しい食べ物があることを教えた。

ほどなく、ヴィマラキールティは一つの椀に盛られた神聖な食事を大衆会に配る準備をする。そのとき、ある弟子たちは — 玄奘はより詳しく「ある劣った弟子たちは」（有劣声聞）と訳す — こう考えた。「この食べ物は非常にわずかだ。これほど大勢の衆会にどうして足りるだろうか」[10]と（Ⅸ-12）。彼らは直ちにこの問いに対する答えを化身菩薩から与えられる。「あなたたちのわずかな知恵とわずかな功徳を仏陀の無量の智慧と無量の功徳と同じにしてはなりません。四大海の水が乾ききった後までも、この香りよい食べ物はいささかも減ることはありません。たとえ無量世界に住むあらゆる生きものが、1 カルパないし 100 カルパの間、この食べ物を一口にスメール山ほどの大量を食べたとしても、この食べ物がなくなることはないでしょう」と（Ⅸ-12）。そして事実、「集会全体がこの食べ物で満腹して、しかも食べ物はすこしも減らない」のであった（Ⅸ-13）。

「豊穣の角」（the horn of plenty）というテーマは世界的なもので、仏教の伝説でも少なくとも一つ、パンが何倍にも増えるというよく知られた話がある。それは、ダンマ・パダ（Dhammapada）の注釈書（I, p.373）や Jātaka（I, p.348）でも、同じテーマで語られている。長者（śreṣṭhin）のマッチャリコーシヤ（Maccharikosiya）の妻が如来の鉢に菓子（*pūva*）を 1 つ入れた。世尊は身を養うに必要なだけ、それを食べ、500 人の僧たちもまた、身を養うに必要なだけ、それを食べた。長者はそれから続けて牛乳、ギー、蜂蜜、砂糖などを配った。世尊と 500 人の僧たちは食事を終えた。長者とその妻も欲しいだけ食べた。それにもかかわらず、菓子は少しも減ることがなかった（*pūvānaṃ pariyosānaṃ eva na paññāyati*）。さらになお、それらは僧院全体のすべての僧と乞食者たちにも配られたが、それでも残った菓子は減っていなかった（*pariyanto na paññāyat' eva*）。「世尊よ」と彼らは仏陀に言った。「菓子は減っていません（*parikkhayaṃ na gacchanti*）」と。世尊がお答えになった。「それらをジェータヴァナ（Jetavana）門の近くの倉庫に投げ入れなさい」と。

4. *amṛta* は神変の結果ではない。 — 新しい食べ物、決して尽きることなく永遠に増え続ける食べ物は、魔法の産物かもしれない。偉大な超能力（*maharddhi*：大神通／参照：Bodh. bhūmi, p.58~63；Saṃgraha, p.221~222）をもつ人は誰でも、変容（*anyathībhāva*-

[10] 玄奘訳：「時衆会中有劣声聞。作如是念。此食甚少。云何充足如是大衆」（T476、大正 14・520*a*20）。

karaṇa：転変）を行なえる。**adhimukti**（信解）、すなわち集中的な知力の活用、意志の極めて勝れたはたらきによって、彼らは大要素（地・水・火・風）をそれからこれへと自在に変じ、色形（*rūpa-saṃsthāna*）を音（*śabda*）などに変えたりする。

仏教の伝承には、食べ物を変えるという話がある。Atthasālinī, p.419 や Visuddhimagga, ed. Warren, p.363 によると、ヴィンドゥヤ（Vindhya）山にある宿舎、ヴァッタニヤ坐臥所（Vattaniya senāsana）は奇跡が毎日起こっている場所だった。アッサグッタ（Assagutta）尊者は、僧が乾いた食べ物を食べているのを見て、「これ以後、ゴミ捨て場で凝乳（カード）を得られるように」という願いを起こした。その願いは聞き届けられた。毎日、僧院に水を供給している池の水が、食事の時間になると凝乳に変わり、そして食事が終わると、再び水に戻った。

スガンダクータ仏によって与えられ、ヴィマラキールティによって配られた *amṛta* は明らかにこうした類のものではない。

5. *amṛta* は聖なるエキスであり、食べ物であり煩悩の治療薬でもあって、物質的かつ精神的作用を併せもつ。— それは実に聖なるエキスであり、仏陀によって与えられるもの、大悲によって「香りづけられ」（*parivāsita*：薫習）、「起こされたもの」（*prabhāvita*：所顕）であり（IX-11）、また、解脱（*vimukti*）すなわち救済を確実にする超自然的要素（*lokottaraskandha*：出世間蘊）から生じるものである。

それはまた「薬の大王」（*mahābhaiṣajyarāja*：X-7 を参照）であり、不死の **pharmakon**[11] である。しかし、ギリシャ人がそれを手に入れたときのように、巨人族との戦いで使われたりはしない（参照：G. Dumézil, 前掲書, p.89, 110, 112, 229）。それは煩悩に対する解毒剤である。「あらゆる煩悩の毒が除去されないかぎり、この食べ物は消化されない。消化されるのは、毒が除去されてからである」（X-7）。そこで、ヴィマラキールティが助言する。「それを卑しい低級な気持ちで食べてはいけません。なぜなら、もしそのように食べるなら、それを消化できないからです」（IX-11）。一人ひとりが自分を試さなければならない。なぜなら、識別しないでそれを食べるのは自分自身の有罪の判決を下されることになるからである。

我々が問題にしている *amṛta* は本当の食べ物（*bhojana*）で、物質的にも精神的にも作用を及ぼす。

a.「この食べ物の力は、七日七夜の間、身体にとどまる。その後、それは次第に消化される。それが消化されるのに長い時間がかかるとしても、なんら害にはならない」（X-5）。

b. それを食べた人はみな、すべての毛穴から芳香を放ち、その香りは食べ物が消化されないかぎり、すなわち七日七夜の間、保たれる（IX-13；X-4~5）。

c.「この食べ物を食べた人は、安楽（*sukha*）が身体に降ってくるのを感じた。それは「あ

---

[11] 古代ギリシャ語。逆説的な語で「薬」と訳されるが、治療薬と毒の両方の意味をもつ。ちなみに、『ギリシャ語辞典』（大学書林、1989 年）によると、①薬物、薬（治療用・加害用・経口用・塗布用、等のいずれを問わない）、②（特に）毒薬、③魔法の薬；呪法、④防止策、救済策、⑤なにかを造り出す手段、事を行う秘訣、⑥染料、顔料、塗料、絵の具。

らゆる幸福で飾られた」(Sarvasukhamaṇḍitā) という名の世界に住む菩薩たちと等しい安楽だった（Ⅸ-13)。

d. 最後に、そして最も重要なことだが、七日七夜の終りに食物が消化されたとき、各人はそれぞれの道において一段階上に進んでいるということである。このことについては、訳本によって若干の違いはあるものの、X-6 で詳しく説明されている。Śikṣāsamuccya, p.270 に引用されたサンスクリット原文によると、涅槃を獲得する絶対的な確信をまだ得ていない声聞たちは究極の確信（*avakrāntaniyāma*：入正定）を得る、すなわち聖者（Ārya）となる。覚りの心が生起してない菩薩は、それを起こして第 1 段階（*bhūmi*）に入る。既にそれを起こしていた菩薩は、諸法の不生に関する確信（*anutpattikadharmakṣānti*：無生法忍）を得て第 8 段階（*bhūmi*）に到達する。

＊＊＊

『維摩経』に登場する *amṛta* は、精神的な作用は別として、古い仏典に出てくる栄養エキス（サンスクリットで *ojas*；ハイブリッド・サンスクリットで *oja* あるいは *ojā*；パーリで *ojā*）と無関係ではない。神々は気に入ったものを皮膚の毛穴から直接注入したり、あるいは食物に加えたりする。それは栄養価が高くて、非常に消化が難しい。そのため、聖者のみがそれに耐えられるのであり、それほど栄養価が高められた食事の残りは慎重に埋められなければならない。

シャークヤムニがナイランジャナー川（Nairañjanā）の土手で苦行をしていたある日、完全に食を断って瞑想していると、神々が彼に近づいてこう言った。「世尊よ、あらゆる食べ物を断つことには注意してください。しかし、しなければならないのなら、私たちがあなたの毛穴に聖なる栄養エキスを入れましょう。そうすれば、あなたは持ちこたえるでしょう」と。（参照：Majjhima, I, p.245, *8~12*: *mā kho tvaṃ mārisa sabbaso āhārupacchedāya paṭipajji, sace kho tvaṃ mārisa sabbaso āhārupacchedāya paṭipajjissasi tassa te mayaṃ dibbaṃ ojaṃ lomakūpehi ajjhoharissāma, tayā tvaṃ yāpessasīti.* — Mahāvastu, II, p.131, *2~3* : *vayan te romakūpavivarāntareṣu divyām ojām adhyohariṣyāmaḥ.*）しかしながら、未来の仏陀は憤然として、そのようなまがい物を受けることを拒否した。

にもかかわらず、パーリの伝承によると、サンスクリットは伝えていないが、神々は仏陀の食事に 2 度、栄養エキスを入れた。スジャーター（Sujātā）によってもたらされた、成覚前の最後の食事のときと、鍛冶屋のチュンダ（Cunda）の家での、涅槃前の最後の食事のときである。このことについてはNidānakathā, Jātaka, I, p.68,*30~32*に記されている。*aññesu hi kālesu devatā kabaḷe kabaḷe ojaṃ pakkhipanti, sambodhidivase ca pana parinibbānadivase ca ukkhaliyaṃ yeva pakkhipanti.*

我々は、チュンダが仏陀に *sūkaramaddava* を出したことを知っている（Dīgha, II, p.127,*5*)。初期の解釈学者はこの食事の性質の判断をためらった。生肉で、柔らかくて脂がのっていて、豚かロバのもので、若過ぎず年寄りでもない（*nātitaruṇassa nātijiṇṇassa ekajeṭṭhakasūkarassa mudusiniddhaṃ pavattamaṃsaṃ*）、あるいは柔らかく炊いたご飯で、牛の5つの製品から抽出したソースで料理したもの（*muduodanaṃ pañcagorasayūsapācanavidhānam*）、あるいは豚に押し潰されたタケノコ（*sūkarehi madditavaṃsakaḷīro*）、あるいはまた、豚が踏みつけた場所に生えたキノコ（*sūkarehi madditapadese jātaṃ ahicchattakaṃ*）、そして最後に、不老不死の薬（*rasāyana*：延命薬、不死の霊薬）。参照：Buddhaghosa（Dīgha Comm., II, p.568および注記）やDhammapāla（Udāna Comm., p.399~400）。

この食べ物を食した後、仏陀は重篤な状態に陥ったが、チュンダを些かも責めてはならないと正式に命じた。もしこの食べ物がそれほど消化の難しいものだったとしたら、それはある仏典によると（Dīgha Comm., II, p.568,*16~17*）、「神々が、二千の島々で包囲された四大要素に見出される栄養エキスを加えた」（*tattha pana dvisahassadīpaparivāresu catūsu mahādīpesu devatā ojaṃ pakkhipiṃsu*）からである。これは疑う余地がない。なぜなら、Dīgha, II, p.127によると、仏陀はチュンダに「この食事を弟子たちに施さず、残りは穴に埋めなさい。如来以外の誰もそれを消化できないから」と言っているからである。

ヴィマラキールティが給仕した聖なる食べ物はそれほど恐るべきものではない。十分気をつけて摂取するかぎり、7日後には消化される。これは、聖なる食事についての洗練された考えで、仏教以外にも同様の考えがみられる。

≪引用文献略語一覧≫

ed = edition ; rec. =reconstruction in Sanskrit ; tr.=translation
頻繁に引用される Pali Text Society のパーリ文とその翻訳はここには挙げていない。

Abhidharmadīpa, ed. P.S. Jaini (Tibetan Sanskrit Works Series, IV), Patna, 1959
Abhidharmasamuccaya, ed. V.V. Gokhale, Journ. of the Bombay Branch R.A.S., XXIII, 1947, p.13-38; rec. P. Pradhan (Visvabharati Studies, 12), Santiniketan, 1950.
Abhisamayālaṃkāra, ed. Th. Stcherbatsky and E. Obermiller (Bibl. Buddh., 23), Leningrad, 1929
Ajitasenavyākaraṇa, ed. N. Dutt (Gilgit Man., I), Srinagar, 1939.
Akanuma, *Noms propres* = C. Akanuma, *Dictionnaire des noms propres du bouddhisme indien*, Nagoya, 1931.
Āloka = Abhisamayālaṃkāraloka, ed. U. Wogihara, Tōkyō, 1932-35.
Arthapada Sūtra, ed. and tr. P.V. Bapat (Visvabharati Studies, 13), Santiniketan, 1951.
Arthaviniścaya, ed. and tr. A. Ferrari (Atti d. Reale Acc. d'Italia, Serie VII, Vol. IV, fasc. 13), Rome, 1944.
Aṣṭādaśasāhasrikā [Prajñāpāramitā], ed. and tr. E. Conze (Lit. and hist. Doc. from Pakistan, 1), Rome, 1962.
Aṣṭāsāhasrikā [Prajñāpāramitā], ed. U. Wogihara, incorporated in Āloka (see above).
Avadānaśataka, ed. J.S. Speyer (Bibl. Buddh., 3), St Petersburg, 1902-09.
Bailey, H.W., *Khotanese Buddhist Texts*, London, 1951.
Banerjee, A.C., *Prātimokṣasūtra of the Mūlasarvāstivādins*, Calcutta, 1954.
Bareau, *Sectes bouddhiques* = A. Bareau, *Les Sectes bouddhiques du Petit Véhicule*, Saigon, 1955.
Beal, *Life* = S. Beal, tr., *The Life of Hiuen-Tsiang by the Shamens Hwui Li and Yen-Tsung* (Trübner's Oriental Series), London, 1888.
Bhadracarīpraṇidhāna, ed. K. Watanabe, Leipzig, 1912.
Bhaiṣajyaguru Sūtra, ed. N. Dutt (Gilgit Man., I), Srinagar, 1939.
Bhattacharyya, B., *Indian Buddhist Iconography*, 2nd ed., Calcutta, 1958.
Bhāvanākrama I, ed. G. Tucci, *Minor Buddhist Texts*, II (Serie Orientale Roma, IX, 2), Rome, 1958.
Bhāvanākrama III, ed. G. Tucci, *Minor Buddhist Texts*, III (Serie Orientale Roma, XLIII), Rome, 1971.
Bloch, J., *Les Inscriptions d'Aśoka* (Les Belles Lettres, Collection Émile Senart), Paris, 1950.
Bodhicaryāvatāra, ed. P. Minayeff, St. Petersburg, 1890.
Boddhisattvaprātimokṣasūtra, ed., N. Dutt, IHQ, VII, Calcutta, 1931, p.259-286.
Bodh. Bhūmi = Boddhisattvabhūmi, ed., U. Wogihara, Tōkyō, 1930.
Buddhacarita, ed., E.H. Johnston (Pranjab Univ. Publications, 31), Calcutta, 1936.
Bu-ston = E. Obermiller, tr., Bu-ston, *History of Busshism*, 2 vol. (Mat. z. Kunde d. Buddh., 18, 19), Heidelberg, 1931-33.
Catalogue of the Tibetan Manuscripts from Tun-Huang in the India Office Library, compiled

by L. de La Vallée Poussin, Oxford, 1962.
Catuḥśataka, ed. and tr. P.L. Vaidya, *Étude sur Āryadeva*, Paris, 1923; ed. and rec. V. Bhattacharya (Visvabharati Series, 2), Calcutta, 1931.
Catuṣpariṣat Sūtra, ed. E. Waldschmidt (Abh. d. Deutschen Akad. zu Berlin), Berlin, 1952-62.
Chavannes, Contes = É. Chavannes, *Cinq cents Contes et Apologues extraits du Tripiṭaka chinois*, 4 vol., Paris, 1910-34.
Ch'en, K.K.S., *The Chinese Transformation of Buddhism*, Princeton, 1973.
Cn = Chinese translation of the Vkn by Chih Ch'ien (T474)
Conze, E., *The Prajñāpāramitā Literature*, The Hague, 1960.
Coomaraswamy, A.K., *History of Indian and Indonesian Art*, London, 1927.
Coomaraswamy, A.K., *La Sculpture de Bhārhut*, Paris, 1956.
Coomaraswamy, A.K., *La Sculpture de Bodh Gayā*, Paris, 1935.
Cordier, P., *Catalogue du Fonds Tibétain de la Bibliothèque Nationale*, III, Paris, 1915.
Daśabhūmika Sūtra, ed., J. Rahder, Louvain, 1926.
Demiéville, P., *Le Concile de Lhasa* (Bibl. de l'Inst. des Hautes Édudes Chinoises, 7), Paris, 1952.
Demiéville, P., *Les versions chinoises du Milindapañha*, BEFO, XXIV, 1924.
Dharmasaṃgraha, ed. M. Müller and H. Wenzel (Anec. Oxon. Aryan Series, vol. I. part V), Oxford, 1885.
Divyāvadāna, ed. E.B. Cowell and R.A. Neil, Cambridge, 1886.
Dumézil, G., *Le Festin d'Immortalité*, Paris, 1924.
Dvādaśamukha Śāstra, rec. N.A. Sastri, Visvabharati Annals, VI, Santiniketan, 1954, p.165-231.
Ecke, G. and Demiéville, P., *The Twin Pagodas of Zayton*, Harvard, 1935.
Edgerton, *Dictionary* = F. Edgerton, *Buddhist Hybrid Sanskrit Dictionary*, New Haven, 1953.
Foucher, A., *Art Gréco-bouddhique du Gandhāra*, 2 vol., Paris, 1905-22.
FP = Fonds Pelliot tibétain de la Bibliothèque Nationale, Paris.
Frauwallner, E., *Die Philosophie des Buddhismus*, Berlin, 1956.
Gaṇḍavyūha Sūtra, ed. D.T. Suzuki and H. Idzumi, Kyōto, 1934-36.
Gauḍapāda = Gauḍapādīya-kārikās, Ānandāśrama Sanskrit Series, 10, Poona, 1911.
Geiger, M. and W., *Pāli Dhamma vornehmlich in der Kanonischen Litteratur*, Munich, 1920.
Gernet, J., *Les aspects économiques du bouddhisme* (Publ. de l'École Française d'Extrême Orient, XXXIX), Saigon, 1956.
H = Chinese translation of the Vkn by Hsüan-tsang (T476).
Hashimoto, H., *A Study of the True Character of the Vimalakīrtinirdeśa, especially on the Idea of Acintyavimokṣa* (Indogaku Bukkyōgaku Kenkyū, VII), Tōkyō, 1958.
Hōbōgirin, Dictionnaire encyclopédique du bouddhisme d'après les sources chinoise et japonaises (Editor in chief, P. Demiéville), Paris, 1929 and sq.
Hœrnle, A.F.R., *Manuscript Remains of Buddhist Literature found in Eastern Turkestan*, I, Oxford, 1916.
Hofinger, M., *Le Congrès du Lac Anavatapta* (Bibliothèque du Muséon, 34), Louvain, 1954.

Inde Classique, by L. Renou and J. Filliozat, Tome I (Bibliothèque Scientifique), Paris, 1947; Tome II (Bibl. Éc. Franç. Extrême Orient), Paris, 1953.

I-tsing, tr. Takakusu = J. Takakusu, tr., *A Record of the Buddhist Religion as Practised in India and the Malay Archipelago (A.D. 671-695), by I-tsing*, Oxford, 1896.

Jātakamālā, ed. H. Kern (Harvard Oriental Series, I), Boston, 1891.

K = Chinese translation of the Vkn by Kumārajīva (T475).

Kāraṇḍavyūha, ed. S.V. Samasrami, Calcutta, 1873.

Karatalaratna, rec. N.A. Sastri (Visvabharati Studies, 9), Santiniketan, 1949.

Karmasiddhiprakaraṇa, Tib. ed. and tr. É. Lamotte (off-print of MCB, IV), Bruges, 1935-36.

Karmavibhaṅga = Mahākarmavibhaṅga and Karmavibhaṅgopadeśa, ed. and tr. S. Lévi, Paris, 1932.

Karuṇāpuṇḍarīka, ed. S.C. Das and S.C. Sastri, Calcutta, 1898.

Kāśyapaparivarta, ed. A.V. Staël-Holstein, Commercial Press, 1926.

Kāvyamīmāṃsā, tr. L. Renou, *Kāvyamīmāṃsā de Rājasekhara*, Paris, 1946.

Kirfel, W., *Die Kosmographie der Inder*, Bonn, 1920.

Kośa = Abhidharmakośa, tr. L. de La Vallé Poussin, 6 vol., Paris, 1923-31; repr. (Mélanges chinois et bouddhiques, XVI), Brussels, 1971.

Kośabhāṣya = Abhidharmakośabhāṣya of Vasubandhu, ed. P. Pradhan (Tibetan Sanskrit Works Series, VIII), Patna, 1967.

Kośavyākhyā = Sphūṭārtha Abhidharmakośavyākhyā, ed. U. Wogihara, Tōkyō, 1932-36.

Lalitavistara, ed. S. Lefmann, Halle a.S., 1902.

Lalou, *Inventaire* = M. Lalou, *Inventaire des Manuscrits tibétains de Touenhouang*, 3 vol., Paris, 1939-61.

Lamotte, *Histoire* = É. Lamotte, *Histoire du bouddhisme indien, des origines à l'ère Śaka* (Bibliothèque du Muséon, 43), Louvain, 1958; repr. 1967.

Laṅkāvatāra, ed. B. Nanjio, Kyōto, 1923.

La Vallée Poussin, L. de, *Introduction à la pratique des futurs Bouddhas* (extrait de la Revue d'histoire et de littérature religieuse, vol. X, XI and XII, 1905, 1906, 1907), Paris, 1907.

La Vallée Poussin, L. de, *Nirvāṇa*, Paris, 1925.

La Vallée Poussin, L. de, *Théorie des douze causes*, Ghent, 1913.

Le Coq, A. Von, *Bilderatlas zur Kunst und Kulturgeschichte Mittel-Asiens*, Berlin, 1925.

Legge, J., *A Record of Buddhistic Kingdoms*, Oxford, 1886.

Le Roy Davidson, J., *The Lotus Sūtra in Chinese Art*, Yale, 1954.

Leumann, E., *Buddhistische Litteratur nordarisch und deutsch*, Leipzig, 1920.

Longhurst, A.H., *The Busshist Antiquities of Nāgārjunakoṇḍa* (Memoirs of the Arch. Surv. of India, No. 54), Delhi, 1938.

Madh. Avatāra = Madhyamakāvatāra, Tib. ed. L. de La Vallée Poussin (Bibl. Buddh., 9), St Petersburg, 1912.

Madh. vṛtti = Mūlamadhyamakakārikās of Nāgārjuna with the Prasannapadā, comm. by Candrakīrti, ed. L. de La Vallée Poussin (Bibl. Biddh., 4), St Petersburg, 1913; tr. J.W. de Jong, *Cinq chapitres de la Prasannapadā*, Leiden, 1949; tr. J. May, *Candrakīrti Prasannapadā Mūlamadhyamakavṛtti, douze chapitres traduit du sanscrit* (Collection

Jean Przyluski, II), Paris, 1959.
Madhyāntavibhāga, ed. S. Yamaguchi, 2 vol., Nagoya, 1934.
Mahāparinirvāṇa sanskrit = Mahāparinirvāṇasūtra, ed. E. Waldschmidt (Abh. d. Deutschen Akad. zu Berlin), Berlin, 1950-51.
Mahāsaṃnipāta [Ratnaketudhāraṇī], ed. N. Dutt (Gilgit Man., IV), Calcutta, 1959.
Mahāvadāṇa sanskrit = Mahāvadāṇasūtra, ed. E. Waldschmidt (Abh. d. Deutschen Akad. zu Berlin), Berlin, 1953-56.
Mahāvastu, ed. É. Senart, 3 vol., Paris, 1882-97.
Mahāvyutpatti, ed. R. Sakaki, 2 vol., Kyōto, 1916-25.
Mahāyānaviṃśikā, ed. G. Tucci, *Minor Buddhist Texts*, I (Serie Orientale Roma, IX, 1), Rome, 1956.
Mahāyānottaratantraśāstra (see Ratnagotravibhāga), tr. from the Tib. by E. Overmiller, *The Sublime Science of the Great Vehicle to Salvation*, Acta Orientalia, IX, 1931.
Maitreyavyākaraṇa, ed. N. Dutt (Gilgit Man., IV), Calcutta, 1959.
Malalasekera, *Proper Names* = G.P. Malalasekera, *Dictionary of Pāli Proper Names*, 2 vol. (Indian Texts Series), London, 1937-38.
Mañjuśrīmūlakalpa, ed. T. Ganapati Sastri (Trivandrum Sanskrit Series, No. 70, 76, 84), 3 vol., Trivandrum, 1920-22.
Marshall, Sir John H., *Taxila*, Cambridge, 1951.
Marshall, Sir John H. and Foucher, A., *The Monuments of Sāñchī*, Delhi, 1940.
Masterpieces of Chinese ju-i scepters in the National Palace Museum, Taipei, 1974.
Mochizuki, *Encyclopaedia* = Mochizuki, S., *Bukkyō Daijiten*, 2nd ed., 8 vol., Tōkyō, 1960.
N = Tibetan translation of the Vkn in the Narthang Kanjur (Fonds tibétain de la Bibliothèque Nationale, No. 419).
Nagao, G.M., *Index to the Mahāyāna Sūtrālaṃkāra*, 2 parts, Tōkyō, 1958-61.
Nāgārjuna, *Traité* = É. Lamotte, tr., *Traité de la Grande Vertu de Sagesse de Nāgārjuna*, vol. I and II (Bibliothèque du Muséon, 18), Louvain, 1944-49, repr. 1966-67; vol. III (Publ. de l'Institut Orientaliste de Louvain, 2), Louvain, 1970.
Niraupamyastava, ed. G. Tucci, JRAS, 1932, p.312-321.
Nobel, J., *Wörtebuch zum Suvarṇaprabhāsa*, Leiden, 1950.
Obermiller, E., *Analysis of the Abhisamayālaṃkāra*, London, 1943.
OKC = A comparative analytical Catalogue of the Kanjur Division of the Tibetan Tripiṭaka, Kyōto, 1930-32.
Oshika, J., *Tibetan Text of the Vimalakīrtinirdeśa*, Acta Indologica of the Naritasan Shinshoji, I, 1970, p.187-240. *Index to the Tibetan Translation*, id. ibid., III, 1974, p.197-352.
P = Tibetan translation of the Vkn in the Peking Kanjur (OKC, 843).
Pachow, W., *A Comparative Study of the Prātimokṣa*, Santiniketan, 1955.
Pañcakrama, ed. L. de La Vallée Poussin, Ghent, 1896.
Pañcaviṃśatisāhasrikā [Prajñāpāramitā], ed. N. Dutt (Calcutta Oriental Series, 28), London, 1934.
Pañjikā = Bodhicaryāvatārapañjikā, ed. L. de La Vallée Poussin (Bibl. Indica), Calcutta, 1901-14.

Paramārthastava, ed. G. Tucci, JRAS, 1932, p.322-325.
Pelliot, P., *Les Grottes de Touen-Houang*, peintures et sculptures bouddhiques des époques des Wei, des T'ang et des Song, Mission Pelliot en Asie Centrale, Paris, 1920 (vol. 1-3), 1921 (vol. 4-5), 1926 (vol. 6).
Petech, L., *North India according to the Shui-ching-shen*, Rome, 1950.
Prajñāpāramitāpiṇḍārtha, ed. and tr. G. Tucci, JRAS, 1947, p.53-75.
Rāhula, W., *History of Buddhism in Ceylon*, Colombo, 1956.
Rāṣṭrapāla [paripṛcchā], ed. L. Finot (Bibl. Buddh., 2), St Petersburg, 1901; Tib. ed. and tr. J. Ensink, *The Question of Rāṣṭrapāla*, Zwolle, 1952.
Ratnagotra[vibhāga], ed. E.H. Johnston (Bihar Research Society), Patna, 1950.
Ratnāvalī, ed. G. Tucci, JRAS, 1934, p.307-325.
Reichelt, H., *Die Sogdischen Handschriftenreste des Britischen Museums*, I. Teil: *Die Buddhistischen Texte,* Heidelberg, 1928.
Rhys Davids, *Dictionary* = T.W. Rhys Davids and W. Stede, ed., *Pāli-English Dictionary*, Chipstead, 1925 and sq.
Ruegg, D.S., *La théorie du Tathāgatagarbha et du Gotra* (Publ. de l'École Franç. d'Extrême Orient), Paris, 1969.
Sad. puṇḍarīka = Saddharmapuṇḍarīka, ed. H. Kern and B. Nanjio (Bibl. Buddh., 10), St Petersburg, 1908-12; tr. E. Burnouf, *Le Lotus de la Bonne Loi*, 2 vol., Paris, 1852.
Sādhanamālā, ed. B. Bhattacharyya, 2 vol. (Gaekwad's Oriental Series, 26 and 41), Baroda, 1925-28.
Saeki, J., *The Prince Shōtoku's Commentary on the Wei-mo-ching*, 2 vol., Tōkyō, 1937.
Śālistamba Sūtra, ed. N.A. Sastri, Adyar Library, 1950.
Samādhirāja Sūtra, ed. N. Dutt, 3 parts (Gilgit Man., II), Srinagar, 1941-54.
Saṃdhinirmocana Sūtra, Tib. ed. and tr. É. Lamotte (Recueil de l'Univ. de Louvain, 34), Louvain, 1935.
Saṃgraha = Mahāyānasaṃgraha, tr. É. Lamotte, *La Somme du Grand Véhicule d'Asaṅga*, II (Bibliothèque du Muséon, 7), Louvain, 1938-39; repr. (Publ. de l'Institut Orientaliste de Louvain, 8), Louvain, 1973.
Saptaśatikā [Prajñāpāramitā], ed. G. Tucci, Memorie d. R. Accademia dei Lincei, XVII, 1923, p.115-139.
Sarvatathāgatādhiṣṭhāna, ed. N. Dutt (Gilgit Man., I), Srinagar, 1939.
Śatapañcāśatka, ed. and tr. D.R. Shackleton Bailey, *The Śatapañcāśatka of Mātṛceṭa*, Cambridge, 1951.
Śaptasāhasrikā [Prajñāpāramitā], ed. P. Ghosa (Bibl. Indica), Calcutta, 1914.
Schiefner, A., tr. *Tibetische Lebensbeschreibung Śākyamuni's,* St Petersburg, 1848.
Shih, R., *Biographies des Moines Éminents*, de Houei-kiao (Bibliothèque du Muséon, 54), Louvain, 1968.
Siddhi = Vijñaptimātratāsiddhi, tr. L. de La Vallée Poussin, 2 vol., Paris, 1928, and Index, 1948.
Śikṣāsamuccaya, ed. C. Bendall (Bibl. Buddh., 1), St Petersburg, 1902.
Śrāvakabhūmi, Analysis by A. Wayman (Univ. of Calif. Publications, 17), Berkeley, 1961.
Śrīmālādevīsiṃhanādasūtra, tr. A. and H. Wayman, *The Lion's Roar of Queen Śrīmāla*

(Translations from the Oriental Classics, Columbia Univ.), New York and London, 1974.
Stcherbatsky, Th., *Buddhist Logic*, 2 vol. (Indo-Iranian Reprints, IV), The. Hague, 1958.
Stcherbatsky, Th., *The Conception of Buddhist Nirvāṇa*, Leningrad, 1927.
Subhāṣitasaṃgraha, *An anthology of extracts from Buddhist works compiled by an unkown author, to illustrate the doctrines of scholastic and of mystic (tāntrik) Buddhism*, ed. C. Bendall, Le Muséon, IV, 1903, p.375-402.
Sukhāvatīvyūha, ed. U. Wogihara, Tōkyō, 1931 [Reproduces, with corrections and a new pagination, the edition by M. Müller which appeared in the Anec. Oxon. Aryan Series, vol. 1, part 2, Oxford, 1883].
Śūraṃgamasamādhisūtra, tr. É. Lamotte, *La Concentration de la Marche Héroïque* (Mélanges chinois ct bouddhiques, XIII), Brussels, 1965.
Sūtrālaṃkāra = Mahāyānasūtrālaṃkāra, ed. S. Lévi (Bibl. Éc. Hautes Études, 159), Paris, 1907.
Sūtrālaṃkāra, tr. Huber = E. Huber, *Aśvaghoṣa Sūtrālaṃkāra*, Paris, 1908.
Suvaṇabhāsa [Uttamasūtra], ed. J. Nobel, Leipzig, 1937.
Suvikrāntavikrāmi [Paripṛcchā Prajñāpāramitāsūtra], ed. R. Hikata, Fukuoka, 1958.
Suzuki, D.T., *Index to the Laṅkāvatāra*, Tōkyō, 1934.
T = Taishō Issaikyō, ed. J. Takakusu and K. Watanabe, 55 vol., Tōkyō, 1924-29.
Takasaki, J., *A Study on the Ratnagotravibhāga* (Serie Orientale Roma, XXXIII), Rome, 1966.
Tāranātha = A. Schiefner, tr., Tāranātha, *Geschichte des Buddhismus*, St. Petersburg, 1869.
Tib. Trip. = Tibetan Tripiṭaka, ed. D.T. Suzuki, 150 vol., Ōtani Univ., Kyōto, 1957.
Triṃśikā, ed., S. Lévi, *Vijñaptimātratāsiddhi* (Bibl. Éc. Hautes Études, 245), Paris, 1925.
Tucci, G., *Tombs of the Tibetan Kings*, Rome, 1950.
Udānavarga, ed., F. Bernhard (Sanskrittexte aus den Turfanfunden X), Göttingen, 1965.
Udrāyaṇa, Tib. ed. and tr. J. Nobel, *Udrāyaṇa, König von Roruka*, 2 vol., Wiesbaden, 1955.
Vajracchedikā, ed. E. Conze (Serie Orientale Roma, XIII), Rome, 1957.
Vasumitra, tr. Masuda = J. Masuda, tr., *Origins and Doctrines of Early Indian Buddhist Schools ... of Vasumitra's Treatise*, Asia Major, II, 1925.
Vimalakīrtinirdeśa, tr. É. Lamotte, *L'Enseignement de Vimalakīrti* (Bibliothèque du Muséon, 51), Louvain, 1962; tr. J. Fischer and T. Yokota, *Das Sūtra Vimalakīrti*, Tōkyō, 1944; tr. and ed. C. Luk (Lu K'uan Yu), *The Vimalakīrti Nirdeśa Sūtra* (Shamb(h)ala), Berkeley and London, 1972.
Viṃśikā, ed. S. Lévi, *Vijñaptimātratāsiddhi* (Bibl. Éc. Hautes Études, 245), Paris, 1925.
Vin. of the Mūlasarv. = Mūlasarvāstivāda-Vinayavastu, ed. N. Dutt, 4 parts, (Gilgit Man., III), Srinagar, 1942-50.
Vin. of the Sarvāstivādins = *Der Vinayavibhaṅga zum Bhikṣuprātimokṣa der Sarvāstivādins*, ed. V. Rosen (Sanskrittexte aus den Turfanfunden, 2), Berlin, 1959.
Visuddhimagga, ed. H.C. Warren and Dh. Kosambi (Harvard Oriental Series, 41), Cambridge, Mass., 1950.
Vkn = Vimalakīrtinirdeśa.
Waldschmidt, E., *Lebensende des Buddha*, Göttingen, 1944-48.
Waley, A., *Catalogue of Paintings recovered from Tun-Huang by Sir Aurel Stein*, London,

1931.
Watters, *Travels* = T. Watters, *On Yuan Chwang's Travels*, 2 vol., London, 1904-05.
Weller, F., *Taunsend Buddhanamen des Bhadrakalpa*, Leipzig, 1928.
Windisch, E., *Māra und Buddha*, Leipzig, 1895.
Winternitz, M., *Geschichte der indischen Litteratur*, 2nd ed., 3vol., Leipzig, 1909-20.
Woodward, *Concordance* = F.L. Woodward and E.M. Hare, ed., *Pāli Tipiṭakaṃ Concordance*, London, 1952 and sq.
Yetts, W.P., *The George Eumorfolopoulos Collection: Buddhist Sculpture*, London, 1932.
Yogācārabhūmi, ed. V. Bhattacharya, I, Calcutta, 1957.
Yogācārabhūmi of Saṃgharakṣa, tr. P. Démieville, BEFEO, XLIV, 1954. p.339-436.
Zürcher, E., *The Buddhist Conquest of China*, 2 vol., Leiden, 1959.

訳者解説

西野　翠

1. Étienne Lamotte が遺したもの

『維摩経』といえば、Étienne Lamotte（1903-1983年）の*L'Enseignment de Vimalakīrti*（*Vimalakīrtinirdeśa*）[1]はすべての研究者にとって必携の書といえよう。著名なベルギーの仏教学者 Lamotte については改めて紹介するまでもないが、かのLouis de La Vallée Poussin（1869-1938年）[2]の薫陶を受けた碩学であり、西欧の学界に大乗仏教の教理的研究を確立した稀世の仏教学者である。Lamotteの経歴および功績については、その著作が発表されるたびに寄せられた激賞ともいえる書評において、また彼の死後に出された多くの「訃報」[3]において、余すところなく述べられている[4]。しかし、1989年9月にブリュッセルで開催された

---

[1] *L'Enseignment de Vimalakīrti (Vimalakīrtinirdeśa)* traduit et annoté par Étienne Lamotte, Leuvain, 1962; *The Teaching of Vimalakīrti (Vimalakīrtinirdeśa)* rendered into English by Sara Boin, London, 1976.

[2] ラモット［1966］が Louis de La Vallée Poussin の真価をあますところなく伝えている。それによると、シルヴァン・レヴィは「およそ文献学界のいかなる学者も、ベルギーの学問にド・ラ・ヴァレー・プーサン以上の光彩を与えたものはなかった」（p.92）と証言し、山口益は「ルイ・ド・ラ・ヴァレー・プーサン教授の面目は、仏陀の教法の真個の表現形態を全幅の価値のままに獲得しようとする念願にある。…… その点からいって正確な形態に整えられた原典探求という限界に於いてルイ・ド・ラ・ヴァレー・プーサンの業績は仏道の一指導者であったということである」（p.93）と誌している。

[3] Appeared in *Annuair de l'Académie Royale de Belgique*, pp.217-218: ANONYME, (Obituary) *Mgr Étienne Lamotte*, dans *The Times* (London), May 18th, 1983: Hubert DURT, *Étienne Lamotte, maître occidental des textes bouddhiques, était né à Dinat,* dans Le Soir (Bruxelles), 27 juin 1983, p.20: J. RIES, *À la mémoire de Mgr Étienne Lamotte (1903-1983), ex-consulteur de notre Secrétariat,* Secretariatus pro non Christianis, *Bulletin*, 18,2 (Roma, 1983), pp.197-199: M.S. RENOU, *Hommage à Monseigneur Étienne Lamotte (1903-1983),* dans *Bulletin des Études Indiennes*, 1 (1983), pp.7-9: HUBERT DURT, *Notes sur les dernières activités du Professeur Étienne Lamotte, ibidem*, pp.11-13: Amalia PEZZALI, *Étienne Lamotte, 1903-1983,* dans *Studi Orienali e Linguistici, Quaderni dell'Instituto di Glottologia dell'Università di Bologna*, 1 (1983), pp.1-5: Sara BOIN-WEBB, *Étienne Lamotte (1903-1983),* dans *Buddhist Studies Review*, 1,1 (1983-4), pp.47-50: Hubert DURT, *Étienne Lamotte (1903-1983)*, dans *The Eastern Buddhist,* 17,2 (Kyōto, 1984), pp.148-52: HUBERT DURT, *Monseigneur Étienne Lamotte, son œuvre, sa bibliothèque,* dans *Nichi-Futsu Bunka, Revue de collaboration culturelle franco-japonaise,* 44, (mars 1984), pp.4-8 (texte français), pp.9-14 (traduction japonaise): M. DELAHOUTRE, *Lamotte Étiene (1903-1983),* dans *Dictionnaire des Religions*, publié sous la direction de Paul POUPARD, Paris, PUF, 1984, p.917: G.R. FRANCI, *In memoria di Étienne Lamotte, contributi alla storia dell'oreintalismo,* dans *Studi e Testi Orientali,* I, Bologa, 1984, pp.241-245: Heinz BECHERT, *In Memoriam Étienne Lamotte (1903-1983),* dans *Numen*, 32, 1(1985), pp.119-129: Heinz BECHERT, *Étienne Lamotte (1903-1983),* dans *Journal of the International Association of Buddhist Studies,* 8,2, 1(1985), pp.151-156.
（出典：http://info.stiltij.nl/publiek/meditatie/studie/Lamotte-bio-ryckmans.pdf ）

[4] É. Lamotte の生涯と業績についてはDurt［1985］に詳しい。Orbituary には、上記のほか Bareau［1983］や平川［1986］、高崎正芳［1988］などがある。また、Pruden［1988］の巻末に付された Étienne Lamotte（1903-1983）も、職歴や業績さらには海外での講演まで詳しく紹介している。なお、Lamotte の学者としての貢献は周知のとおりであるが、彼がカトリックの司祭として仏教徒とキリスト教徒との相互理解に果たした役割も忘れてはならないであろう。

第一回エティエンヌ・ラモット・シンポジウム(First É. Lamotte Symposium)[5] の報告である川崎［1990］が Lamotte教授の成し遂げた不朽の偉業を最もよく伝えているといえるだろう[6]。

Lamotteの弟子であり日本の大学でも教鞭を取られたHubert Durt(1936 -)[7]によると、「ラモット教授の真価が最も正しく認められたのは、結局日本人において」であり、1977年、国際交流基金の招きで来日した際も各地ですばらしい歓迎を受け、「最も深い知識と、最も感動的な簡素さを兼ね備えたこのカトリック司祭、ラモット師は、西欧における最大の仏教学者として認められた[8]」という。

Lamotteの注釈的翻訳（traduit et annoté : annotated translation）に触れた人はだれしも、インドの仏教以前の古典から大乗仏教の経論に至る膨大な資料を駆使した徹底的で網羅的な注釈に驚かされる。数々の著作を生み出すLamotteの仕事ぶりに、Durtは菩薩の姿をみている[9]。

そのように菩薩にもなぞらえられるLamotteの数多くの著作[10]のなかから、本発表では維摩経研究に特に関係が深い『仏訳維摩経』と『仏訳首楞厳三昧経』を取り上げたい。

---

5 デュルト［1990］によると、この学会発足の主旨は「1989年に出版されたラモット教授の大著の英訳『インド仏教史』の第二巻を作る計画の調整」（p.8）にあった。『インド仏教史』については後述。

6 ベルギー王立学士院会館(Palais des Académies, Brussels)で開催されたこのシンポジウムでは28点の発表がなされたが、その内容は、①言語研究、②初期仏教文献研究、③阿毘達磨・部派教理研究、④大乗経典研究、⑤大乗論典研究、⑥美術史・考古学分野、という多岐にわたるものであった。発表者は、①K. R. Norman, O. von Hinüber, A. Tilakaratne, ②松村恒, K. Meisig, F. Lottermoser, 荒牧典俊, H. Bechert, ③L. Sander, P. S. Jaini, J. Bronckhorst, 加藤純章, 平川彰, A. Pezzali, ④藤井教公, F. V. Tisso, R. Fastiggi, J. Strong, R. Duquenne, ⑤H. Durt, K. B. Bhattacharya, Seyfort Ruegg, 川崎信定, 李箕永, ⑥J. Pereira, J. P. Schotsmans, C. Bautze-Picron, M. L. Stewart という錚々たる面々。さらに、Collège de France の André Bareau 夫妻、オックスフォード大学の R. F. Gombrich も参加し発表に熱心に耳を傾けておられたという（川崎［1990］, pp. 3-5)。

7『国際仏教学大学院大学研究紀要 第15号』（2011年5月）掲載の「Hubert Durt 教授 略年譜・著作目録」を参照。

8 Durt［1984］, p.7（仏文）, p. 15（日文）参照。また、Bechert［1985］にも Lamotte の来日と彼に対する日本の人々の反応が印象深く語られている：「彼は国際交流基金の招きで1977年に来日し、各地で講演をした。日本の仏教者は Étienne Lamotte をインド仏教の最も優れた研究者として敬い、篤い尊崇の念をもって歓迎した。私は彼の来日から5年の後、日本を訪れたが、彼がどこで講演をしたとかどこに宿泊したとか細々と報告された」（p.152)。なお、この来日の折りに東京大学でなされた講演は日本語（加藤純章訳「『大智度論』の引用文献とその価値」1978）とフランス語（Les sources scripturaires de l'Upadésa et leurs valeurs, 1986）で出版されている。

9 Durt［1984］, p.4（仏文）, p. 9-10（日文）:「ラモット教授の業績を見る者は、彼がいかに自らに厳格で勤勉な人であったかを察することができよう。… しかし彼自身は、仏典の研究はいくらしても疲れることがない、と語っていた。この業績全体が形作っているすばらしい構造を見ると、ラモット教授がいかにすぐれた綜合の能力をもっていたかを知ることができる。それを読み進むにつれてわれわれは彼の驚くべき集中力、博識、そしてつねに確実な記憶力に感嘆するばかりである。ラモット教授が深く研究した大乗仏教の菩薩 — その菩薩の特質を、教授自身がもっていたことに、われわれは気づくのである」。

10 主なものとして、*L'Explication des Mystères (Saṃdhinirmocanasūtra)*, Louvain, 1935 (解深密経); *Le Traité de l'Acte de Vasubandhu (Karmasiddhiprakaraṇa), Mélanges chinois et bouddhiques*, vol. 4, Bruges, 1936 (成業論); *La Somme du Grand Vehicule (Mahāyānasaṃgraha) d'Asaṅga*, 2volumes, Louvain, Muséon, vol. 7, 1938-39 (摂大乗論) ; *L'Enseignement de Vimalakīrti (Vimalakīrtinirdeśa)*,

2. 『仏訳維摩経』：*L'Enseignment de Vimalakīrti (Vimalakīrtinirdeśa) traduit et annoté* [11]

Lamotteは『維摩経』を「大乗仏教文学の冠たる珠玉の作品」(Le Vimalakīrtinirdeśa est peut-être le joyau de la littérature bouddhique du Grand Véhicule.[12]) と評しているが、Durt［1985］によると、「『維摩経』はÉ. Lamotteがいちばん楽しんで執筆し、また執筆が終わったあともいつまでもいちばん愛着を感じていた書物であった。… (É. Lamotteの)『維摩経』を読むことが大乗仏教に近づく最良の道であり、また師の大作（大智度論）に近づくためにも最善の道である[13]」。

桜部［1963］は『仏訳維摩経』を「維摩経に関する知識の文字通りexhaustiveな集大成である[14]」と絶賛している。一方、平川［1986］は「(『維摩経』の仏訳にしても『首楞厳三昧経』にしても)ラモット教授の仏教学全体にわたる深い学殖が示されている」と高く評価しつつも、「［フランス語で書かれているため］残念ながら日本の仏教研究において、教授の業績が十分に活用されているとは言い難い現状である」と指摘している[15]。

Lamotteの『仏訳維摩経』の'INTRODUCTION'（仏語版で96頁、英語版で116頁）[16]はそれだけで独立した「維摩経研究書」といえる。また、巻末の付録（Appendix I）は八つの小論文(Note I~VIII)[17]から成り、非仏教圏の読者への仏教紹介を視野に入れた一種の「仏教概論」となっている。

Louvain, Muséon, vol. 51, 1962 (維摩経)；*La Concentration de la march héroïque (Śūraṃgama-samādhisūtra)*, *Mélanges chinois et bouddhiques*, vol. XIII, Brussels, 1965 (首楞厳三昧経)；*Le Traité de la Grande Vertu de Sagesse (Mahāprajñāpāramitāśāstra) de Nāgārjuna*：Vol.1, Louvain, Muséon, vol. 51, 1944; vol.2, *ibidem*, 1949; vol.3, Louvain, P.I.O.L., 1970; vol.4, 1976; vol.5, 1980；*Histoire du bouddhisme indien, des origins à l'ère Śaka*, Louvain, Muséon, 1958（『インド仏教史』）などがある。『インド仏教史』以外はすべて ***traduit et annoté*** である。Pruden[1988], p.119によると、Lamotteの出版第一作 *L'Explication des Mystères* に対して、師のLouis de La Valle Poussinは「大乗仏教の経典史および哲学思想にとって根本的に重要な貢献であり … 第一級のお手本である」(*Mélanges chinois et bouddhiques* vol.5, 1937, p.271) と称賛した。

[11] Lamotte［1962］.

[12] Lamotte［1962］, p.v. Sara Boin-Webbによる英訳："The Vimalakīrtinirdeśa is perhaps the crowning jewel of the Buddhist literature of the Great Vehicle." (p.v)

[13] Durt［1985］, p.16.

[14]「われわれはまたもラモート師によって仏教研究の大著を恵まれた。… それは維摩経に関する知識の文字通りexhaustiveな集大成である。すぐれた百科事典は、単に正確な知識を豊富に供給するだけでなく、また常に愉しい読み物であるという、そういう意味においてこの研究はまたencyclopaedicであるともいえよう」(桜部［1963］, pp.50-54)。

[15] 平川［1986］, p.790-791.

[16] この'INTRODUCTION'は、郭忠生による中国語訳が『維摩詰経序論』として台湾の諦観雑誌社から1990年に出版されている。また、日本語訳は岡田徹によって「É・ラモット『維摩経』論」として、『花園大学研究紀要』の第19号（1988年）および第20号（1989年）に、全体としては第3章の途中まで発表されている。

[17] I. 仏国土、II. 発心・深心・直心、III. 無我・不生・無生法忍、IV. 大小乗における戒律、V. 仏陀の病いについて、VI. 大小乗の見方による智慧と覚り、VII. gotraとtathāgatagotra、VIII. 香り高い甘露と聖なる食事。

『仏訳維摩経』刊行から6年後の1972年、Sara Boin-Webb(1937-2008年)[18]による英語版が刊行された。原著者のLamotteはもとより[19]、内外から高い評価を与えられた。例えば英国の仏教学者 Paul Williams(1950-)は、「このたび出版された英語訳はArnold Kunstなど英国の著名な仏教学者のみならず、ラモット教授自身からの助言も反映し、仏訳にはなかった注釈や参考資料も加えられ[20]、すばらしい出来である[21]」と称賛している。

維摩経研究者に託されたLamotteの遺産ともいうべき『仏訳維摩経』であるが、そこには現存三漢訳[22]の比較が見られない。特に支謙訳はほとんど取り上げられておらず、『維摩経』の原形を探るためにも、最古の漢訳である支謙訳の解読が今後の最重要課題といえよう[23]。

3.『仏訳首楞厳三昧経』: *La Concentration de la marche héloïque (Śūraṃgamasamādhisūtra) tradui et annoté* [24]

この経典も*Vimalakīrtinirdeśa*と同様、Sara Boin-Webbによって英訳されている[25]。英語版へのFOREWORDで Lamotteは、「数ある大乗仏教経典のなかから維摩経と首楞厳三昧経を選んだのは単なる偶然ではない」として、両経に共通する特徴を2つ挙げている[26]。

a. 般若経と並んで、どちらも中道を説く中観派に属する経典であり、「人法二無我」(sattvadharmaśūnyatā) を明言している。

b. どちらも智慧 (prajñā) と方便 (upāyakauśalya) を具えた菩薩の理想像を描いている。

---

[18] Lamotteの全幅の信頼を受けて専属翻訳者といえる役を担っていた。Sara Boin-Webbを伝えるものとしては 'Obituary for Sara Boin-Webb, 1937-2008', *Buddhist Studies Review* 25(2), 2008; Obituary 'Sara Boin-Webb – Translator of Buddhist texts' by Russell Webb, *the Independent*, 16 September, 2008を参照。西野［2012］は「英語世界に『維摩経』を伝えた人」としてSaraを紹介している。

[19] Lamotteは英語版へのFOREWORDで、「女史は筆者のフランス語原著を英語に翻訳されたが、それは非常に難しい仕事であった。仏教文献を翻訳する方法がフランス語と英語で違うだけでなく、よく使われる専門用語が英語とフランス語で必ずしも一致しないからである。女史はこうした困難を見事に乗り越えられた」と称賛し、「彼女の確かな翻訳によって、英語圏の人々にも読んでもらえることになった」と謝意を表している。

[20] この点については、FOREWORDの末尾でLamotte自身が述べている。「この英語版は、正確にいえば、仏訳の改訂あるいは修正版ではない。しかし、英語訳の機会にいくつかの間違いは修正し、削除すべきところは削除し、脚注も充実させることができた。そのような作業に際し、Mrs. Boin と筆者はDr. Arnold Kunstにご協力いただいた。ここに厚くお礼申し上げたい」(Vkn, p.xi)。

[21] *Journal of the Royal Asiatic Society of Great Britain & Ireland*, 1979, p.171.

[22] 支謙訳『維摩詰経』(T No.474)、羅什訳『維摩詰所説経』(T No.475)、玄奘訳『説無垢称経』(T No.476)。

[23] 支謙訳については朝山幸彦の一連の論文（参考文献を参照）で中国的変容が論ぜられているが、サンスクリット本に照らして支謙訳が最も忠実な翻訳と思われる箇所も少なくない。支謙訳を正しく読み解くためには、萬［2009］にみられるような翻訳論的視点も加えた総合的手法による研究が必須といえよう。

[24] Lamotte［1965］.

[25] *Śūraṃgamasamādhisūtra. The Concentration of Heroic Progress*, The Buddhist Society and Curzon Press, London 1999. このFOREWORDでもLamotteは、「*Śūraṃgamasamādhisūtra*(The Concentration of Heroic Progress)の英語版はSara Boin-Webbの手になるものである。今回もまた、彼女はこの非常に困難な仕事を熱意と才能をもってこなしてくださった」(p.xvi) とSaraに敬意を表し、その労を讃えている。

[26] 上掲書, p.xi.

b. どちらも智慧(prajñā)と方便(upāyakauśalya)を具えた菩薩の理想像を描いている。

『首楞厳三昧経』と『維摩経』の関係が甚だ密であることは古くからすでに指摘されており、高田[1957][27]、常盤[1974][28]、高崎[1996][29]などで詳しく論じられている。

しかし、ここではそれに触れることはできないので、Lamotte が指摘する「現意天子の将来仏としての浄光称王如来と維摩詰の関係」を紹介するにとどめたい。

『首楞厳三昧経』の devaputra Matyabhimukha(現意天子)は『維摩経』の Vimalakīrti(維摩詰)と同様、阿閦仏国から娑婆世界に来生しており、やがて覚りを得て Vimalaprabhākīrtirāja(浄光称王)という名の如来になると予言されている。Lamotte は、この Vimalaprabhākīrtirāja 如来と Vimalakīrti を重ねてみている。その根拠について、仏陀や菩薩の名前に着目し、以下のように論じている。

> その前の§77 で、Matyabhimukha はこの Sahāloka に出現する前には、Akṣobhya 仏の Abhirati 世界にいたといわれている。『維摩経』によれば、Vimalakīrti がやって来たのも同じく東方のこの Abhirati 世界からであった。また、既に注記で述べたように、『首楞厳三昧経』の§62〜75 で Matyabhimukha によって説かれる思想は、『維摩経』で Vimalakīrti によって説かれる教理と一致している。
>
> そのため、これら二つの経典の制作者の頭のなかでは、Matyabhimukha と Vimalakīrti が混同される傾向がある。そして、この仏陀 Vimalaprabhākīrtirāja は、Matyabhimukha がいつの日か仏陀となって付けられる名であり、仏陀としての最終的な存在における菩薩 Vimalakīrti にほかならない。この場合、Vimalaprabhākīrtirāja の Vimalakīrti に対する関係は、Amitāyurjñānaviniścayarājendra の Amitābha、Bhaiṣajyaguruvaiḍūryaprabharāja の Bhaiṣajyaguru に対する関係などと同じであり、フルネームと通行の省略名との関係である[30]。

---

27 高田［1957］は両経の共通点として、①首楞厳三昧と不可思議解脱法門は同一のもの、②首楞厳三昧に住する菩薩の妙行は方便品の維摩の妙行に重なる、③瞿城天子の女身転不転の論は、舎利弗と天女の問答と同じ、④首楞厳三昧を得るために修すべき法は仏道品前半に相当する、⑤現意天子の本土を妙喜国とするのは、維摩の本土と同じく、共に阿閦仏崇拝なることを示し、現意天子の将来仏としての浄光称王如来は名称上、維摩詰すなわち無垢称と類似の点を有する、⑥現意天子授記に関して述べるところは、維摩と弥勒の問答を、魔界行不汚菩薩の魔女を教化する辺は、維摩が魔女を教化するに類似する、等を挙げて共通類似の文句義理は随所に見出される、としている（p.129）。

28 常盤［1974］は「何れか一方は他方の直接影響を受けたと考えなければ、了解出来ない位である。極言すれば、首楞厳三昧と不可思議解脱法門とは畢竟同一のもので、一はそれを種々の菩薩、天子等の妙行によって表わし、他は維摩なる一個人の上に具体化したもの」（p.2）と述べている。

29 高崎［1996］では、「『勇者の行進』とは菩薩のあるべき姿で、それがこの三昧の力で実現するというのである。その特質として挙げられるものは、ほとんどが維摩の説く菩薩のあり方と変わらないが、その一項に『対句の次第と逆説を教示する知』（ただし、漢訳には欠）という句のあるのが注目される。そして、この三昧の力を得た『魔界行不汚』（魔界にあって汚されないもの）という名の菩薩の活躍は維摩とそっくりで、その法門は『縛も解脱もない法門』と呼ばれている」（pp.19-20）と非常に興味深い指摘がなされている。

30 Lamotte［1965］, 英語版, p.170, n. 181.

Lamotteは、もしこの前提が正しければ、『首楞厳三昧経』のこの箇所はVimalakīrtiの最終的な*abhisaṃbodhi*（現等覚）について述べていることになるとして、*Vkn*, p.civにおけるVimalakīrtiの説明が不十分だったことを遺憾としている。

これまでのところ両経の先後関係については明らにされていないが[31]、どちらも「般若経」成立のあと間もない紀元100年前後には誕生していたと推測される。『維摩経』のサンスクリット本が出現した現在、Lamotte の遺産を大いに活用して、新たな視点で両経の比較研究が進められて然るべきであろう。

4.「文殊師利法門」としての『維摩経』という視点

『維摩経』と関連する経典ということでは、『首楞厳三昧経』のほか、『阿閦仏国経』や『思益梵天所問経』などいわゆる「文殊経典部」に属する経典があるが、それら経典には維摩の発言かと見紛う文言が随所に見られる。筆者はこれまで、『維摩経』は最古の浄土経典とされる『阿閦仏国経』を揺籃とし、空を説く「小品般若」に育まれて誕生した経典と捉えてきたが[32]、今後は「文殊師利法門」という大きな括りのなかで見直す必要があるかもしれない。その場合、Lamotte［1960］の*Mañjuśrī* [33]は重要な参考文献となろう。

印順［1981］の第12章「文殊師利法門」に、「維摩詰のように在家の居士の身を現じ、方便を使って化度するのは、出家の身分で方便を使って化度する文殊と大きな違いはない[34]」との興味深い指摘がみられる。平川［1970］、光川［1990］などの先行研究も参照しつつ、「文殊経典部」という枠組みで『維摩経』を見直してみたいと考えている。

5. 維摩経研究の未来とÉ. Lamotte

維摩経研究に直接間接に貢献する著作として忘れてならないのが Lamotteの大作である *Histoire du bouddhisme indien, des origines à l'ère Śaka*。幸いこれは Sara Boin-Webbによって英訳され、*History of Indian Buddhism*として刊行されている[35]。本書については

---

[31] 長尾［2002］では、「おそらくは『首楞厳三昧経』が先か」との推測が示されている（p.441）。

[32] 参照：西野[2006], pp.303-301.

[33] Harrison［2000］も、いわゆる大菩薩（celestial bodhisattvas）の典型たる文殊師利が2世紀後半の支婁迦讖訳の大乗経典にどのように描かれているかに光を当てた研究で興味深い。

[34] 印順［1981］の第12章「文殊師利法門」には、「佛法的目的，在乎化度衆生。… 適應衆生的方便，不能拘泥於律制謹嚴的生活。文殊不拘小行、擴大了化度衆生的方便、也縮短了出家與在家者的距離。如維摩詰Vimalakīrti、現在家的居士身、所作的方便化度、與文殊以出家身分所作的方便化度、是沒有太大差別的。「文殊法門」所表現的大乘風格、嚴重的衝擊了傳統佛教、在佛教界引起廣泛的影響！」(仏法の目的は衆生の化度にある。… 衆生に適応した方便では、律制の謹厳な生活に拘泥することはできない。文殊は小行に拘らず、衆生を化度する方便を拡大し、また出家と在家者との距離を縮めた。維摩詰のように在家の居士の身を現じ、方便を使って化度するのは、出家の身分で方便を使って化度する文殊と大きな違いはない。文殊法門は大乗の風格を現わし、伝統仏教に重大な衝撃を与え、仏教界に広汎な影響を及ぼした！) (p.934)。

[35] Pruden［1988］:「この作品は精緻を極めた大作だが、その真価は中国語とチベット語はもちろん、種々

佐々木［1964］に詳しく紹介されている[36]。川崎［1990］を見ると、当時、この『インド仏教史』の日本語訳の出版計画が進んでいたようである。しかし、この計画は頓挫し今に至るまで出版されていない。

さらに、Lamotte の *magnum opus*（最高傑作）である *Le Traité de la Grande Vertu de Sagesse de Nāgārjuna (Mahāprajñāpāramitāśāstra)*（*Upadeśa*）5 vols.（I-II, Bibliothèque du Muséon 18, Louvain 1949, repr. 1966-67; III-V, Publications de l'Institut Orientaliste de Louvain, 1970/76/80）は仏教研究の大百科事典であり、仏教学徒必携の書といえよう[37]。Sara Boin-Webb は 20 年間心血を注いで、この大作の英訳を完成した。*The Treatise on Perfect Wisdom* として出版されるはずだったが、悲劇的なことに、その原稿は今もベルギーの印刷会社に放置されたままになっているという[38]。Sara の *magnum opus* ともいうべき英語版 *Upadeśa* が公刊されたら、非フランス語圏の仏教研究者が受ける恩恵は計り知れないだろう。

*Vimalakīrti*の英語版刊行に際して、オランダの中国学者 Erik Zürcher（1928-2008年）が英訳者Saraに送った言葉に、「ヨーロッパ諸国においてさえ、フランス語の確かな読解力をもつ学生は珍しくなっている[39]」とあったが、況やアジア諸国においておやである。Lamotteが残してくれた莫大な遺産を活用するためには、英語訳、中国語訳、日本語訳の「Lamotte著作集」の完成が切望される。不二の経典である『維摩経』の研究を通して洋の東西の距離が縮められること、また東西の理解が深められることを心から願っている。

（以上は 2014 年 9 月 2〜3 日に台湾・仏光山で開催された国際学術研討会「維摩経與東亜文化」で発表した拙稿「維摩経研究に対する É. Lamotte の遺産」に若干手を加えたものである。）

題がいかに特殊な問題であっても、不可欠の一書となるであろう。…… 』（*B.S.O.A.S.*, vol. 25, J1962)」（p.121）。

36 各章の内容について具体的に紹介し、批評的見解も述べたうえで、「本書の出現は、歴史的な意味をもつものと称しても過言ではないであろう」（p.24）としている。また、本書が紀元 1 世紀までの仏教史であるから、「第 2 世紀以降を問題とする続巻の公刊がなされることを切望してやまない」と締めくくられているが、その願いが叶わなかったことは周知のとおりである。

37 Lamotte［1986］（加藤訳［1978］）は『大智度論』の作者が作中で用いた多岐にわたる資料を六種に分類し（Sūtrapiṭaka, Vinayapiṭaka, Abhidharmapiṭaka, 原始仏教以後にできた Jātaka/Avadāna の類, Mahāyānasūtra, 初期中観派の学匠たちの Śāstra）、それぞれについて説明しつつ、アビダルマと大乗仏教の関係、さらには大乗仏教の興起についても触れる一種の「大乗仏教論」となっている。Lamotte によると「『大智度論』の大きな功績は、アビダルマの教育的方法を借りて、大乗を示した点にある」という（加藤訳、p.13）。

38 "TRANSLATIONS BY SARA BOIN-WEBB" にも 'rendered into English by Sara Boin-Webb, *The Treatise on Perfect Wisdom*. Awaiting publication' とある。参照：西野［2012］, pp.30~31.

39 「Lamotte の傑作（*Vimalakīrti*）を翻訳なさったことで、あなたは立派なだけでなく、非常に有用なお仕事をされたのです。というのは、当地でも、他のヨーロッパ諸国と同様（米国はいうまでもなく）、フランス語の確かな読解力をもつ学生は珍しくなっているからです。Lamotte の *Vimalakīrti* は大乗仏教、特に空論 *śūnyavāda* の伝統への格好の入門書になりますから、私はいま学生たちにそれを推薦し、彼らの読書リストにも入れられます」（1986 年 1 月 13 日付の Sara 宛て私信：Russell Webb 氏の講演原稿より）。

《参考文献》

朝山幸彦［1966］「支謙訳典群に見られる治世意識 ― 修身と天下大平をめぐって ―」『印度哲学仏教学』Vol.11, pp.157-174.

朝山幸彦［1986］「『維摩詰経』に見られる中国的変容」『印度学仏教学研究』Vol.34-2, pp.(133)-(141)

朝山幸彦［1989a］「支謙の空思想理解」『インド哲学と仏教 藤田宏達博士還暦記念論集』平楽寺書店, pp.593-616.

朝山幸彦［1989b］「支謙の空思想理解（その 2）」『印度哲学仏教学／北海道印度哲学仏教学会』, pp.176-191.

朝山幸彦［1990］「支謙の空思想理解（その 3）」『印度学仏教学研究』Vol. 39-1, pp.70-73.

朝山幸彦［2000］「支謙訳仏典群における中国的変容の意味と課題」『印度学仏教学研究』Vol.48-2, pp.64-70.

朝山幸彦［2001］「初期大乗仏教と中国的変容（大要）― 支謙訳経考 ―」『北海道教育大学紀要（人文科学・社会科学編）』第 52 巻 第 1 号, pp.1-9.

印順［1981］『初期大乗仏教之起源與開展』正聞出版社.

郭忠生［1990］『維摩詰経序論』諦観雑誌社.

加藤純章編［2003］「『大智度論』の総合的研究 － その成立から中国仏教への影響まで －」平成 11 年度～平成 13 年度科学研究費補助金 基礎研究（B）（2）研究成果報告書.

川崎信定［1990］「第一回ラモット学会に出席して」『東方学』第八十輯, 東方学会, pp.151-156.

菊地章太［2007］『フランス東洋学ことはじめ － ボスフォラスのかなたへ』研文出版.

桜部建［1963］「書評 Étienne Lamotte： L'Enseignment du Vimalakīrti (Bibliothèque du Muséon Vol.51), Louvain, 1962,『大谷学報』43-1, 大谷学会, pp.50-54.

佐々木教悟［1964］「ラモートのインド仏教史に関する業績」『アジア・アフリカ文献調査報告』第 8 冊（言語・宗教 2), アジア・アフリカ文献調査委員会, pp.1-25.

高崎直道・河村孝照校注［1996］『維摩経・思益梵天所問経・首楞厳三昧経』（新国訳大蔵経 文殊経典 2), 大蔵出版.

高崎正芳［1988］「付記（É・ラモット）」『花園大学研究紀要』（第 19 号), 花園大学文学部, pp.166-167.

高田仁覚［1957］「維摩経の思想的立場とその宝性論との関連」『日本仏教学会年報』第 23 号, 日本仏教学会, pp.121-139.

常盤大定 訳［1974］『国訳一切経・経集部七』（首楞厳三昧経解題), 大東出版社（初版 1932 年).

西野翠［2006］「『維摩経』における浄仏国土思想について」『大正大学大学院研究論集』第 30 号, 大正大学出版部, pp.291-306.

西野 翠［2012］「英語世界に『維摩経』を伝えた人」『春秋』（2012 年 11 月号), 春秋社, pp.28-31.

平川彰［1970］「大乗仏教の興起と文殊菩薩」『印度学仏教学研究』Vol. 18-2, 日本印度学仏教学会, pp.580-593.

平川彰［1986］「ラモット教授（Étienne Lamotte, 1903-1983)」『印度学仏教学研究』Vol. 34-2, 日本印度学仏教学会, pp.789-794.

萬金川［2009］「《梵文維摩経》的発現與文本対勘的文化與思想転向」『正観雑誌 五十一期』2009 年 12 月, pp.143-203.

山口益［1954］『フランス仏教学の五十年』平楽寺書店.

エチエンヌ・ラモット／加藤純章訳［1978］「『大智度論』の引用文献とその価値」『仏教学』第 5 号, 仏教学研究会, pp.1-25.（日本での講演. 1986 年にフランス語版が出版された.）

エチエンヌ・ラモット／「在家仏教」編集部訳［1956］「宗教における在家精神（上)」『在家仏教』第 31 号（1956 年 10 月), 在家仏教協会, pp.12-16.

エチエンヌ・ラモット／「在家仏教」編集部訳［1956］「宗教における在家精神（下)」『在家仏教』第 32 号（1956 年 11 月), 在家仏教協会, pp.38-41.

エティエンヌ・ラモット／岡田徹（訳）［1988］「É・ラモット『維摩経』論」『花園大学研究紀要』（第 19 号), 花園大学文学部, pp.127-165.

エティエンヌ・ラモット／岡田徹（訳）［1989］「É・ラモット『維摩経』論（二)」『花園大学研究紀要』（第

20 号), 花園大学文学部, pp.207-237.

E・ラモート／大谷大学仏教学研究室訳［1966］「ルイ・ド・ラ・ヴァレ・プーサン教授についての略述」『仏教学セミナー』Vol.3, 大谷大学仏教学会, pp.77-94(tr. from *Notice sur Louis de La Vallée Poussin*, Annuaire de l'Académie Royale de Belgique, Bruxelles, 1965: rendered into English by Gelongma Migme Chödrö and Karma Trinly; revised by Gelong Lodrö Sangpo).

ユベール・デュルト［1990］「第 1 回ラモット・シンポジウム『インド仏教史』」『日仏東洋学会通信』第 11 号, 日仏東洋学会, pp.8-9.

Bareau, André［1983］ETIENNE LAMOTTE 1903-1983, T'oung Pao Vol. 68, Leiden, pp.i-ii.

Bechert, Heinz［1985］Étienne Lamotte(1903-1983), Journal of the International Association of Buddhist Studies, Vol. 8-2, pp.151-156.

Durt, Hubert［1984］Monseigneur Étienne Lamotte -- son œuvre, sa bibliothèque --『日仏文化』(44), pp.4-8 (texte français), pp.9-14 (彌永信美訳「エティエンヌ・ラモット教授 ― その業績と蔵書」), 日仏会館, 東京.

Durt, Hubert［1985］Etienne Lamotte (1903-1983) , *Bulletin de l'Ecole française d'Extrême-Orient*, Tome LXXIV, Ecole française d'extrême-orient, Paris.

Lamotte, Étienne［1944-80］*Le Traité de la Grande Vertu de Sagesse de Nāgārjuna (Mahāprajñā-pāramitāśāstra)* 5 vols. (I-II, Bibliothèque du Muséon 18, Louvain, 1944/49, repr. 1966-67; III-V, Publications de l'Institut Orientaliste de Louvain, 1970/76/80).

Lamotte, Étienne［1955］Le Buddhisme des Laïcs,『印度学仏教学論叢』法蔵館.

Lamotte, Étienne［1958］*Histoire du bouddhisme indien, des origines à l'ère Śaka*, Bibliothèque du Muséon 43, Louvain［rendered into English by Sara Boin-Webb: *History of Indian Buddhism*, Publications de l'Institut Orientaliste de Louvain 36, Peeters Press, Louvain 1988.］

Lamotte, Étienne［1960］*Mañjuśrī*, T'oung Pao Archives Vol. 48, Leiden.

Lamotte, Étienne［1961］*The Spirit of Ancient Buddhism*, Lecture held on 9th May 1959. (tr. by Rachel Toulmin), The Asian Civilizations Booklet No.1, Venezia-Roma.

Lamotte, Étienne［1962］*L'Enseignment de Vimalakīrti* (Vimalakīrtinirdeśa) *traduit et annoté*, Bibliothèque du Muséon 51, Institut Orientaliste, Louvain［rendered into English by Sara Boin-Webb: *The Teaching of Vimalakīrti (Vimalakīrtinirdeśa)*, Sacred Books of the Buddhists 32, Pali Text Society, London 1976, repr. 1994 (tr. under the name Sara Boin).］

Lamotte, Étienne［1965］*La Concentration de la marche héloïque (Śūraṃgamasamādhisūtra) tradui et annoté*, Mélanges chinois et bouddhiques XIII, Institut Belge des Hautes Études chinoises, Brussels［rendered into English by Sara Boin-Webb: *Śūraṃgamasamādhisūtra. The Concentration on Heroic Progress*, The Buddhist Society and Curzon Press, London 1999.］

Lamotte, Étienne［1970］*Towards the Meeting with Buddhism Volume 1*, Secretariatus pro Non Christianis, Editrice Àncora-Roma.

Lamotte, Étienne［1986］*Les sources scripturaires de l'Upadésa et leurs valeurs respectives*, Cahier d'Extrême-Asie, Vol.2, 1986. pp.1-15.

Pruden, Leon M.［1988］*Karmasiddhiprakaraṇa – The Treatise on Action by Vasubandhu*［tr. É. Lamotte, *Le Traité de l'Acte de Vasubandhu (Karma-siddhi-prakaraṇa), Mélanges chinois et bouddhiques*, vol.4, Bruges, 1936］, Asian Humanities Press, Berkeley, California.

訳者あとがき

ベルギーの大仏教学者エティエンヌ・ラモットによる *L'Enseignement de Vimalakīrti* (VIMALAKĪRTINIRDEŚA), Louvain, 1962 は『維摩経』のフランス語訳として非常に高い評価を受けたばかりでなく、「維摩経研究書」としても今なおその頂点に立つ。とりわけその「序論」(INTRODUCTION)は『維摩経』の教理や歴史など一切を網羅し、それ自体で独立した「維摩経研究書」といって過言ではない。

長年、「散佚して伝わらず」とされてきた『維摩経』梵本の発見が公表されたその年に、はからずも大正大学３年に在籍していた私は新発見の梵文テキストで『維摩経』を読むという幸運に恵まれた。その不思議な巡り合わせに感謝しつつ、より深くこの経典を理解したいとの願いから、ラモットの『仏訳維摩経』「序論」を Sara Boin-Webb による英語訳 *THE TEACHING OF VIMALAKĪRTI* (VIMALAKĪRTINIRDEŚA), PTS, 1976 を頼りに翻訳し始めた。ちょうどそのとき、台湾から留学していた尼僧・釈見聞法師から郭忠生氏による中国語訳を手渡された。この本があればこそ、英語表記の人名・地名・書名などを漢字表記に置き換えるという難儀を乗り越えることができた。また、郭氏の中国語訳本では、仏訳本および英訳本では抄訳あるいは該当箇所のみが挙げられている漢訳経文の全体を示す、また引用経典の経典番号だけではなく巻数と頁数も明記するといった工夫が随所に見られた。郭氏のそのような工夫を取り入れ、ラモットが参照個所のみ示している「維摩経テキストに対する脚注」も挿入しながら「序論」の翻訳を進めた。

『仏訳維摩経』から 14 年の後に出版された『英訳維摩経』には、ラモット自身の修正あるいは改訂が加えられている。英語版に対するラモットの序文にも、「この英語訳は、正確にいえば、仏訳本の改定修正版ではない。しかし、英訳の機会にいくつかの間違いは修正し、削除すべきところは削除し、脚注も充実させることができた」とある。したがって、今回の日本語訳の底本としては英語訳のほうが適当であると考え PTS に問い合わせたところ、「維摩経研究に資するならば」とご快諾いただいた。ここに深く感謝の意を表したい。

晩学にして浅学菲才のわが身を顧みず巨人ラモットの注釈翻訳に挑むなど、ドン・キホーテの愚行にほかならないことは十分に承知していた。しかし、ラモットの微に入り細を穿った注釈を読み進んでいくにつれ、「学びて厭わず、人を誨えて倦まず」ともいうべき「ラモット先生」のお姿がリアルな存在として感じられ始めた。そして、その先生に手を引かれる思いで「序論」と維摩経テキスト本体に付された脚注のすべてを一応訳了した。

幸いにも、大正大学編入の2001年以来、梵文および蔵文の権威であられる高橋尚夫先生のご指導を受けることができた。先生は、私のような初心者の稚拙な質問も丁寧に受け止め、その都度、サンスクリットやチベットの原文に戻り、三漢訳を対照し、さらにはサンスクリット写本にも立ち返って、さまざまな可能性を示してくださった。「ラモットはこういっていますが …」としばしば口にする私の発言にも辟易されることなく耳を傾け、『梵文和訳 維摩経』（春秋社）の制作過程ではラモットの注釈を大事に取り上げてくださった。

若き日にラモット先生のもとで助手を務められたユベール・デュルト氏はラモットの没後、次のように述懐しておられる。「ラモット教授の業績を見る者は、彼がいかに自らに厳格で勤勉な人であったかを察することができよう。事実、教授は厳しい研鑽の日課を自らに課していた。しかし彼自身は、仏典の研究はいくらしても疲れることがない、と語っていた。この業績全体が形作っているすばらしい構造を見ると、ラモット教授がいかにすぐれた総合の能力をもっていたかを知ることができる。それを読み進むにつれてわれわれは彼の驚くべき集中力、博識、そしてつねに確実な記憶力に感嘆するばかりである。ラモット教授が深く研究した大乗仏教の菩薩 — その菩薩の特質を、教授自身がもっていたことに、われわれは気づくのである」と。

このラモット先生のお姿は、真言宗の僧侶としてのお務めと研究を両立させてこられた高橋先生のお姿に通じる。上記の一文に続けてデュルト氏はさらに、「この〈精進〉と〈集中力〉に加えて、ラモット教授は謙虚さと快活さ、そして暖かさと細心の心づかいを兼ね備えた人物であった」といわれているが、これもまた高橋先生のお人柄そのものである。本書『ラモットの維摩経入門』の誕生もひとえに高橋先生の暖かさと細心のお心づかいによるものである。高橋先生への感謝は言うに尽くせない。

末尾ながら、訳稿に丁寧に目を通してくださり、言語表記や訳注の付し方などについて細やかにご指示くださった春秋社編集部の桑村正純氏に深く感謝申し上げたい。

2015年2月吉日

西野 翠

〈著者紹介〉
エティエンヌ・ラモット（Étienne Paul Marie Lamotte）
1903年、ベルギーのディナンで生まれる。仏教学者・カトリック司祭。ルーヴァン大学で古典文献学を専攻。1923~1926年、マリーヌで神学を学び叙階を受ける。1928~1930年、ルーヴァン大学で教えつつ、1929年、同大学で東洋言語学博士号を取得。その後、ソルボンヌ大学等で東洋関連の科目を学ぶ。師、ルイ・ド・ラ・ヴァレ＝プーサンの確立した仏教学の伝統を継承し、梵・蔵・漢の原典に基づく詳細な注釈を含む経典・論書の翻訳を数多く完成。代表作は『仏訳大智度論』（5巻）。1983年5月、ブリュッセルで逝去。

〈監修者・訳者紹介〉
高橋尚夫（たかはし ひさお）
1944年、東京都生まれ。大正大学仏教学部梵文学科卒業、同大学院博士後期課程単位取得退学。現在、大正大学教授。著書に『梵蔵漢対照「維摩經」「智光明莊嚴經」』（共著、大正大学出版会、平成16年）、『梵文維摩經―ポタラ宮所蔵写本に基づく校訂―』（共著、大正大学出版会、平成18年）、訳書に『梵文和訳 維摩経』（共訳、春秋社、平成22年）等がある。

西野　翠（にしの みどり）
函館市生まれ。北海道教育大学（英語科）卒業。千葉大学教育学部言語障害児教育教員養成課程修了。教員、編集者を経て、大正大学人間学部仏教学科編入。同大学院博士後期課程単位取得退学。現在、大正大学綜合佛教研究所研究員。訳書に『梵文和訳 維摩経』（共訳、春秋社、平成22年）がある。

ラモットの維摩経入門

2015年3月21日　第1刷発行

著　者	エティエンヌ・ラモット
監修者	高橋尚夫
訳　者	西野　翠
発行者	澤畑吉和
発行所	株式会社 春秋社 〒101-0021　東京都千代田区外神田2-18-6 電話　03-3255-9611（営業） 03-3255-9614（編集） 振替　00180-6-24861 http://www.shunjusha.co.jp/
印刷・製本	萩原印刷株式会社

ISBN978-4-393-11318-9　定価はカバー等に表示してあります